Frühe Kindheit und Geschlechterverhältnisse
Konjunkturen in der Sozialpädagogik

herausgegeben
von

Dagmar Beinzger
Isabell Diehm

Johann Wolfgang Goethe-Universität
Frankfurt am Main 2003

Frankfurter Beiträge zur Erziehungswissenschaft
Reihe Kolloquien

im Auftrag des Vorstandes
des Fachbereichs Erziehungswissenschaften
der Johann Wolfgang Goethe-Universität
herausgegeben von
Frank-Olaf Radtke

© Fachbereich Erziehungswissenschaften der
Johann Wolfgang Goethe-Universität
Frankfurt am Main 2003

Hergestellt: Books on Demand GmbH

Bibliografische Information Der Deutschen Bibliothek

Die Deutsche Bibliothek verzeichnet diese Publikation in der Deutschen Nationalbibliografie; detaillierte bibliografische Daten sind im Internet über http://dnb.ddb.de abrufbar.

ISBN 3-9806569-8-5

Inhaltsverzeichnis

Widmung

Danksagung

Anstelle eines Vorwortes 7

Zur Einführung

Dagmar Beinzger/Isabell Diehm
Frühe Kindheit und Geschlechterverhältnisse.
Konjunkturen in der Sozialpädagogik 9

Theoretische Perspektiven

Reinhard Hörster
Verlegenheiten. Zur pädagogischen Reflexion in
rhetorischen Übergangsräumen 25

Historische Perspektiven

Sabine Andresen
Marie Baum und die Bildung des Sozialen 37

Gaby Lenz
Genderperspektiven – eine Notwendigkeit in der
Sozialen Arbeit 53

Elternbildung und Professionalisierung

Wilma Aden-Grossmann
Vor dreißig Jahren – Rückblick auf die Gründungsphase einer
Elterninititative 71

Ludwig Liegle
Elternbildung durch einen Elternführerschein? 88

Ingrid Wölfel/Brita Ristau-Grzebelko
„Cinderella – eine unendliche Geschichte"
Ein Modell zur Professionalisierung im Pflegekinderwesen ... 106

Claudia Bier-Fleiter
  Jugendliche Mütter und ihre Kinder in einer Einrichtung
  der Jugendhilfe – Zwischenbericht zu Ergebnissen und
  Perspektiven einer Langzeitstudie 118

Wahrnehmungs- und entwicklungstheoretische Perspektiven

Barbara Rendtorff
  Frühe Kindheit und Geschlecht 138

Micha Brumlik
  Geschlecht und Leiblichkeit in früher Kindheit.
  Eine anthropologische Perspektive 150

Horst Rumpf
  Verschüttete Weltbeziehungen? Über „schräge"
  Kinderaufmerksamkeiten mit Gewicht 158

Schulpädagogische Perspektiven

Richard Meier
  Vor der Schule, in der Schule – Kinderszenen und
  ihre transformierte Bedeutung für den Schulanfang 168

Helga Deppe-Wolfinger
  Zustände und Zumutungen – PISA aus integrationspädagogischer
  Perspektive 179

Benachteiligung und Migration

Gerd Iben
  Aufwachsen unter Bedingungen von Armut und Migration............. 201

Hildegard Simon-Hohm
  Immigration, Integration und Gender Mainstreaming –
  Arbeitsfelder und Aufgaben kommunaler Migrationsarbeit im
  Integrationskonzept der Stadt Pforzheim 213

Zu den Autorinnen und Autoren 231

Dieses Buch ist Heide Kallert gewidmet

Danksagung

Ohne Unterstützung und Hilfen sind Buchprojekte kaum je zu realisieren. Wir haben sie von vielen Seiten erhalten. Dafür sind wir dankbar. Ganz besonders danken wir Melanie Kuhn und Birgit Fischer, aber auch Gerti Dornseif-Maschtowski für ihre engagierte und geduldige Mitarbeit bei der Fertigstellung der Druckvorlage. Friedhelm Scheu danken wir dafür, dass er uns seinen technischen und gestalterischen Sachverstand so großzügig zur Verfügung stellte.

Anstelle eines Vorwortes

Liebe Frau Kallert,

im Frühjahr diesen Jahres treten Sie in den Ruhestand und beenden damit zumindest offiziell Ihre Tätigkeit als Hochschullehrerin am Fachbereich Erziehungswissenschaften der Johann Wolfgang Goethe-Universität. Dieses Datum ist uns Anlass, Ihnen ein Buch zu widmen.

Wir, die Herausgeberinnen des vorliegenden Bandes, haben genügend persönliche Gründe, Sie zu würdigen, denn beide haben wir Ihnen viel zu verdanken. In den Jahren der Zusammenarbeit haben wir Sie als Wissenschaftlerin, Hochschullehrerin, als Kollegin, als Projektleiterin und als Begleiterin in Qualifikationsverfahren, aber vor allem auch als Mensch kennen- und schätzen gelernt und als anregende, offene, neugierige und humorvolle Diskussionspartnerin, Unterstützerin und Förderin erlebt. Deshalb war es uns eine große Freude, ein Buch für Sie zu konzipieren und zu realisieren.

Sie sind uns als Wissenschaftlerin begegnet, die ihre Themen: die familialen Bedingungen des Aufwachsens von Kindern, die Krippen- und Kindergartenpädagogik, das Aufwachsen unter Migrationsbedingungen, die Heimerziehung sowie die Professionalisierung in der sozialpädagogischen Disziplin konsequent vertreten hat – auch in Zeiten als diese nicht unbedingt Konjunktur hatten. In weit mehr als drei Jahrzehnten Ihrer wissenschaftlichen Tätigkeit haben Sie die Entwicklung der erziehungswissenschaftlichen Teildisziplin Sozialpädagogik an der Universität insofern kontinuierlich und, wie wir wissen, im steten Austausch mit Ihrem Mann, Manfred Kallert, vorangetrieben. Gegenstände und Kontextbedingungen Ihrer Forschungen verweisen auf ein spezifisches Erkenntnisinteresse: zum einen auf das genuin sozialpädagogische Motiv, Lebenslagen und Bedingungen des Aufwachsens unterschiedlicher Klientele forschend zugänglich zu machen, um so gleichsam zu deren Verbesserung, sprich: zu deren sozialer Integration beizutragen. Zum anderen treten Sie bereits mit der Wahl ihrer Gegenstände innerhalb der Disziplin durch eine Ihnen eigene Beharrlichkeit hervor. Mit zahlreichen Forschungs- und Begleitforschungsprojekten wie Publikationen – erwähnt sei hier nur die Herausgabe der Reihe „Beiträge zur frühkindlichen Erziehung" seit 1983 – haben Sie Ihre Themenschwerpunkte wie die Befunde Ihrer Forschung in der Fachöffentlichkeit rege kommuniziert, auf diese Weise einen bedeutenden Beitrag für die Fortentwicklung der Disziplin geleistet und durch konsequenten Wissenschaftstransfer zudem zur Professionalisierung von Fachkräften beigetragen. Sie haben uns so gezeigt, welche Früchte es trägt, sich von einem starken Interesse leiten zu lassen.

Sie sind uns als Hochschullehrerin begegnet, die viel Engagement darauf verwendet, forschungs- und projektnahes Studieren zu ermöglichen. Für viele Studierende ergab sich durch die Einbindung in interessante und innovative Projekte erst der Zugang zu wissenschaftlicher Forschung und Begleitung und nicht selten der Einstieg ins spätere Berufsfeld. Häufig haben Sie auch über den universitären Zusammenhang hinaus den fachlichen Austausch mit Ihren ehemaligen Studierenden aufrechterhalten. Nicht zuletzt diese Verknüpfung von wissenschaftlicher Reflexion und Praxis hat zur Weiterentwicklung sozialpädagogischer Fragestellungen geführt, wie dies in zahlreichen Publikationen und Projektberichten belegt ist. Auf diese Weise konnte ein Raum entstehen, der sich im weitesten Sinne mit dem Begriff der erwägenden Reflexion umschreiben läßt – einen Begriff, auf den Sie im vorliegenden, Ihnen gewidmeten Buch noch stoßen werden. Diesen Raum eröffneten Sie durch Ihre große Offenheit, Ihr hohes Maß an Vertrauen und Respekt. Die Diskussionen mit Ihnen empfanden wir immer als inspirierend und strukturierend zugleich. Der Freude an der wissenschaftlichen Arbeit war dies überaus zuträglich. Was Lehre und Professionalisierung an der Universität heißen kann, haben Sie uns beispielhaft vorgelebt.

Sie sind uns als Kollegin im Fachbereich begegnet und zeigten auch hier Beharrlichkeit. Mit klarem Blick, pointiertem Nachfragen und feinem Humor haben Sie so manches mal Kontroversen entschärft und konstruktiv zu wenden gewusst. Es ist Ihre kluge Gelassenheit, die uns so sehr beeindruckt.

Die Resonanz auf Seiten der Kolleginnen und Kollegen, die wir um einen Beitrag im vorliegenden Sammelband anfragten, zeugt davon, dass es auch ihnen Freude und Bedürfnis war, Sie zu würdigen – als Mensch, Wissenschaflerin, Kollegin und Förderin. Dies spricht für deren fachliche und kollegiale Verbundenheit sowie das Interesse an Ihren Themenschwerpunkten.

Wir hoffen, liebe Frau Kallert, dass die hier versammelten Beiträge die sozialpädagogische Diskussion in Ihrem Sinne anregen können und wünschen uns auch weiterhin, mit Ihnen im Gespräch zu bleiben.

Ihre Dagmar Beinzger und Isabell Diehm

Frankfurt am Main, im Januar 2003

Dagmar Beinzger/Isabell Diehm

Zur Einführung

Frühe Kindheit und Geschlechterverhältnisse. Konjunkturen in der Sozialpädagogik

Die Frühe Kindheit wird heute in der sozialpädagogischen Theoriebildung eher am Rande wahrgenommen. Das war nicht immer so. Rückblickend lassen sich wechselnde Aufmerksamkeiten der Disziplin für diese wichtige Lebensphase feststellen. Ähnliches gilt für die Beobachtung der Geschlechterverhältnisse in der Erziehung. Auch ihre Bedeutung wird in der Sozialpädagogik mal ignoriert, mal thematisiert.[1] Betreuungs- und Erziehungsaufgaben junger Kinder sind in hohem Maße geschlechtsspezifisch zugeordnet, aber Mütter oder „professionelle Mütterlichkeit" geraten nur dann in den Blick, wenn aufgrund gesellschaftspolitischer Programme die frühkindliche Erziehung Konjunktur hat. Regelmäßig stehen in diesem Zusammenhang sowohl tradierte Vorstellungen der Geschlechterrollen als auch davon sich ablösende Emanzipationsideale und Anerkennungsbestrebungen zur Debatte. Die sozialpädagogische Praxis hat in ihrer Entwicklung hin zur Profession die Erziehungsarbeit von Frauen zunächst aufgewertet. So gesehen wird die Geschichte der Sozialpädagogik auch als Emanzipationsprojekt von Frauen lesbar. Das Zusammenspiel von Disziplin, Profession und gesellschaftspolitischen Hoffnungen lässt sich an der Entwicklung der Kindergartenpädagogik exemplarisch nachvollziehen.

Die Fröbelsche Kindergartenbewegung

Die Kindergartenbewegung des 19. Jahrhunderts, ausgelöst durch die Gründung des ersten Fröbelschen Kindergartens im Jahr 1840[2], markiert für die Entwicklung der Sozialpädagogik als Profession und ihre Theoriebildung

---

1   Als Vertreterinnen der Disziplin, die das Verhältnis der Geschlechter explizit ins Zentrum ihrer zumeist historischen oder professionspolitischen Betrachtungen stellen, vgl. etwa Brückner/Böhnisch (2001); Friebertshäuser/Jakob/Klees-Möller 1997; Rabe-Kleberg 1996.
2   Den ersten Kindergarten gründete Fröbel im Jahr 1840 in Rudolstadt (Thüringen). Im Anschluss an die gescheiterte Revolution von 1848 unterlagen die sieben im Jahr 1847 existierenden Kindergärten ab 1851 über zehn Jahre lang dem preußischen Kindergartenverbot (vgl. Aden-Grossmann 2002, S. 38ff.). Der Begriff der Kindergartenbewegung bezieht sich hier auf die von Fröbel ausgelöste Kindergartenbewegung, die den Zeitraum von 1840 bis 1870 umfasst (vgl. Taylor Allan 1996, S. 19).

einen folgenreichen Einschnitt. Sie steht aus heutiger Sicht unter (sozial-) pädagogischen wie unter professionspolitischen Gesichtspunkten für einen ersten „konjunkturellen Aufschwung" einer Pädagogik der Frühen Kindheit und, damit verschränkt, für den Beginn einer sich verändernden Bewertung der Geschlechterverhältnisse.

Einerseits verbinden sich mit dieser ersten Kindergartenbewegung die Anfänge einer systematischen und genuin pädagogisch inspirierten Reflexion der Bedingungen des Aufwachsens junger Kinder. Fröbels Entwurf einer Kindergartenpädagogik beruht auf dessen, wenn auch rudimentärem Versuch einer „Entwicklungstheorie" der frühen Kindheit. Vor dem Hintergrund heutiger entwicklungstheoretischer Wissensbestände schließt das intuitiv begründete und auf Beobachtung basierende Modell bereits emotional-affektive, soziale, sprachliche, intellektuelle und motorische Aspekte kindlicher Entwicklung ein. Auf dieser Grundlage argumentiert Fröbel sodann konzeptionell – insbesondere gestützt auf spieltheoretische Überlegungen (vgl. Aden-Grossmann 2002, S. 31ff.). Im Sinne einer Initialzündung lässt sich die Kindergartenpädagogik *sensu* Fröbel mithin als ein ambitioniertes pädagogisches Programm auffassen. Es beförderte die (sozial-) pädagogische Beschäftigung mit jungen Kindern jenseits der christlich-caritativen Maßnahmen der Armenfürsorge[3] jener Zeit nachhaltig.

„Unter allen sozialpädagogischen Theorien ist die Kindergartenerziehung die älteste und stabilste. Ihre Einrichtungen in der Entwicklung seit den Kleinkinderbewahranstalten um die Wende zum 19. Jahrhundert und ihre Theorie seit Friedrich Fröbel zeigen die größte Kontinuität" (Mollenhauer 1993/1964, S. 151).

Mollenhauer sieht in der Kindergartenerziehung, wie Fröbel sie entwarf, die Ursprünge der „jugendpflegerischen Seite der Sozialpädagogik" (ebd., S. 107f.). Bereits in ihren Anfängen zeichnet sich diese allererst durch ihre familienergänzende Funktion aus. So auch der Fröbelsche Kindergarten. Er sollte derjenige Ort sein, an dem eine neue Pädagogik in Ergänzung zur familialen, häuslichen, vor allem von den Müttern getragenen Erziehung zur praktischen Geltung gelangen sollte. Sinn des Kindergartens war es also nicht, die Familie, wie im Falle der Bewahranstalten, zu ersetzen, sondern den Kindern in Kooperation mit der Familie eine besondere pädagogische Förderung zu-

---

[3] Kleinkinderbewahranstalten entstanden zu Beginn des 19. Jahrhunderts als Initiativen der Armenfürsorge, um die schlimmste Not der Kinder der armen Schichten zu lindern, um sie von der Straße zu holen und ihnen ein Mindestmaß an Hilfe zukommen zu lassen. Sie standen zumeist unter kirchlicher Trägerschaft. Ihre Entstehung ist nicht loszulösen von gesellschaftlichem Wandel, der insbesondere an der beginnenden Industrialisierung und der daraus resultierenden Verelendung weiter Bevölkerungskreise festzumachen ist. Die bittere Armut der Kinder zu lindern, sie vor Verwahrlosung und Verbrechen zu schützen und christlich zu unterweisen, können als die zentralen Ziele dieser Einrichtungen gelten (vgl. Aden-Grossmann 2002, S. 24ff.).

teil werden zu lassen. Er war nicht als sozialer Notbehelf, sondern als pädagogischer Neuanfang gedacht. Die sozial*pädagogische* Beschäftigung mit der Frühen Kindheit erhielt durch die Einrichtung des Fröbelschen Kindergartens ihre Grundlegung.

Andererseits verbindet sich mit der Kindergartenbewegung des 19. Jahrhunderts ein Konzept von Weiblichkeit, das für die Geschichte der Frauenbewegung und -bildung generell überaus bedeutsam werden sollte (vgl. Taylor Allen 1996), vor allem aber für den Prozess der Verberuflichung sozialer Arbeit in der zweiten Hälfte des 19. und im ersten Drittel des 20. Jahrhunderts inzwischen als konstitutiv erkannt worden ist (vgl. Sachße 1986): das Konzept der sogenannten „geistigen Mütterlichkeit". Die Ursprünge des Konzepts lassen sich zwar bis ins späte 18. Jahrhundert hinein zurückverfolgen, doch erst Pestalozzi bereitete mit der Bedeutung, die er der Mutter-Kind-Beziehung zuschrieb, den Nährboden, in dem es Wurzeln zu schlagen begann.

„Da er Mutterschaft als eine im wesentlichen ethische und kulturelle, also nicht biologische Funktion betrachtete, dehnte Pestalozzi die mütterliche Berufung auch auf Kindermädchen und Lehrerinnen aus, für die er eine der ersten Ausbildungsstätten einrichtete" (Taylor Allen a. a. O., S. 21).

Diese Ideen Pestalozzis griff Fröbel auf und ließ sie in seine Kindergartenpädagogik einfließen. Er konzipierte den Kindergarten als eine Stätte, die über eine anspruchsvolle Pädagogik der Frühen Kindheit hinaus sowohl die Elternbildung als auch die Ausbildung des pädagogischen Personals garantieren sollte. Obschon das Fröbelsche Modell Väter und männliche Erzieher explizit einschloss, erfuhren Mütter und Frauen als (potentielle) Erzieherinnen die eigentliche Aufwertung – aufgrund der ihnen zugeschriebenen naturgegebenen Prädestination zum gefühlvollen Umgang mit ihren Kindern bzw. ob ihrer Fähigkeit, auch jenseits leiblicher Mutterschaft soziale Mütterlichkeit im Sinne einer natürlichen und instinktgeleiteten Berufung zu praktizieren. Diese Weiblichkeitskonstruktion rekurriert auf einen in der Natur, gleichsam im Wesen der Frau begründeten weiblichen Geschlechtscharakter.

Die Anhängerinnen der Kindergartenpädagogik, die Fröbels Modell auch während des zehnjährigen, politisch motivierten Kindergartenverbots unter großen persönlichen Risiken weitertrugen, verbanden mit ihrem Einsatz für die „neue" Erziehung freilich nicht nur das Wohl der Kinder, sondern sahen in ihm auch die Möglichkeit, ihre eigene, d. h. die rechtliche, politische und berufliche Situation der Frauen zu verbessern. Als die durch die Natur vorgegebene Legitimation ihres Anliegens galt ihnen die in eben jenem weiblichen Geschlechtscharakter verankerte „geistige Mütterlichkeit". Ihrem Kampf für Frauenrechte, die sie aus der Enge des privaten Bereichs in den der gesellschaftlichen Öffentlichkeit führen sollte, unterlegten sie Argumente, welche das Andere, das Differente und spezifisch Weibliche betonten. Im Rückgriff darauf versuchten sie, ihre Ansprüche, die insbesondere auf berufliche Tätigkeiten abhoben, geltend zu machen, ohne den Männern deren angestammte Domänen streitig machen zu wollen. Im Konzept der „geistigen Mütterlichkeit" nahm konkrete Gestalt an, was den komplementär und in Oppositionen, zugleich aber hierarchisch angeordneten Geschlechtervorstellungen jener Zeit entsprach. Auf den Begriff brachte Henriette Breymann, neben Bertha von Marenholtz-Bülow eine der Aktivistinnen der Kindergartenpädagogik, das Konzept: Inspiriert durch die Betrachtung des Gemäldes der Sixtinischen Madonna notierte sie im Jahr 1848 in ihr Tagebuch:

„Ich ahne eine ganz neue Zeit, die für die Frau heraufdämmert, wie sie einen neuen und schönern Mittelpunkt des Hauses bilden müsse als bisher, und wie sie andernseits die zu engen Schranken eines subjektiven Lebens zu überwinden und das weitere Leben zu durchdringen habe, mit dem, was ihm gänzlich mangelte: Dem Geiste der Mütterlichkeit in seiner tiefsten Bedeutung und in seinen verschiedensten Formen" (zitiert nach Taylor Allan a. a. O., S. 28).

Der Berufung der Frau verlieh diese Beschreibung Ausdruck, sie sollte von nun an für die nächsten mehr als einhundert Jahre die konzeptionelle Basis liefern für die fortschreitende Verberuflichung sozialer Arbeit – auch über die professionelle Beschäftigung mit (jungen) Kindern hinaus.

Das Konzept der „geistigen Mütterlichkeit" hebt ab auf die „natürliche" Differenz zwischen den Geschlechtern. Aus heutiger Sicht kommt es differenztheoretischen feministischen Positionen am nächsten, wie sie etwa von Luce Irigaray (vgl. 1979), der Philosophinnengruppe *Libreria delle donne di Milano* (vgl. 1988) oder der Veroneser Philosophinnengruppe *Diotima* um Adriana Cavarero (vgl. Diotima 1989) vertreten werden. Obschon unter nicht vergleichbaren historischen wie politischen Bedingungen und bei selbstverständlich differenten Theoriebezügen ging und geht es in dieser differenztheoretischen Perspektive um die politische und rechtliche Gleichstellung von Frauen unter Berücksichtigung ihrer essentiellen Differenz, oder anders: um die soziale, politische und rechtliche Anerkennung dieser Differenz als gleichwertig. Die Frauenbewegung ab der zweiten Hälfte des 19. Jahrhunderts verfolgte so gesehen die gleichen Ziele wie die Pionierinnen der Sozialen Arbeit, etwa Alice Salomon, Gertrud Bäumer oder Marie Baum. Deren Kampf um gleiche Rechte für Frauen, insbesondere um das Recht der Frauen auf Bildung und berufliche Qualifizierung, verband sich, über die Forderung nach Anerkennung hinaus, mit sozialpolitischen Zielen und Vorstellungen von der Fortentwicklung und Innovation der sozialen Arbeit (vgl. Sachße a. a. O., S. 105ff.). Insofern bedarf das Konzept der „geistigen Mütterlichkeit", auf das sich die Frauen damals bezogen, aus heutiger Sicht eines kontextualisierenden Blicks, der es historisch aus seiner Zeit heraus, situationsgemessen als Ressource der sozialen Emanzipation beurteilt. Auch wenn es Frauen, wie sich im Laufe der Jahrzehnte zeigen sollte, nicht selten gefangen nahm in der von ihnen verfochtenen weiblich und mütterlich konnotierten Differenzkonstruktion, so besaß es doch zunächst ein gehöriges Innovationspotential. Es verlieh dem Anliegen der Frauen die nötige Schubkraft, indem es ihre Forderungen nach gesellschaftlicher Teilhabe ideologisch untermauerte. Zwar gelang es nicht, die Kindergartenpädagogik im Sinne Fröbels vollumfänglich zu institutionalisieren[4], doch die aus heutiger Sicht ambivalent zu beurteilende Feminisierung der sozialpädagogischen Profession begann unter diesen Vorzeichen Platz zu greifen.

Die theoretische Beschäftigung mit der Frühen Kindheit geriet von einigen reformpädagogischen, und insbesondere psychoanalytisch orientierten Ansätzen einer Kleinkinderpädagogik abgesehen – in der Folgezeit weitgehend aus dem Blick. Als akademische Disziplin hatte sich die Sozialpädagogik in den zwanziger Jahren des 20. Jahrhunderts etabliert. Maßgeblich vorangetrieben durch Herman Nohl und seine „Göttinger Schule" vollzog sich dieser Prozess in einer Verengung der sozialpädagogischen Konzentration auf Jugend und Jugendwohlfahrt (vgl. Niemeyer 1997; Böhnisch 2001, S. 18ff.). Unter dem „Zwang der disziplinären Verortung" (Niemeyer a. a. O., S. 33) erwies sich dies als funktional. Während der Weimarer Republik wurden mithin auf der Ebene der Disziplin die Weichen so gestellt, dass die Frühe Kindheit für die sozialpädagogische Theoriebildung an Bedeutung verlor. In diesen Bahnen bewegte sich die Sozialpädagogik dann auch bis in die sechziger Jahre hinein – eine Ausnahme stellte lediglich die NS-Zeit dar. Allerdings sorgten sozialpolitische Entscheidungen im Windschatten dieser Entwicklung auf der Ebene der Profession für Veränderungen: Institutionalisiert durch das Reichsjugendwohlfahrtsgesetz (RJWG) von 1922 wurde die Einrichtung von Kindergärten nun der Verantwortlichkeit des Staates unterstellt. Dies geschah unter Inanspruchnahme des Subsidiaritätsprinzips und dem dezidierten Hinweis darauf, dass die eigentliche Zuständigkeit bei den freien Verbänden und Trägern lag. Mit dieser gesetzlichen Verankerung der Kleinkinderpädagogik verlagerte sich der Akzent wiederum auf die „Kleinkinderfürsorge" und die „Wohlfahrt der Kleinkinder" und drängte den Erziehungsgedanken zugunsten von Pflege in den Hintergrund (vgl. Aden-Grossmann a. a. O., S. 59f.).

„Im RJWG hat sich (...) gerade diese Auffassung vom Kindergarten als Bewahranstalt durchgesetzt und die Kindergärten in den folgenden Jahrzehnten gepr
auch fast ausschließlich Aufgabe der privaten Wohlfahrtsverbände, insbesondere der konfessionellen Verbände. Der sozialfürsorgerische Aspekt trat wieder zunehmend in den Vordergrund (...). Mit der Verabschiedung des RJWG waren die Weichen für die gesellschaftliche Kleinkindererziehung für lange Zeit gestellt. Eine entscheidende Pädagogisierung der Einrichtungen wurde nicht vorgenommen (...)" (ebd., S. 62).

---

[4] Fröbels Kindergartenpädagogik fand in „Reinform" keine weitere Realisierung, lediglich Elemente daraus gingen in die Konzepte institutionalisierter Kleinkinderpädagogik der Folgezeit ein und finden sich bis heute.

Die zweite Kindergartenbewegung der 1970er Jahre

Eine *zweite Konjunktur* erfuhr die Pädagogik der Frühen Kindheit in der Kindergartenbewegung der siebziger Jahre des 20. Jahrhunderts. Auch an sie knüpften sich Emanzipationsbestrebungen der Frauen und auch sie ging einher mit einem Professionalisierungsschub, der insbesondere die in diesem Bereich tätigen Frauen betraf. Diese erneute Kindergartenbewegung bedurfte nicht mehr des Konzepts der „geistigen Mütterlichkeit", das auf der Vorstellung einer „natürlichen", wesenhaft verankerten Differenz zwischen den Geschlechtern aufruhte. Vielmehr erscheint sie heute als Teil einer Politisierung, die damals weite Teile der Gesellschaft ergriffen hatte und in erster Linie an der Verwirklichung von Gleichheitsgrundsätzen orientiert war. Sozialer, politischer und theoretischer Anstoß waren ihr Strömungen, die auf vielschichtige Art miteinander verflochten waren: die Bildungsreform der sechziger und siebziger Jahre, welche eine enorme Bildungsexpansion unter dem Primat von Chancengleichheit und -gerechtigkeit anstrebte, die Studentenbewegung, die sich stark auf marxistische und kapitalismuskritische Gesellschaftstheorien berief, die Frauenbewegung und die empirisch fundierte Sozialisationsforschung sowie psychoanalytisch inspirierte Entwicklungstheorien. So wurde etwa die Kinderladenbewegung maßgeblich von der Frauenbewegung angetrieben. Das Bedürfnis der durch die gesellschaftlichen Umbrüche politisierten Frauen und Mütter nach Freiräumen, die Teilhabemöglichkeiten an Politik, an Bildung und an beruflicher Qualifikation versprachen, beförderte die in Eigeninitiative organisierte Entlastung von zuvor individuell geleisteter Erziehungsarbeit. Mütter und auch Väter schlossen sich zusammen und übernahmen die Kinderbetreuung nun abwechselnd, aber in gemeinsamer Verantwortung. Antiautoritäre Erziehungskonzepte wurden in den Kinderläden und Krabbelstuben diskursiv entwickelt und unter Beteiligung aller erprobt. Der Konnex zwischen Mütterlichkeit und frühkindlicher Erziehung, den die erste Frauenbewegung noch als „natürlich" gegeben annahm, wurde jetzt – nicht zuletzt durch die praktische Organisation der Kinderbetreuung – in Frage gestellt. Hinzu kommt, dass Frauen auch ihre über Mütterlichkeit hinausgehenden Potentiale entdeckten und realisieren wollten und nach Möglichkeiten suchten, diese neben ihrer Zuständigkeit für die Kinder zu entwickeln.

Die gesellschaftspolitischen Aspirationen am Ende der sechziger Jahre also rückten Bildungspolitik und Pädagogik (wieder) ins Zentrum der öffentlichen und fachlichen Aufmerksamkeit. Hoffnungen auf Erneuerung der Gesellschaft und auf Emanzipation machten sich – im Vertrauen auf eine originär pädagogische Grundfigur – an der nachwachsenden Generation, den Kindern fest. Eine Hinwendung zur frühen Kindheit lag insofern nah. Für die gesellschaftspolitisch definierten Aufgaben erschien Pädagogik als probates Mittel, demokratisches Denken, soziales Handeln, Solidarität, Autonomie sowie instrumentelle Fertigkeiten und Sachkenntnis auf Seiten der Kinder bereits in jungen Jahren zu entwickeln. Im elementarpädagogischen Konzept des Situationsansatzes sind diese pädagogischen Ziele für die Arbeit im Kindergarten gefasst (vgl. Zimmer 1973). Auch dieses Konzept schloß Elternbildung wie die Professionalisierung des pädagogischen Personals ein, wovon vor allem die Frauen profitierten.

Rückblickend jedoch erweist sich für die Theorie- und Disziplinentwicklung der Sozialpädagogik die Konjunktur der Kindergartenpädagogik jener Zeit von weit geringerer Relevanz und Resonanz als die gesellschaftskritischen Theoriedebatten um die Jugendhilfe und Strafrechtspflege, die zeitgleich intensiv geführt wurden. Der in interaktionistischer und phänomenologischer Theorieperspektive entstandene „labeling approach" bzw. „Etikettierungsansatz" bewegte die Sozialpädagogik wohl auch deshalb so anhaltend, weil er ihr erlaubte, den Fokus ihrer Aufmerksamkeit auf Jugend, jugendliche Delinquenz, abweichendes Verhalten und jugendliche Subkulturen beizubehalten – wenngleich, und dies macht einen entscheidenden Unterschied zu den zwanziger Jahren aus, unter einer neuen, nun vor allem selbstkritischen Perspektive. Demgegenüber zeitigte die Kindergartenbewegung allererst praktische Resultate auf der Ebene der Profession – etwa durch den quantitativen Ausbau des Platzangebots, die Reformulierung der pädagogischen Inhalte (Curriculumreform), durch veränderte Organisationsstrukturen sowie einen Qualifizierungsschub. Mittlerweile ist die Kindertagesbetreuung zu einem der quantitativ größten Segmente der Sozialpädagogik geworden. Darüber hinaus beeinflusste die Elementar- die Grundschulpädagogik auf subtile Weise, indem sie ihr konzeptionelle Elemente für deren sogenannte „Innere-Reform"[5] während der achtziger und neunziger Jahre lieferte. Die Disziplin selbst jedoch zeigte sich – nachdem das erste, heftig entflammte Interesse an der Frühen Kindheit alsbald wieder erloschen war – relativ wenig beeindruckt. Die Pädagogik der Frühen Kindheit, hier festgemacht an der Kindergartenpädagogik, konnte die sozialpädagogische Aufmerksamkeit offensichtlich nicht binden.

---

5   Didaktische Konzepte wie die Innere Differenzierung, die Individualisierung, das Lernen in altersgemischten, jahrgangsübergreifenden Gruppen, eine neue Raumgestaltung, die das Spiel als altersangemessene Lernform im Klassenraum ermöglicht, stellen zentrale Elemente dieser grundschulpädagogischen Reformbewegung dar, die sich vor allem auf den pädagogischen „Nahraum" des Klassenzimmers konzentrierte. Ihre historischen Wurzeln haben diese Konzepte zwar in reformpädagogischen Ansätzen der Jahrhundertwende, doch sorgte die Elementarpädagogik nach der Kindergartenreform der siebziger und achtziger Jahre für ihre aktualisierte pädagogische Bekräftigung. Auf sie konnte die Grundschulpädagogik zurückgreifen.

Gegenwärtige Bildungsdebatte und ungeklärte Verhältnisse

Die aktuellen Diskussionen um den Bildungsauftrag des Kindergartens deuten darauf hin, dass die Kindergartenpädagogik derzeit eine *dritte Konjunktur* erlebt. Mit der Verabschiedung des Kinder- und Jugendhilfegesetzes im Jahr 1990 wurde der Bildungsauftrag des Kindergartens, neben seinen Betreuungs- und Erziehungsaufgaben, bundesweit gesetzlich festgeschrieben. Dies löste eine erneute, bildungstheoretisch inspirierte Debatte innerhalb der Sozialpädagogik aus, gilt es doch, diesem erweiterten Anspruch an die institutionalisierte Kleinkinderpädagogik im Kindergarten theoretisch und empirisch fundiert sowie inhaltlich und konzeptionell überzeugend gerecht zu werden. Zugespitzt formuliert geht es derzeit um die Frage, wie sich die Kindergartenpädagogik zwischen der *Scylla*, bloße Betreuungsfunktion zu haben, und der *Charybdis* einer drohenden Verschulung positionieren wird. Schreibt die veränderte Fassung des Kinder- und Jugendhilfegesetzes[6] den Rechtsanspruch auf einen Kindergartenplatz eines jeden Kindes fest, so liegt genau hierin ein beträchtliches Risiko: Es besteht die Gefahr, dass die pädagogische Qualität im Kindergarten aufgrund der kaum zu lösenden Kapazitätsprobleme leidet, weil es nur mehr das erforderliche Betreuungsangebot durch eine Erhöhung der Gruppengrössen zu garantieren gilt. Demgegenüber gerät die Kindergartenpädagogik, ausgelöst durch die Ergebnisse der PISA-Studie (vgl. Deutsches PISA-Konsortium 2001), von Seiten der Bildungspolitik sowie der Schulpädagogik unter Druck. Ansinnen, die gegenwärtig aus dieser Richtung an den Kindergarten heran getragen werden, sind wohl am treffendsten als Verschulungsbestrebungen zu bezeichnen (vgl. als ernüchterndes Beispiel hierfür: Hacker 2001).

Die anhaltenden, und bereits lange vor Bekanntwerden der PISA-Ergebnisse einsetzenden Diskussionen um die Reformulierung des Bildungsverständnisses für die Lebensphase der frühen Kindheit (vgl. Schäfer 1995; Krappmann 1998; Laewen/Andres 2002; Liegle 2002) sowie um Konzepte zur Qualitätssicherung und -verbesserung der Kleinkindererziehung in öffentlichen Einrichtungen (vgl. Aden-Grossmann a. a. O., S. 290ff.) spiegeln wider, wie intensiv derzeit in der Sozialpädagogik um einen Ausweg aus dem skizzierten Dilemma gerungen wird. Zugleich verweisen diese Debatten auf den hier verhandelten Zusammenhang von Früher Kindheit und Geschlechterverhältnissen. Sobald nämlich die Kleinkindererziehung unter (schul-)pädagogischen Gesichtspunkten thematisiert wird, geraten die ungelösten, zum großen Teil strukturell bedingten Probleme der Professionalisierung in den Blick: die Qualität der Ausbildung, deren ausstehende Verwissenschaftlichung und der geringe soziale Status des Erzieherinnenberufs, der für die

---

[6] Diese Änderung steht im Zusammenhang mit der Reform des § 218 StGB und der Verabschiedung des Schwangeren- und Familienhilfegesetzes (SFHG) des Jahres 1992.

betroffenen Frauen in eine „biographische Sackgasse (führt), weil (das Berufsfeld) keine Aufstiegs- und Entwicklungsmöglichkeiten" bietet (Rabe-Kleberg 1995, S. 90). Die Kontroversen, welche die PISA-Studie ausgelöst hat, bringen die Brisanz dieser Problemlage nochmals verschärft zu Tage: Nationale Bildungssysteme wie das finnische, das aus der internationalen Vergleichsuntersuchung mit Spitzenergebnissen hervorging, sichern ihre anspruchsvollen pädagogischen Standards im Bereich der öffentlichen Kleinkindererziehung in erster Linie durch hohe Professionalisierungsstandards. So trivial die Feststellung eines solchen Bedingungsgefüges sein mag, so wenig ist es im bundesrepublikanischen Kontext anzutreffen. Die Professionalisierungsmisere hier schlägt durch auf die pädagogische Praxis: unzureichende Professionalität auf Seiten der Erzieherinnen zeitigt problematische pädagogische Konsequenzen, welche die Kinder zu tragen haben. Den Kindergarten als eine Bildungseinrichtung der Frühen Kindheit weiter zu entwickeln, erforderte daher – so der breite Konsens in der Sozialpädagogik – dringend eine Reform im Aus- und Weiterbildungsbereich. Pädagogische und professionelle Qualität im Kindergarten geraten als ein wechselseitiges Abhängigkeitsverhältnis in den Blick. Die Problemlage spitzt sich zu, sobald die Betreuungsaufgaben des Kindergartens vor dem Hintergrund der nunmehr gesetzlich verankerten Garantien auch realisiert werden müssen.

Welche Interessen auf welcher Seite und zu welchem Zeitpunkt gerade im Spiel sind, lässt sich mitunter nicht in jedem Fall genau identifizieren. Geht es um die Kinder und mithin um die Frage nach optimaler pädagogischer Praxis? Geht es um professionspolitische Anliegen? Oder geht es schließlich doch eher um gesellschafts- und arbeitsmarktpolitische Bedarfslagen?

Schon für die Geschichte des Kindergartens verweist Liegle (2001, S. 338) in sozialgeschichtlicher Perspektive darauf,

„dass die Etablierung und Verbreitung des Kindergartens primär nicht von kindbezogenen, sondern von erwachsenen- und gesellschaftsbezogenen Argumenten bestimmt worden ist."

Und auch in der aktuellen Situation scheinen die Interessen der Erwachsenen, den Vorrang vor denen der Kinder gehabt zu haben. Für die gerade erfolgte Ausweitung des öffentlichen Betreuungsangebots gaben andere als pädagogische Gründe den Ausschlag. Auf die „Überzeugungskraft pädagogischer, kindbezogener Argumente", so Liegle (ebd., S. 339), wurde auch jetzt nicht zurückgegriffen. Vielmehr standen erneut gesellschafts- und erwerbspolitische Interessen im Vordergrund. Von der Expansion im Bereich der Tagesbetreuung profitierten zwar Frauen, Mütter und Eltern, allererst scheinen aber Fragen des Arbeitsmarktes und des Wirtschaftsstandortes die Politik zu bestimmen. Dies kann jedoch auf Kosten der Kinder, und – in Anbetracht des skizzierten Zusammenhangs von Pädagogik und Professionalität im Kindergarten – auf Kosten derjenigen Frauen gehen, die hier professionell tätig sind.

Sichtbar wird das Problem in gleichem Maße an Einrichtungen der Tagesbetreuung, welche sich der Kleinstkinderpädagogik widmen: den Kinderkrippen (vgl. Kallert 1999). Der Versuch, Konjunkturen der Kindergartenpädagogik von ihren Anfängen bis heute im Zusammenhang mit den Geschlechterverhältnissen zu rekonstruieren, bringt eine vielschichtige und schier unentwirrbare Gemengelage zu Tage. Wenn junge Kinder in den Blick genommen würden, so die eingangs vorgetragene Behauptung, seien immer auch Mütter und Frauen im Spiel; wenn es um die Sozialpädagogik der Frühen Kindheit gehe, seien immer auch die Geschlechterverhältnisse mitzudenken. Das Gewebe der wechselseitigen Bezüge und Abhängigkeiten erweist sich als fein gesponnen. Von der sprichwörtlichen Priorität der Frauen und Kinder – „Frauen und Kinder zuerst", lautet die Maxime der Seefahrt – ist unter gesellschaftspolitischen Gesichtspunkten nicht auszugehen. Ebenso kann in der Geschichte der Sozialpädagogik bis heute von einer gleichbleibenden Aufmerksamkeit für die Kinder und mithin für die pädagogische Seite des Gegenstandes nicht die Rede sein. In enger Verbindung dazu stehen die Fragen der Professionalität und Professionalisierung, wobei die beobachteten Qualifizierungsschübe ihren entscheidenden Antrieb durch die Frauen selbst und ihre Emanzipationsinteressen erhielten. Als wirkungsmächtige Gegenkräfte, die Professionalisierungsbestrebungen allenthalben durchkreuzen, müssen zudem die mangelnde und verweigerte soziale Anerkennung gelten, welche die pädagogische Arbeit mit (jungen) Kindern bis in unsere Tage kennzeichnen. Gleichwohl erweist sich der pädagogische Anspruch, zum Wohle der Kinder zu handeln, als in hohem Maße moralisch aufgeladen und eignet sich um so mehr als Projektionsfläche variierender Motive und Interessen. Welche aber genau die jeweiligen Konjunkturen antreiben, lässt sich schwer auseinanderhalten. Das Zusammenspiel von Moralisierung, Pädagogisierung, Professionalisierung und Politisierung bringt in immer neuen Akzentuierungen die Gestalt des Sozialpädagogischen in diesem Feld hervor. Diese hätte der Gegenstand erziehungswissenschaftlicher Reflexion zu sein.

Womöglich sind die tiefer liegenden Ursachen für die tendenzielle Abstinenz der Disziplin, wenn es um die Pädagogik der Frühen Kindheit geht, in jenen komplexen Verquickungen und uneindeutigen Bewertungszusammenhängen zu suchen. Den Kindern, den (professionellen) Frauen, aber auch der Disziplin selbst dient sie jedenfalls nicht. Oder anders: Aus dem zirkulär anmutenden Bedingungsgefüge von Früher Kindheit, der weiblichen Seite der Geschlechterverhältnisse und sozialer Nicht-Anerkennung wären nicht nur ebendiese Distanz der Disziplin zum Gegenstand Frühe Kindheit zu verstehen, sondern darüber hinaus auch die in der Sozialpädagogik regelmäßig beklagte Kluft zwischen Disziplin und Profession. Will sich die Sozialpädagogik nicht dem Vorwurf aussetzen, sie stehe eher für die Variation der zitierten Redeweise im Sinne eines „Kinder und Frauen zuletzt", müsste sie die hier entfalteten Zusammenhänge selbstreflexiv einholen und als ein Strukturproblem der Disziplin in ihre Theoriebildung aufnehmen. Erst dann erscheint ein Brückenschlag zwischen Profession und Disziplin erreichbar.

Die in diesem Band versammelten Beiträge nähern sich der Frühen Kindheit unter sozialpädagogischer oder erziehungswissenschaftlicher Perspektive und nehmen mehr oder weniger explizit Bezug auf die Geschlechterverhältnisse.

Die theoretische Perspektive, die *Reinhard Hörster* auf den Gegenstand wirft, fokussiert die Herausforderungen gesellschaftlicher Differenzierungs- und Beschleunigungsprozesse. Gerade die Pädagogik biete Möglichkeiten und Denkmuster, mit Unbestimmtheit und Übergängen, die sich aus diesen Herausforderungen ergäben, konstruktiv umzugehen. Namentlich die pädagogische Kasuistik stelle Übergangsräume bereit, in denen Auseinandersetzung und Reflexion ihren Ort fänden. Die Methodik, sich in solchen Übergängen zu orientieren, greift auf Sprache und Rhetorik zurück, da Argumente und Interpretationen von verschiedenen Standpunkten aus verhandelt würden. Hörster versucht, der pädagogischen Topik einer Orientierungsrhetorik näher zu kommen, die neue Erfahrungen mit gesicherter Erkenntnis verbinde. Er thematisiert damit das Verhältnis von Theorie und Erfahrung in der Sozialpädagogik und verweist auf eine enge und wechselseitige Verknüpfung zwischen Disziplin und Profession.

Sabine Andresen eröffnet einen historischen Blick auf die Anfänge der Profession mit einem Portrait von Marie Baum – einer bisher wenig beachteten Pionierin der Sozialen Arbeit. Als eine der wenigen Naturwissenschaftlerinnen ihrer Zeit setzte sich die Chemikerin Baum für die Arbeits- und Lebensbedingungen von Frauen ein und gewann so auch Einblicke in die Bedingungen familialer Erziehung, was sie schließlich von der Wichtigkeit der Familienfürsorge überzeugte.

Die enge Verknüpfung zwischen Sozialer Arbeit und den Lebensbedingungen von Frauen entfaltet *Gaby Lenz* systematisch. Sie zeigt die geschlechtspezifisch codierten Argumentationslinien und Entwicklungen im historischen Verlauf der Professionalisierung Sozialer Arbeit auf und versucht im Anschluss daran, eine Systematisierung des so zusammengetragenen *Gender*wissens mit dem Ziel, die *Gender*thematik strukturell in Profession und Disziplin zu verorten.

Wilma Aden-Grossmann thematisiert in ihrer Retrospektive die Kinderladenbewegung der siebziger Jahre des 20. Jahrhunderts am Beispiel der Freien Kinderschule in Frankfurt-Unterliederbach. Insofern knüpft der Beitrag an die historische Perspektive der vorhergehenden Artikel an. Eine von der Autorin durchgeführte Befragung nimmt die pädagogischen und politischen Intentionen der damaligen Zeit in ihren Auswirkungen auf die Biographien der Gründungs-Eltern in den Blick. Besonders für die Mütter scheinen die gegenseitige Unterstützung in der Kinderbetreuung und die politisierten

Diskussionen Freiräume eröffnet und Emanzipationsprozesse in Gang gesetzt zu haben. Die Initiative wurde von ihren Gründerinnen und Gründern schon damals auch als eine „Elternschule" verstanden, die sie durch „aktiv lernende Mitarbeit" zu pädagogischem Wissen und Reflexionsvermögen befähigen sollte.

Der Gedanke der Elternbildung bestimmt auch den Beitrag von *Ludwig Liegle*. Er diskutiert das Für und Wider einer Elternbildung durch einen Elternführerschein und setzt sich mit der Metaphorik des Führerscheins auseinander, der ja zunächst im Zusammenhang mit einer Maschine, dem Automobil, steht. Liegles Betrachtungen münden schließlich in der Überlegung, dass ein einmaliges Zertifikat sicherlich nicht ein für allemal zu Kindererziehung befähigen könne, vielmehr bedürfe es einer fachlich begleiteten Reflexion des elterlichen Erziehungsverhaltens sowie gezielter, auch aufsuchender Hilfsangebote.

Eine solch fachlich begleitete Reflexion und zielgerichtete Qualifikation von Eltern wird im Beitrag von *Ingrid Wölfel* und *Brita Ristau-Grzebelko* am Beispiel des Pflegekinderwesens in den neuen Bundesländern entwickelt. Obwohl es sich hier um den Bereich professioneller Kinderbetreuung handelt – immerhin wird die Unterbringung von Kindern und Jugendlichen in Pflegefamilien von der Kinder- und Jugendhilfe veranlasst – scheint die Durchsetzung von Qualifizierung und berufsbegleitender Supervision für diese Arbeit nicht selbstverständlich zu sein. Auf dem Hintergrund der gestiegenen Erwartungen an eine sozialpädagogische Arbeit mit fremdplazierten Kindern und Jugendlichen wurde 1996 der Verein zur Förderung des Pflegekinderwesens in Mecklenburg-Vorpommern gegründet. Zum Anforderungsprofil an die Fachlichkeit der Pflegeeltern gehört u. a. der Erwerb eines verstehenden Instrumentariums, mit dem die lebensgeschichtlich bedingten Verhaltensweisen der Kinder eingeordnet werden können. Die Arbeit und Zielsetzung des Vereins, dem Heide Kallert als Gründungsmitglied angehört, besteht darüber hinaus in der Umstrukturierung von Pflegestellen in sozialversicherungspflichtige Arbeitsplätze. Der Verein will damit einen Beitrag zur Professionalisierung eines Bereichs der Sozialen Arbeit leisten, der – fast ausschließlich von Frauen getragen – traditionell in die private Abgeschiedenheit von Familie verwiesen ist.

Mittelbar geht es auch im Beitrag von *Claudia Bier-Fleiter* um Professionalisierung und Qualifizierung. Sie stellt Design und Ergebnisse einer Langzeituntersuchung vor, bei der Frauen, die als Minderjährige Kinder bekamen, über einen Zeitraum von zwanzig Jahren im Rahmen dreier Teilstudien nach ihren Lebensumständen befragt wurden bzw. werden. In die letzte Untersuchungsphase, die noch aussteht, sollen die inzwischen erwachsenen Kinder einbezogen werden. Ziel dieses generationenübergreifenden Längsschnitts ist es, Erkenntnisse über langfristige Sozialisationsverläufe zu gewinnen und so eine Optimierung von Maßnahmen der Jugendhilfe und der öffentlichen Erziehung zu erreichen.

Barbara Rendtorff diskutiert die Thematisierung von Geschlecht im Kontext der Kindheitsforschung. In ihren grundlegenden Überlegungen distanziert sie sich vom Gestus der Beschreibung von Geschlechtsunterschieden und fragt nach Ursachen und Bedeutungen dieser Differenzen. Sie fasst Geschlecht als ein strukturierendes Moment der symbolischen Ordnung auf, das von Geburt an in Zusammenhang stehe mit der Interpretation der Morphologie des geschlechtlichen Körpers. Die frühkindliche Erziehung verknüpfe, so Rendtorff, auf subtile sowie direkte Weise die genitalen Gegebenheiten der Körper mit sogenannten geschlechtstypischen Eigenschaften. Eltern wie Institutionen reifizierten damit auch ihre eigene Arbeitsteilung in einen weiblich-mütterlichen Part, dem frühkindliche Erziehungsaufgaben zugeordnet sind und der mit Zuwendung und mit einem kreatürlichen Naturzustand in Verbindung gebracht werde, und einen männlich-väterlichen Part, der das Gesetz, mithin die symbolische Ordnung verkörpert und dessen Aufgabe im Bereich der Bildung älterer Kinder liege. Rendtorff fordert hier die Aufarbeitung und Reflexion der Geschlechterordnung in Profession und Disziplin, besonders auch mit Blick auf die Qualifizierung von Sozialpädagog(inn)en.

Micha Brumlik setzt sich demgegenüber mit Geschlecht und Leiblichkeit in der frühen Kindheit unter Rückgriff auf gänzlich andere Theorieangebote auseinander. Er stützt die These von bereits angeborenen Geschlechtsunterschieden im Verhalten von männlichen und weiblichen Individuen, die er allerdings als ein durch die Evolution genetisch verankertes Erfahrungswissen beschreibt. Brumlik vertritt damit eine Position, die derzeit nicht nur in der Erziehungswissenschaft kontrovers diskutiert wird.

Horst Rumpf fragt nicht danach, welche kognitiven Fähigkeiten im Verlauf von Erziehung erworben werden, sondern welche verloren gehen. Er spricht damit elementare Empfindungen und Wahrnehmungen von Kindern an, die jenseits oder vor der Sprache lägen und zu deren Artikulation Kinder bereit und fähig seien, solange sie die konventionellen Rationalisierungen durch Sprache noch nicht gänzlich übernommen hätten. Die Abtrennung des Empfindens von der Wahrnehmung, also das Erlernen von Distanz und Objektivität, müsse jedoch als ein Bildungsziel westlicher Zivilisation gesehen werden. Auch Horst Rumpf betont die, wie er sagt „stillschweigende" Arbeitsteilung der pädagogischen Profession und der ihr zugeordneten Disziplinen in einen weiblichen Kompetenzbereich, der die vorsprachliche, als unreif begriffene Form frühkindlichen Welterlebens fokussiere, und der männlichen Domäne der Erziehung zu normierter, rational distanzierter Realitätsbewältigung. „Weltbeherrschung" unter Verlust der „Weltberührung" sei aber als Ziel pädagogischer Bemühungen zweifelhaft.

Zu ganz ähnlichen Schlussfolgerungen kommt *Richard Meier*. Er kritisiert den normierenden und homogenisierenden Umgang mit den Kindern in der Grundschule. Sie seien in Klassen als vermeintlich Gleiche zusammengefasst und wiesen doch in ihrem Verhalten und ihren Befindlichkeiten größtmögliche Heterogenität auf. Um diesen Differenzen gerecht zu werden und Kinder optimal zu fördern, schlägt Richard Meier vor, den Blick auf Szenarien des frühkindlichen Umgangs, besonders von Müttern und Kindern, zu richten und daraus Impulse zur Motivation und Unterstützung schulischer Lernsituationen abzuleiten.

Helga Deppe-Wolfinger greift in ihrem Beitrag Fragen nach Differenz und Heterogenität ebenfalls auf. Dabei benennt sie als einen der maßgeblichen Gründe für das schlechte Abschneiden des deutschen Schulsystems in der internationalen Vergleichsstudie PISA die auf Ausleseprozessen basierende Leistungshomogenität von Schüler(innen)gruppen. Denn lernzielgerichteter Unterricht, wie er bis heute an deutschen Schulen praktiziert wird, setze homogene Gruppen voraus und betrachte Differenz folglich als Störung. Helge Deppe-Wolfinger diskutiert ausführlich In- und Exklusionsmechanismen an deutschen Schulen sowie die im öffentlichen Diskurs verhandelten Möglichkeiten, die einen Ausweg aus der Bildungsmisere weisen könnten. Neben der immer wieder zitierten Ganztagsschule richte sich das öffentliche Interesse auf Vorschulerziehung und Grundschulbildung, die in erster Linie für frühzeitige Sprach- und Leseförderung sorgen sollen. Folgt man Helga Deppe-Wolfinger, so scheint der Elementar- und Primarbereich mit seinem situationsbezogenen Ansatz und dem Konzept einer individuellen Förderung innerhalb heterogener Kindergruppen wegweisend für eine verbesserte Bildungssituation zu sein. Die Akzeptanz von Differenz und der konstruktive Umgang mit ihr mache über die integrationspädagogische Perspektive hinaus auch in anderen Schulformen Sinn.

Gerd Iben fordert, wie Deppe-Wolfinger, den Abbau des Selektionsprinzips im deutschen Schulsystem. Er vertieft in seinem Beitrag den Zusammenhang von Armut und Migration. Ausgehend von statistischen Befunden zur Armut in Deutschland kommt er zu dem alarmierenden Ergebnis, dass 17% aller Kinder und Jugendlichen in Armut leben, wobei die Kinder unter sieben Jahren die größte Gruppe bilden. Auch ein Drittel der allein erziehenden Frauen zählten zu den Armen. Der Autor benennt die verschiedenen strukturellen Ursachen von Armut wie Arbeitslosigkeit oder Verschuldung und verweist auf den Armutskreislauf von verzögertem Spracherwerb, welcher den Zugang zu Bildung blockiere und so wiederum durch verminderte Lebenschancen zu Armut führe. Hiervon in besonderem Maße betroffen seien Kinder aus Migrantenfamilien. Auch Iben plädiert für Elternbildung gerade der sozial benachteiligten Schichten unter Rückgriff auf eine dialogische Pädagogik, die den Weg des gleichrangigen Miteinanders gehe.

Hildegard Simon-Hohm hat ein kommunales Integrationskonzept für Migrant(inn)en für die Stadt Pforzheim entwickelt, das an das Prinzip des *Gender Mainstreaming* anknüpft. Dieses versteht sich als Strategie zur Durchsetzung von Geschlechtergerechtigkeit, Geschlechterdemokratie und Chancengleichheit in allen institutionellen Entscheidungsprozessen. Analog dazu lässt sich das von Simon-Hohm entwickelte Konzept als *Ethnic Mainstreaming* verstehen. Beide Prinzipien gälte es als Querschnittsaufgabe in der Kommune zu verankern. Sie ergänzten sich insofern, als es sich in beiden Fällen um Gleichstellungsstrategien handele, die unterschiedliche Lebensentwürfe als gleichwertig anerkennten und darauf zielten, hierarchische, ungerechte und diskriminierende Strukturen zu vermeiden. Daher versprächen sie, Teilhabechancen gerade derjenigen Gruppen zu fördern, deren Belange sonst wenig Gehör fänden: Kinder und Mütter, vor allem mit Migrationshintergrund.

Literatur

Aden-Grossmann, Wilma (2002): Kindergarten. Eine Einführung in seine Entwicklung und Pädagogik. Weinheim, Basel
Böhnisch, Lothar (2001): Sozialpädagogik der Lebensalter. Eine Einführung. Weinheim, München
Brückner, Margit/Böhnisch, Lothar (Hg.) (2001): Geschlechterverhältnisse: gesellschaftliche Konstruktionen und Perspektiven ihrer Veränderung. Weinheim
Deutsches PISA-Konsortium (Hg.) (2001): PISA 2000. Basiskompetenzen von Schülerinnen und Schülern im internationalen Vergleich. Opladen
Diotima – Philosophinnengruppe aus Verona (1987): Der Mensch ist zwei. Das Denken der Geschlechterdifferenz. Wien
Friebertshäuser, Barbara/Jakob, Gisela/Klees-Möller, Renate (Hg.): Sozialpädagogik im Blick der Frauenforschung. Weinheim
Hacker, Hartmut (2001): Die Anschlussfähigkeit von Kindergarten und Grundschule. In: Faust-Siehl, Gabriele/Speck-Hamdan, Angelika (Hg.): Schulanfang ohne Umwege. Frankfurt a. M., S. 80-93
Irigaray, Luce (1979): Das Geschlecht, das nicht eins ist. Berlin
Kallert, Heide (1999): Institutionalisierung der Kleinkindererziehung als globale Notwendigkeit und Problem. In: Lingelbach, Karl-Christoph/Zimmer, Hasko (Hg.): Jahrbuch für Pädagogik 1999. Das Jahrhundert des Kindes? Frankfurt a. M., S. 193-203
Krappmann, Lothar (1998): Reicht der Situationsansatz aus? Nachträgliche und vorbereitende Gedanken zu Förderkonzepten im Elementarbereich. Neue Sammlung, 35. Jg., Heft 4, S. 109-124
Laewen, Hans-Joachim/Andres, Beate (Hg.) (2002): Bildung und Erziehung in der frühen Kindheit. Bausteine zum Bildungsauftrag von Kindertageseinrichtungen. Weinheim, Berlin, Basel

Libreria delle donne di Milano (1988): Wie weibliche Freiheit entsteht. Eine neue politische Praxis. Berlin

Liegle, Ludwig (2001): Brauchen Kinder Kindergärten? Zur Wirkungsgeschichte außerpädagogischer und pädagogischer Argumente. In: Neue Sammlung, 41. Jg./Heft 3, S. 334-358

Liegle, Ludwig (2002): Bildungsprozesse in der frühen Kindheit. Der Vorrang von Selbstbildung. In: Münchmeier, Richard/Otto, Hans-Uwe/Rabe-Kleberg, Ursula (Hg.): Bildung und Lebenskompetenz. Kinder- und Jugendhilfe vor neuen Aufgaben. Opladen, S. 49-56

Mollenhauer, Klaus (1993/1964): Einführung in die Sozialpädagogik. Probleme und Begriffe der Jugendhilfe. Weinheim, Basel

Niemeyer, Christian (1997): Sozialpädagogik und der Zwang zur disziplinären Verortung. In: Ders./Schröer, Wolfgang/Böhnisch, Lothar (Hg.): Grundlinien historischer Sozialpädagogik. Traditionsbezüge, Reflexionen und übergangene Sozialdiskurse. Weinheim, München, S. 33-70

Rabe-Kleberg, Ursula (1995): Öffentliche Kindererziehung: Kinderkrippe, Kindergarten, Hort. In: Krüger, Heinz-Hermann/Rauschenbach, Thomas (Hg.): Einführung in die Felder der Erziehungswissenschaft. Opladen, S. 89-105

Rabe-Kleberg, Ursula (1996): Professionalität und Geschlechterverhältnisse. Oder: Was ist „semi" an traditionellen Frauenberufen? In: Combe, Arno/Helsper, Werner (Hg.): Pädagogische Professionalität. Untersuchungen zum Typus pädagogischen Handelns. Frankfurt a. M., S. 276-302

Sachße, Christoph (1986): Mütterlichkeit als Beruf. Frankfurt a. M.

Schäfer, Gerd E. (1995): Bildungsprozesse im Kindesalter. Selbstbildung, Erfahrung und Lernen in früher Kindheit. Weinheim

Taylor Allan, Ann (1996): „Geistige Mütterlichkeit" als Bildungsprinzip. Die Kindergartenbewegung 1840-1870. In: Kleinau, Elke/Opitz, Claudia (Hg.): Geschichte der Mädchen- und Frauenbildung. Bd. 2. Vom Vormärz bis zur Gegenwart. Frankfurt a. M., S. 19-34

Zimmer, Jürgen (1973): Curriculumentwicklung im Vorschulbereich. Bd. I und II. München

Reinhard Hörster

Verlegenheiten. Zur pädagogischen Reflexion in rhetorischen Übergangsräumen

Orientierungsprobleme

Im Zuge hochgradiger gesellschaftlicher Differenzierung und Beschleunigung werden alltägliche Verhältnisse heute zunehmend problematisiert. Dies hat vermutlich sehr viel damit zu tun, dass unsere Erfahrungen rasch veralten und wir gleichzeitig immer wieder mit Bildungsgut konfrontiert werden, das deshalb wenig wert ist, weil sich mit ihm keine Erfahrung verbindet. Wenn, wie John Dewey es bereits 1916 formuliert hat, der „gewöhnliche Wechselverkehr des Lebens" (Dewey 1949, S. 36) von uns fordert, Erfahrungen beständig zu erneuern, dann müssen wir in unserem Alltag jeweils neue Situationen mit alten Bedeutungsvorstellungen korrelieren. Nicht nur dass sich dadurch sowohl die Situationen als auch die vorgestellten Bedeutungen verändern. Im Prozess der Differenzierung ist man gehalten, sich auch auf die hiermit einher gehenden Herausforderungen grundlegend einzustellen.

Angebracht sei es mittlerweile, wie Wolfgang Welsch beobachtet, „allenthalben zwischen verschiedenen Sinnsystemen und Realitätskonstellationen übergehen zu können" (Welsch 1988, S. 317). Heutzutage komme es auf „den Übergang von einem Regelsystem zum anderen, die gleichzeitige Berücksichtigung unterschiedlicher Ansprüche, den Blick über die konzeptionellen Gatter hinaus" (ebd.) an. In diesem Zusammenhang bezieht sich Welsch ausdrücklich auf den von Jean-Francois Lyotard geprägten Begriff der „Sveltezza", jener Raschheit und Gewandtheit, mit der man sich leichtfüssig in einer Vielfalt unterschiedlicher Spiele bewegen könne. Er beobachtet des weiteren, dass das transitorische Handeln in differenten, heterogenen oder pluralen alltäglichen Sinnzusammenhängen gegenwärtig weitgehend Standard geworden sei, ohne dass dem eine „offizielle Orientierungsrhetorik" entspräche (vgl. Hörster 1992b).

Eine solche Diagnose erscheint mir einleuchtend, und ich behaupte, dass, sollte eine beständige Erneuerung von Erfahrung in den Bildungseinrichtungen misslingen und sich weiterhin die vom *Collège de France* bereits in den achtziger Jahren konstatierte „Angst erregende Leere an den Fundamenten des Bildungswesens" (Collège de France 1987, S. 254) breit machen, dies unter anderem auch an der mangelnden Durchsetzung einer Rhetorik liegt, die dem Raisonnement der anstehenden Fragen dient. Es scheint mir also wichtig zu sein, sich mit Elementen einer Rhetorik vertraut zu machen, die für konfliktgeladene und in sich widersprüchlich strukturierte Übergänge relevant ist. Die moderne Pädagogik ist glücklicherweise an dieser für alle aktuellen Lern- und Bildungsprozesse entscheidenden Stelle in der Lage, ihre eigenen Möglichkeiten und Denkmuster ins Spiel zu bringen. Relativ willkürlich greife ich ein paar Beispiele heraus. Winfried Marotzki etwa geht es im Zusammenhang solcher Übergänge um „Erfahrungsverarbeitung" im experimentierenden Sinnzusammenhang der Angstbewältigung. Die „Erfahrungsverarbeitung" erfordere „einen versuchend erprobenden Umgang mit möglichen Kategorien" (Marotzki 1988, S. 329). Unbestimmtheit sei dabei explizit zuzulassen, um eingefahrene Routinen angstfrei aufgeben zu können. Zur Bewältigung der damit einhergehenden Probleme können sich nach Prange die Pädagoginnen und Pädagogen empfehlen, seien sie doch, indem sie den Widerspruch zwischen der pädagogischen „Datenzeit" und verlaufenden „Lebenszeit" im Sinnzusammenhang eines Zeitvermögens reflektierten, wie Lotsen, nämlich „Spezialisten für Übergänge, für den Transit von der Kindheit und Herkunft zu einer unbestimmten Zukunft" (Prange 1996, S. 137). Allerdings kann man davon ausgehen, dass sich die Pädagog(inn)en auch selbst in Übergangssituationen befinden, die mit denjenigen der Adressat(inn)en nicht identisch sein müssen. Pädagog(inn)en benötigen nicht nur die Fähigkeit, Übergänge ihrer Adressaten zu reflektieren; ihr Spezialistentum macht es gerade aus, sich selbst produktivierend in einem pädagogischen Übergang situieren zu können. Wenn Siegfried Bernfeld klarstellt, die „Antinomie zwischen dem berechtigten Willen des Kindes und dem berechtigten Willen des Lehrers löst keine Pädagogik auf, vielmehr besteht sie in dieser Antinomie" (Bernfeld 1921/1996, S. 63), dann formuliert auch er eine in sich konfliktreiche Übergangskonstellation, in diesem Fall eine, wie sie sich für eine Pädagogik ergibt, die einzelne Begebenheiten ihres Feldes im Rahmen einer Teilhabe stützenden „Kompromissgesinnung" konnotiert. Wie konfliktgeladen die Situierung im Übergang sein kann, geht ebenfalls aus Michael Winklers Restrukturierung des sozialpädagogischen Problems im Sinnzusammenhang der Beherrschung einer generationellen Ordnung hervor:

„Für die ältere Generation als möglichem Subjekt der Vermittlung ist das Alte nicht mehr, das Neue aber noch nicht vermittelbar. Während nun die ältere Generation mit der Illusion von der Gültigkeit des ihr Gegebenen leben kann, findet die jüngere Generation nichts vor, das durch Tradition gesichert wäre" (Winkler 1988, S. 119).[1]

---

[1] Innerhalb dieser Problemstruktur entwickelt Winkler seine „Theorie der Sozialpädagogik" topographisch im Bezug auf die rhetorische Tradition. Insofern gibt es in der Sozialpädagogik bereits eine Vorgabe, welche die postulierte Orientierung im Übergang versucht. Anders als die von Winkler verfolgten theoretischen Ambitionen, geht es mir hier eher um eine Methodik, sich in solchen Übergängen mit Orientierungsgewinn zu bewegen.

Klaus Mollenhauer schließlich erarbeitet – im Sinnzusammenhang der sich entwickelnden Autonomie der Kinder – eine pädagogische Formel, die ebenfalls einen eingebauten Widerspruch in sich birgt:

„Die Grundformel für das, was *heute* pädagogische Repräsentation sein kann, wäre also, daß wir den Kindern sagen: *‚Ceci n'est pas le monde.'* Nur ein Abbild, nur eine Spiegelung" (Mollenhauer 1983, S. 77).

Es ist keine Frage, dass innerhalb solcher Krisen generierenden Problemstrukturen die Erzieher(inn)en des öfteren in Verlegenheiten geraten. Die Aufgaben, die produktiv mit Hilfe sich entwickelnder Handlungspläne zu bewältigen sind, ebenso wie die pädagogische Erfahrungskonstitution der Grenzgängerinnen haben ihren Platz in einem spannungsreichen Übergang, in dem man aus der Verlegenheit wieder herausfinden muss.

Zur Erörterung der damit verbundenen Probleme liegt es nahe, die Theoretiker einer „reflexiven Moderne" hinzuzuziehen. Sie schlagen vor, solche Spannungen, die bei der Sinn generierenden Erfahrungskonstitution entstehen, in Räumen besonderer Aufmerksamkeit Rechnung zu tragen – in Foren der widerstreitenden Beratung und der Entscheidungen vorbereitenden Reflexion (vgl. Beck/Bonß/Lau 2001). Ich nenne diese Räume Übergangsräume. Im folgenden beschäftige ich mich mit Möglichkeiten, pädagogische Übergangsräume zu restrukturieren.

Topik

Wichtig im Rahmen einer solchen Restrukturierung ist zunächst einmal die Beschäftigung mit dem sprachlichen und damit rhetorischen Charakter der Beratungs- und Entscheidungsräume. Denn gleich welche Gedanken sie entwickelt und welche Probleme sie strukturiert, es gilt heute als eine Selbstverständlichkeit, dass die Pädagogik sich im Medium der Sprache bewegt. Die rhetorisch mediatisierte pädagogische Reflexion strukturiert sich topisch. Mit Topiken versucht man im Allgemeinen der gerade auch aktuell bedeutsamen „Disposition des Menschen für eine Lage der ungewissen Orientierung" (Blumenberg 1991, S. 290) gerecht zu werden. Topiken befinden sich in der heute relevanten neuen Rhetorik, der es um „nichtformale Beweisführung" (Perelman 1991) geht, auf einer Ebene, auf welcher der Ambivalenz von Entscheidungen Rechnung getragen wird. Sie ermöglichen es, in praktischen Argumentationen und Verständigungsprozessen ein Problem mehreren Kategorien zuzuordnen.

Seit der griechischen und römischen Antike ist die Topik Bestandteil der Rhetorik. Sie gehört dort zur *Inventio*, der Kunst des Auffindens von Material für eine glaubwürdige Rede. Topik bezeichnet in diesem Zusammenhang die

Lehre von den „Örtern", „Plätzen" oder „Stellen" (Topoi), an denen man jene Argumente suchen muss, die in einer reichhaltigen und beweglichen Rede überzeugen können. Die Rhetorik kommt dabei in Situationen in Gang, in denen ein Mangel an Sichtbarkeit und ein Zwang zum Handeln besteht. In ihren neueren Varianten wirbt sie allerdings für dessen Verzögerung. Die Gründe hierfür erblickt Hans Blumenberg in einem weitreichenden gesellschaftlichen Steuerungsproblem:

„Es ist ein Mißverhältnis entstanden zwischen der Beschleunigung von Prozessen und den Möglichkeiten, sie im Griff zu behalten, mit Entscheidungen in sie einzugreifen und sie mit anderen Prozessen durch Übersicht zu koordinieren" (Blumenberg 1991, S. 301).

Es artikuliere sich deshalb ein „Bedürfnis nach institutionalisiertem Atemholen" (ebd.). Durch organisiertes Suchen und Finden an den Örtern gilt es, die Unsicherheit der Urteilsbildung zu veranschlagen, Überforderungen, die mit dem apodiktischen Ideal des Wissens häufig sich einstellen, zurückzuweisen und aus all dem sich ergebende Entscheidungsrisiken und Enttraditionalisierungstendenzen in der Modalität der Möglichkeit zu gewichten.

In der Pädagogik müssten sich insbesondere situationale Besonderheiten erzieherischer Prozesse mit Hilfe eines topischen Netzwerkes herausstellen lassen. Pädagogik ist, davon gehe ich aus, durch die „Plätze" eines Sprachspiels strukturiert, welche es ermöglichen, je besondere Konflikte argumentativ einzuordnen, zu analysieren sowie auf strategischem und taktischem Wege Wirkungen zu entfalten. An den „Plätzen" finden sich unterschiedlich verdichtete Gehalte, die in der Gegenwart nicht mehr in der Weise geschichtsphilosophisch durch Fortschrittsperspektiven gestützt werden wie ehedem.

Unabweisbar stellt sich allerdings die Frage, wie denn diese Topik in der Pädagogik aussieht, eine Topik, in deren Konstellation der Streit zwischen unterschiedlichen Perspektiven, Theorien, Argumenten und Einsichten produktiv möglich sein soll.

Mit diesem Problem schlägt sich auch Jörg Ruhloff herum – etwas unwillig allerdings, weil er den Möglichkeiten, die mit dem Unternehmen verbunden sind, skeptisch gegenübersteht. Immerhin hält Ruhloff (1999, S. 33) ein allgemeines pädagogisches „Verzeichnis positionsneutraler Gesichtspunkte" (Ruhloff 1999, S. 33) für möglich. Es sei auch irgendwie sinnvoll, helfe es doch, sich gegen fachliche Scharlatanerie zu wappnen. Im Anschluss an Platon geht er jedoch davon aus, dass man es allererst erstellen müsse, auf einem Feld, das Ruhloff „theoretische Pädagogik" nennt; dort liege eine Topik noch nicht vor. Das diesbezügliche Forschungsproblem aber lässt Ruhloff bewusst links liegen, so dass man es ihm nicht vorwerfen kann, wenn er die Frage nach einer Topik zumindest stark unterbestimmt lässt.

Um die hier sich auftuende Lücke geht es mir. Mir ist es wichtig herauszubekommen, wie ein bereits relativ profiliertes Netzwerk von operationsfähigen pädagogischen Topoi auffindbar ist, wenn man sich entschließt, den

Reflexionsraum nicht nur am Ideenhimmel der Metaphysik zu belassen, sondern versucht zu begreifen, wie er sich territorialisiert. Ein solcher Versuch kann nach meinem Dafürhalten helfen, Bezugnahmen zwischen unterschiedlichen Möglichkeiten und Sinnzusammenhängen der Erziehung in Gang zu bringen und problematische „Phänomene der Erziehung zu reflektieren" (Durkheim 1922/1972, S. 50).

Vor einem solchen Hintergrund halte ich zunächst einmal resümierend in Form von zwei Thesen fest:

Erstens: Pädagogische Reflexion findet in einem rhetorischen Raum des „institutionalisierten Atemholens" (Blumenberg) statt. In ihm verzögert die Reflexion den weiteren Gang des krisenhaften alltäglichen Wechselverkehrs, der aufgeschoben wird. Der topisch strukturierte rhetorische Raum der pädagogischen Reflexion, in dem es um die Konstitution pädagogischer Erfahrungsmöglichkeiten geht, ist demnach ein Raum des Aufschubs. Unklar ist aber, welche Topik diesen Aufschub strukturiert.

Zweitens: Durch ihre sprachliche Verfasstheit vermag sich pädagogische Reflexion, die sich in Räumen des „zwischenmenschlichen Austauschs" (Toulmin 1986, S. 64) territorialisiert, in symbolischen Darstellungen gegenüber Erfahrung zu öffnen.

Die anschließende dritte These ist meine Hauptthese. Im Gegensatz zu den beiden ersten gewissermaßen „Prothesen" wird sie entwickelt und begründet erst im folgenden Punkt III, dem ich sie voranstelle:

Drittens: Von dem territorialisierten und funktional spezifizierten pädagogischen Reflexionsraum lässt sich zeigen, inwiefern er als ein Raum fallverstehender Übergänge betrachtet werden kann, in dem Platz für Erfahrungskonstitution ist. Als kasuistischer Raum dient er der praktischen Argumentation. In diesem Raum findet man pädagogische Topoi empirisch vor. Man muss die pädagogische Topik demnach im sozial gebilligten „Ensemble von Selbstverständlichkeiten" (Dörpinghaus 1999, S. 86) der pädagogischen Kasuistik suchen.

Kasuistik

Kasuistik ist eine erwägende Reflexion, die eine besondere moralisch bedeutsame Krisen- oder Konfliktsituation so erfahrbar macht, dass ihr normativ geladener Sinn mit dem Ziel einer Beurteilung und Entscheidung herausgearbeitet werden kann. In der pädagogischen Kasuistik geht es um die Reflexion des Verständnisses erzieherischer Konfliktsituationen und um die Erarbeitung eines pädagogisch sinnhaften Planes. Die pädagogische Kasuistik gilt mittlerweile sogar – und dafür spricht einiges – als „Anfang und Ursprung jeder pädagogischen Theorie" (Binneberg 1993, S. 94). Es handelt sich um eine Kunst, Beurteilungs- und Entscheidungsmöglichkeiten aus vergleichbaren vorangegangenen pädagogischen Situationen analogisierend aufzunehmen und auf konkurrierende Normen einzugehen. Die kasuistische Tätigkeit treibt einen Raum praktischen Argumentierens hervor. Argumente in diesem Raum lassen sich als ein Netzwerk von Überlegungen betrachten, die helfen, eine praktische Ungewissheit zu absorbieren. Man nimmt Argumente praktisch in Gebrauch, indem man – von der Besonderheit eines zu entscheidenden Konfliktfalles ausgehend – den Blick auch auf das mögliche von Argumenten geleitete Handeln wirft. Denn ein praktisches Argument besitzt Möglichkeiten, weiteres Handeln zu regulieren. Wie weit diese Möglichkeiten gehen, hängt von dem zu bedenkenden Grad der Ähnlichkeit ab, die eine aktuell vorliegende Konfliktsituation mit jenem Präzedenzfall hat, der hilft sie zu erschließen. Praktische Argumente im kasuistischen Raum sind dabei immer offen für neue Erfahrungen und Gegenbeweise. Im Gegensatz zu rein theoretischen Argumenten, die von Anfangsaxiomen ausgehen, formal abgeleitet sind und in ihrem Bereich von einer Notwendigkeit dirigiert werden, sagen praktische Argumente lediglich etwas Wahrscheinliches aus (vgl. Jonsen/Toulmin 1988, S. 34f.; Toulmin 1996).

Woraus besteht nun das oben angesprochene „Ensemble von Selbstverständlichkeiten" pädagogischer Kasuistik? Es soll mir ja helfen, an die Topik in pädagogischen Übergangsräumen der Erzieher heranzukommen, damit die Pädagogik einer Orientierungsrhetorik näher kommt, die der Konstitution neuer Erfahrungen Rechnung trägt und dadurch letztendlich auch der vom *Collège de France* diagnostizierten Leere an den Fundamenten des Bildungswesens beikommen kann.

Zu dem Ensemble kasuistischer Selbstverständlichkeiten, über die man im Hinblick auf den Übergang zwischen neuen Situationen und alten Bedeutungsvorstellungen intensiver nachdenken könnte, gehört zunächst einmal die Tatsache, dass pädagogische Konflikte, die zur Erörterung anstehen, symbolisch dargestellt werden. Der kasuistische Raum ist deshalb ein rhetorisches Feld, weil es um das Verständnis eines alltäglichen Konfliktfalles jeweils anhand einer symbolischen Darstellung geht. Sie lässt den auf einer ersten Ordnungsebene sich abspielenden Konfliktfall in einen anderen Raum übergleiten und macht ihn als Fall eines zusätzlich zu beobachtenden Sinnzusammenhangs sichtbar.

Das symbolisch sich darstellende alltägliche Fallverständnis wird in der kasuistischen Tätigkeit – und das ist eine zweite zu bedenkende Selbstverständlichkeit – zum Fall einer höheren Ordnung. Gleich ob gemäß der Schützeschen Kasuistik sich Muster des Verstehens im Text symbolisch dokumentieren, obwohl sie kategorial noch nicht erfasst sind, sondern lediglich „höhersymbolisch" greifbar, oder ob gemäß einer psychoanalytisch pädagogischen Perspektive wie der Körnerschen zwischen den symbolischen Darstellungen auf der „Vorderbühne" und dem in diesen Darstellungen sich ausdrückenden „unbewussten" Geschehen auf der „Hinterbühne" Verstrikkungen mit Hilfe interaktionistischer und psychoanalytischer Theorien vergegenwärtigt werden, oder ob die Symbolik, wie bei Burkhard Müller, der Herausstellung von Klassifikationen dient, um innerhalb didaktischer Perspektiven Möglichkeiten der Erstellung von Arbeitsbündnissen und der Selbstregulierung zu markieren, stets wird im Aufschub mit sinnhaften Bezügen argumentiert, die auf einer übergeordneten Ebene sich konstituieren und in denen die allgemeine Typik vorangegangener Fälle und die Besonderheit der aktuell zu analysierenden Konfliktsituation sich verbinden (vgl. Müller 1993; Körner/Ludwig-Körner 1997; Schütze 1993).

Ihre gesellschaftliche Aufgabe als eine pädagogische Regulierungsinstanz kann Kasuistik freilich nur verwirklichen, wenn die symbolischen Darstellungen in wie auch immer gebrochener und vermittelter Weise relevant sind innerhalb eines Repertoires der Rezipientinnen und Verwender (vgl. Brügelmann 1982, S. 77). Das kasuistische Erwägen ist so verwoben in die Aufgaben, die mit einem krisenhaften Bildungsprozess verbunden sind.

Die Topoi, die den Aufschub der pädagogischen Kasuistik strukturieren sind also: Symbolische Darstellung einer alltäglichen Erziehungskrise (Fall), Analyse des die Darstellung durchwirkenden sinnhaften Aufbaus und Bildungsprozesses. An diesen Örtern muss man suchen, wenn man ein Material finden will, das für pädagogische Kasuistik bedeutsam ist. In der Topik bleibt demnach offen, mit Hilfe welcher Terminologien, Konzepte und Wahrnehmungsmuster ein Erziehungskonflikt dargestellt wird, offen bleibt auch das Schema der praktischen Argumentation, in dem der Sinn rekonstruiert wird, und gleichfalls unbestimmt bleibt in der Topik der Charakter des Bildungsprozesses.

Ganz anders stellt sich dies bei der Charakterisierung einer konkreten kasuistischen Tätigkeit dar, die nach bestimmten kasuistischen Vorgaben durchgeführt wird. Hier sind die je einzelnen Topoi in spezifischer Weise besetzt bzw. bleiben in spezifischer Weise leer, so dass sich eine bestimmte Kombinatorik ergibt, anhand derer sich Typen pädagogischer Kasuistik bilden lassen.

Die von mir oben erwähnten kasuistischen Konzepte von Schütze, Körner/Ludwig-Körner und Müller z. B. sind trotz vollkommen unterschiedlicher methodischer und theoretischer Ausrichtung in gleicher Weise kombiniert, was die Besetzung und das Leerbleiben der Örter anbelangt: Indem sie ihn vorgeben, besetzen sie in ihrer Gesamtheit den Ort der symbolischen Darstellung eines alltäglichen Falles. Indem sie konkrete methodische Vorkehrungen zur Strukturierung der „Fallseminare" oder „Forschungswerkstätten" treffen, besetzen sie jeweils sehr bestimmt den Topos der Bildung. Und durchgängig bildet die Analyse des Verständnisses einer pädagogischen Situation die partiell offene Herausforderung. Lediglich partiell offen ist die Analyse deshalb, weil auch hier die Methode das zu analysierende Problem in den besagten drei Konzepten bereits relativ stark vorstrukturiert. In diesem kasuistischen Typus territorialisiert sich die pädagogische Reflexion in der symbolischen Darstellung des Alltagskonfliktes und im kollegial oder propädeutisch analysierenden Austausch der Seminare, Werkstätten und Besprechungen (vgl. Hörster 2001 und 2002).

In einer ganz anderen Kombinatorik von Leerstelle und Besetzung der Topoi wird im kasuistischen Raum operiert, der sich bei der Lektüre pädagogischer Experimente ergibt, dem Raum der praxeologischen Empirie (Benner). Die berichteten und berichtenden pädagogischen Experimente zum Beispiel von Bernfeld, Aichhorn, Korczak, Deligny oder Bettelheim lassen die Bildungsprozesse der Rezipienten offen – als stets neu zu lösendes Problem, als „konturmäßig vorgezeichnete Leerstelle des antizipierten noch-nicht-Gewußten" (Schütz 1971, S. 229). Der Topos der Bildung wird hier zwar veranschlagt, bleibt aber zunächst noch dezidiert frei. Denn die Berichte überlassen das Gezeigte zur Beurteilung. Ich sage, der Topos werde veranschlagt, weil die pädagogische Urteilskraft der Leserinnen durch den Text mit einem Ernst hervorgetrieben wird, der dennoch spielerisch ist (vgl. Ricoeur 1988), oder weil sie sich – anders gewendet – zwar rational vermittelt, aber in der Spontaneität verbleibt (vgl. Heydorn 1979, S. 24); und zwar, wenn ein gemeinsames Repertoire zwischen dem Text und den Leserinnen und Lesern gegeben ist und deshalb die Episoden ebenso wie die Konfigurationen des Textes im „wandernden Blickpunkt" (Iser 1984) der Lektüre pointiert werden können. Die Leerstelle der Bildung, die aber durch die Bestimmung der übrigen Elemente relativ stark profiliert ist, besetzen hier die Leserinnen und Leser durch ihre eigene Lektüre, indem sie die Konfigurationen des Textes gleichsam für sich durchspielen und anwenden. Vielleicht kann ihnen dabei der „versuchend erprobende Umgang mit möglichen Kategorien" (s. o.), von dem Marotzki spricht, und die Aufgabe eingefahrener Gewohnheiten relativ angstfrei gelingen. Auf wünschenswerte Haltungen und Sinnzusammenhänge, wie etwa Freudigkeit, spielen diese Texte einzig und allein über „Gesten des Schreibens" (Zander 2000) an. – Vorgegeben und besetzt allerdings ist der Topos der symbolischen Darstellung, der Bericht. Angeboten, aber vom Text nicht verpflichtend besetzt wird der Topos der pädagogisch sinnhaften Bezüge, d. h. die Rekonstruktion eines pädagogischen Sinns einzelner Begebenheiten durch den Text selbst und die Entwicklung von sinnhaften Entwürfen in den Berichten. Es wird berichtet über die Entwicklung der eigenen kasuistischen Tätigkeit, die eigene Verschiebung von alltäglichen Fällen in einen alternativen Entwurf und übergeordneten Sinnzusammenhang, der sich innerhalb experimenteller pädagogischer Räume neu generiert. Die Herausforderung in der Kombinatorik dieses Typs allerdings bleibt die Leerstelle der Lektüre als Bildungsprozess. Die pädagogische Reflexion territorialisiert sich hier im Text und in der Textlektüre.

Territorialisierung

Die Tatsache, dass sich die pädagogische Reflexion in unterschiedlichen Typen kasuistischer Übergangsräume territorialisiert, liefert demnach erste Hinweise auf deren Topik, die auch den Widerstreit zwischen verschiedenen Theorien in sich aufnehmen kann – allerdings nur im Rahmen der durch diese spezifische kasuistische Topik gezogenen Grenze. Man gelangt hier immer wieder an jenen Punkt, der besagt, dass über die Verortungsmöglichkeit pädagogischer Theorie nicht in der Theorie selbst entschieden werden kann, sondern nur in ihrem Außen, im Rahmen einer praktischen Argumentation: in der Sinn analysierenden „Forschungswerkstatt" (Schütze 1993) oder in dem dezentrale Erzählungen verarbeitenden „zentralen Ort" von Dienstbesprechungen (Klatetzki 1993) oder in der Erfahrung konstituierenden gemeinsamen Lektüre von „Experiment-Berichten" (Hörster 1992a). In solchen kasuistischen Räumen findet die Territorialisierung der pädagogischen Reflexion statt. Der damit einher gehende Bildungsprozess, der die zunächst leere oder teilweise leere Stelle langsam besetzt, wird gestützt und angetrieben durch die Bedingungen, die mit den bereits besetzten Örtern der pädagogischen Kasuistik gegeben sind.

Freilich bindet sich die so geerdete pädagogisch kombinierende Reflexion immer auch an die Gegenbewegung, die der Deterritorialisierung pädagogischen Sinns: sei es dass sie Fluchtpunkte des kasuistischen Tuns entwirft, ja als Pädagogik entwerfen muss (Beteiligung etwa, auch die Beteiligung an kasuistischer Tätigkeit oder eine funktionierende *„just community"*), die unter bestimmten Rahmenbedingungen nur graduell erreicht werden können, sei es, dass mit einem männlichen „impliziten Leser" (Iser 1972) operiert wird, der für eine reale weibliche Leserin aber aufgrund eines mangelnden gemeinsamen Repertoirs nicht so relevant ist, sei es, dass man Entwicklungspläne des pädagogischen Feldes schmiedet, die sich nur partiell erfüllen oder gar scheitern, die auf jeden Fall nicht garantiert werden können, sei es schließlich, dass man in der praktischen Argumentation mit Theorien operiert, die der Besonderheit der sich entwickelnden Konflikte nicht mehr gerecht werden. – Mit anderen Worten: Der kasuistische Übergangsraum, der sich im Aufschub der Erziehung ergibt und in dem ganz unterschiedliche pädagogische Theorien, Perspektiven und Sinnzusammenhänge Platz nehmen können, könnte einer jener Orte sein, von denen Michel Foucault meint, sie seien ganz andere Orte „als die Plätze, die sie reflektieren oder von denen sie sprechen" (Foucault 1987, S. 338). Im Gegensatz zu Utopien nennt Foucault sie Heterotopien. Inwiefern eine solche Annahme zutrifft, müßte allerdings noch im Rahmen einer heterotopologischen Analyse pädagogischer Reflexion genauer geprüft und untersucht werden.[2] Gegenüber der Ruhloffschen Überlegung läge eine solche Untersuchung allerdings auf einem rhetorischen Terrain nur insofern, als es sich mit dem der Ordnung der Diskurse überschneidet.

Literatur

Beck, Ulrich/Bonß, Wolfgang/Lau, Christoph (2001): Theorie reflexiver Modernisierung – Fragestellungen, Hypothesen, Forschungsprogramme. In: Beck, Ulrich/Bonß, Wolfgang (Hg.): Die Modernisierung der Moderne. Frankfurt a. M., S. 11-59

Bernfeld, Siegfried (1996): Das Kinderheim Baumgarten. In: Ders.: Sämtliche Werke, Band 11, hrsg. v. Herrmann, Ulrich. Weinheim, Basel, S. 9-155

Binneberg, Karl (1993): Sprache, Logik, Pädagogik. Weinheim

Blumenberg, Hans (1991): Anthropologische Annäherung an die Aktualität der Rhetorik. In: Kopperschmidt, Josef (Hg.): Rhetorik Band II: Wirkungsgeschichte der Rhetorik. Darmstadt, S. 285-312

Brügelmann, Hans (1982): Fallstudien in der Pädagogik. In: ZfPäd, Heft 5, 28. Jg. 1982, S. 609-623

Collège de France (1987): Vorschläge für das Bildungswesen der Zukunft. In: Müller-Rolli, Sebastian (Hg.): Das Bildungswesen der Zukunft. Stuttgart, S. 253-282

Dewey, John (1949): Demokratie und Erziehung. Eine Einleitung in die philosophische Pädagogik. Braunschweig, Berlin, Hamburg (2. Aufl.)

Dörpinghaus, Andreas (1999): Argumentation diesseits der Transzendentalität. Über Möglichkeiten einer Theorie der argumentativen Verständigung in der Pädagogik. In: Dörpinghaus, Andreas/Helmer, Karl (Hg.): Zur Theorie der Argumentation in der Pädagogik. Würzburg, S. 76-98

Durkheim, Emile (1972): Erziehung und Soziologie. Düsseldorf (1922)

Foucault, Michel (1987): Andere Räume. In: Stadterneuerung. Idee, Prozeß, Ergebnis. Die Reparatur und Rekonstruktion der Stadt. Berlin

Heydorn, Heinz-Joachim (1979): Über den Widerspruch von Bildung und Herrschaft. Frankfurt a. M.

Hörster, Reinhard (1992a): Zur Rationalität des sozialpädagogischen Feldes in dem Erziehungsexperiment Siegfried Bernfelds. In: Hörster, Reinhard/Müller, Burkhard (Hg.): Jugend, Erziehung und Psychoanalyse. Zur Sozialpädagogik Siegfried Bernfelds. Neuwied, Kriftel, Berlin, S. 143-162

Hörster, Reinhard (1992b): Übergangsfähigkeiten. Der positive Barbar, der Normalpädagoge und der gut informierte Bürger. In: Benner, Dietrich/Lenzen, Dieter/Otto, Hans-Uwe: Erziehungswissenschaft zwischen Modernisierung und Modernitätskrise. ZfPäd. 29. Beiheft 1992, S. 392-397

---

[2] Vgl. als einen ersten Versuch Hörster 1997.

Hörster, Reinhard (1997): Bildungsplazierungen. Räume, Möglichkeiten und Grenzen der Heterotopologie. In: Ecarius, Jutta/Löw, Martina (Hg.): Raumbildung Bildungsräume. Über die Verräumlichung sozialer Prozesse. Opladen, S. 93-121
Hörster, Reinhard (2001): Kasuistik/Fallverstehen. In: Otto, Hans-Uwe/Thiersch, Hans (Hg.): Handbuch Sozialarbeit Sozialpädagogik. 2. völlig überarbeitete Auflage. Neuwied, Kriftel, S. 916-926
Hörster, Reinhard (2002): Sozialpädagogische Kasuistik. In: Thole, Werner (Hg.): Grundriss soziale Arbeit. Ein einführendes Handbuch. Opladen, S. 549-558
Iser, Wolfgang (1984): Der Akt des Lesens. Theorie ästhetischer Wirkung. München
Iser, Wolfgang (1972): Der implizite Leser. Kommunikationsformen des Romans von Bunyan bis Beckett. München
Jonsen, Albert R./Toulmin, Stephen, E. (1988): The Abuse of Casuistry. Berkeley, Los Angeles, London
Klatetzki, Thomas (1993): Wissen, was man tut. Professionalität als organisationskulturelles System. Eine ethnographische Interpretation. Bielefeld
Körner, Jürgen/Ludwig-Körner, Christiane (Hg.) (1997): Psychoanalytische Sozialpädagogik. Freiburg i. Brsg.
Marotzki, Winfried (1988): Bildung als Herstellung von Bestimmtheit und Ermöglichung von Unbestimmtheit. Psychoanalytisch-lerntheoretisch geleitete Untersuchungen zum Bildungsbegriff in hochkomplexen Gesellschaften. In: Hansmann, Otto/Marotzki, Winfried (Hg.): Diskurs Bildungstheorie I. Systematische Markierungen. Weinheim, S. 311-388
Mollenhauer, Klaus (1983): Vergessene Zusammenhänge. Über Kultur und Erziehung. München
Müller, Burkhard (1993): Sozialpädagogisches Können. Freiburg i. Brsg.
Perelman, Chaim (1991): Die neue Rhetorik: Eine Theorie der praktischen Vernunft. In: Kopperschmidt, Josef (Hg.): Rhetorik Band II: Wirkungsgeschichte der Rhetorik. Darmstadt, S. 324-358
Prange, Klaus (1996).: Übergänge – Zum Verhältnis von Erziehung und Lernen. In: Borrelli, Michele/Ruhloff, Jörg (Hg.): Deutsche Gegenwartspädagogik Band II. Baltmannsweiler, S. 136-147
Ricoeur, Paul (1988): Zeit und Erzählung Band 1: Zeit und historische Erzählung. München
Ruhloff, Jörg (1999): Rhetorik – Geltung – Zustimmung. In: Dörpinghaus, Andreas/Helmer, Karl (Hg.): Zur Theorie der Argumentation in der Pädagogik. Würzburg, S. 23-35
Schütz, Alfred (1971): Das Problem der Relevanz. Frankfurt a. M.
Schütze, Fritz (1993): Die Fallanalyse. In: Rauschenbach, Thomas u. a. (Hg.): Der sozialpädagogische Blick. Weinheim, München, S. 191-221
Toulmin, Stephen, E. (1986): Die Verleumdung der Rhetorik. In: neue hefte für Philosophie, Heft 26, S. 55-68
Toulmin, Stephen, E. (1996): Der Gebrauch von Argumenten. Weinheim
Welsch, Wolfgang (1988): Unsere postmoderne Moderne. Darmstadt
Winkler, Michael (1988): Eine Theorie der Sozialpädagogik. Stuttgart

Zander, Hartwig (2000): Gesten des Schreibens – Zum Begriff der pädagogischen Bedeutungsrelation. In: Müller, Siegfried u. a. (Hg.): Soziale Arbeit. Hans-Uwe Otto zum 60. Geburtstag. Neuwied, Kriftel, S. 623-641

Sabine Andresen

Marie Baum und die Bildung des Sozialen

Die biographische Chance der Bildung

„Mir ist das Glück zuteil geworden, während meiner Kindheit und Jugend in zwei der schönsten und eigenartigsten Städte leben zu dürfen, bis zum 19. Lebensjahr in Danzig, während der Studien- und Assistenzzeit in Zürich. Die Erinnerung an Stadt und Universität Zürich, die ich in späteren Jahren nur flüchtig wieder betreten habe, ruht wie ein Bild auf Goldgrund in meiner Seele; fest wurzelt sie in ihrem guten, alten Boden, den auch die neuesten welterschütternden Umwälzungen kaum berührt haben; im Gegensatz dazu ist Danzigs Schicksal besiegelt. Noch einmal möchte ich aufklingen lassen, was die herrliche Stadt, das Venedig des Nordens, unserer Generation und denen vor uns bedeutet hat" (Baum 1950, S. 7).

In der Gegenüberstellung dieser zwei Städte, Danzig und Zürich, rekonstruiert Marie Baum, eine der bislang wenig beachteten Pionierinnen der Sozialen Arbeit, biographisch die Spaltungen kollektiver Identitäten in der ersten Hälfte des zwanzigsten Jahrhunderts. Für Baum sind die beiden Städte mit höchst unterschiedlichen historischen und politischen Kontexten verbunden und die Lebensräume eröffneten ihr zwei kaum zu vereinbarende Perspektiven. In Autobiographien, und Baums „Rückblick auf mein Leben" fällt in dieses Genre, findet sich meistens im Auftakt der Darstellung die Spur, der zu folgen für die Lebenslinien und für das Wirken eines Menschen sehr aufschlussreich sein kann.

Für Marie Baum liegt die Spannung zunächst in dem Wechsel zweier Welten, der schuldbehafteten, verstrickten und zerstörerischen deutschen Welt und der an seiner Neutralität orientierten Schweizer Welt. Bis heute manifestiert sich allein am städtebaulichen Unterschied generationale und internationale Differenz des Lebens in Zürich und Danzig oder anderer Städte, die durch die beiden Kriege, den Nationalsozialismus und durch die Teilung Deutschlands ihr Gepräge erhalten haben. Baum benennt vor allem die jeweils dominierenden Herrschaftsverhältnisse, die sich auf ostpreußischen Gütern im uneingeschränkten Herr-Knecht-Verhältnis manifestierten, ihr in der Schweiz und in Süddeutschland hingegen als aufgehoben oder zumindest gemildert erschienen. In der Schweiz glaubte sie eine Verwischung von Klassenunterschieden zu finden:

„In Zürich schien sich mir eine, gemessen an den Verhältnissen der Heimat, gerechtere, freiere Welt zu eröffnen" (Baum 1950, S. 76).

So wirkt Baums Darstellung ihres Studienbeginns in Zürich mithin wie das Überschreiten nicht nur physischer, nationaler Grenzen, sondern wie der Übergang in eine identitätsstiftende Bildungsphase, eine darüber hinaus durchaus nachvollziehbare Erfahrung in einer Zeit, in der Mädchen und jungen Frauen in deutschen Städten eine akademische Ausbildung verwehrt war.

In Danzig habe sie in einem „gesunden Aufwuchsraum" gestanden, wie Baum die Erziehung ihres Elternhauses charakterisiert. Damit reproduziert sie die reformpädagogische Lesart Rousseaus und seiner „negativen Erziehung":

„Bewußte, auf den Einzelnen und seine besonderen Schwierigkeiten abgestellte Führung gab es freilich nicht, worunter einige meiner Geschwister sicherlich manchmal gelitten haben. Ebensowenig gab es bewußte Leitung unserer Lektüre, vielmehr waren die Eltern der sehr vernünftigen Ansicht, daß Gutes zu lesen, selbst wenn es das augenblickliche Verständnis überschritte, nichts Böses anrichten könne" (Baum 1950, S. 33).

Baum beschreibt die Lebensbedingungen ihrer Familie als die des „ganzen Hauses", in denen die Eltern, der Vater war Mediziner, sechs eigene Kinder und zeitweise weitere Kinder erzogen und, so betont Baum, die Kinder vor allem zur umfassenden Mitarbeit heranzogen.

Ihr autobiographisches Nachdenken bezieht sich schließlich auf die mangelnde Religiosität der letzten Vorkriegsgeneration in Deutschland, die vor allem die Begrenztheit des Lebens, Geburt, Krankheit und Tod, aus ihrem unmittelbaren Umfeld verdrängt habe, es fokussiert ferner die Bedeutung des Leidens für die Entwicklung der Persönlichkeit sowie für die politischen Haltungen, die in ihrer eigenen Familie offenbar höchst unterschiedlich waren. Darüber hinaus skizziert sie den in Deutschland regional sehr unterschiedlich verlaufenden Prozess der Industrialisierung, der im Danzig der neunziger Jahre des neunzehnten Jahrhunderts noch frühkapitalistische Formen hatte. Mithin thematisiert Baum 1950 die soziologischen bzw. sozialwissenschaftlichen Perspektiven auf das letzte Jahrzehnt des neunzehnten Jahrhunderts. Sie folgt dabei in ihrer Lesart vor allem Max Weber, mit dem sie in späteren Jahren auch eine Freundschaft verband. Die Nähe zu Weber zeigt sich besonders in ihrer Auseinandersetzung mit Fragen der Religiosität. Hier interessiert sie insbesondere Webers Theorie zum Protestantismus und zur Bedeutung der Religionen in der modernen Gesellschaft.

Soziale Phänomene sowie das Soziale im Prozess des Aufwachsens stehen in einem spezifisch deutschen Kontext. Über diesen Kontext artikuliert sie allerdings auch – wie am Beispiel von Religion und Konfessionalität zu zeigen ist – das Verhältnis von sozialer Differenz und Essentialismus. So geht sie durchaus von einem „deutschen Wesen" aus und verankert sich selbst in der Spaltung der Konfessionen, die im hohen Maße Kultur, Wirtschaft und Politik in der deutschen Gesellschaft geprägt hat:

„Die dem Deutschen in seiner geschichtlichen Bestimmung nun einmal aufgegebene Spannung vermag wohl nur der ganz zu erfassen, dem die großartig geschlossene Architektur der thomistischen Ideenwelt wie der stürmischen Bewegung lutherischen Glaubens als

Wirklichkeiten, als zwei Pole deutschen Wesens aufgegangen sind, und der eben im Erfassen dieses Gegensatzes seinen eigenen Standpunkt klären, den des anderen achten gelernt hat" (ebd., S. 95).

Susanne Maurer und Wolfgang Schröer ordnen Baum dem kulturprotestantischen Umfeld zu und zeigen an ihr die spezifische Verknüpfung des Kulturprotestantismus mit den Intentionen der bürgerlichen Frauenbewegung. In dieser Verbindung habe Baum ebenso wie Gertrud Bäumer einen Weg zur Sozialpolitik gefunden (Maurer/Schröer 2002). Dieser Hintergrund erhielt durch das Studium in Zürich und die dort angesiedelten Freundschaften sowie durch intellektuelle Anregungen eine weitere Prägung.

Als Neunzehnjährige brach Baum 1893 nach Zürich auf, wo sie nach bestandener Abiturientenprüfung am Eidgenössischen Polytechnikum Biologie, Mathematik und später vor allem Chemie studierte. Nun erfuhr sie in dieser Umgebung nicht nur ein äußerst intensives Studentinnenleben, das durch die Freundschaft mit Ricarda Huch, Frieda Duensing und anderen geprägt war, sondern sie erhielt darüber hinaus Einblick in die naturwissenschaftlichen Kontroversen ihrer Zeit. In diesem wissenschaftlichen Milieu erarbeitete Baum sich demnach einen erheblichen Teil ihrer intellektuellen Bildung, die, so legt es ihre Schrift nahe, die Persönlichkeitsbildung des Elternhauses in Danzig erweiterte.

Die akademischen Spannungen, die mit der Rezeption der Erkenntnisse Charles Darwins einhergingen und in Zürich eigentümlich verarbeitet wurden, vermag sie jedoch allenfalls anzudeuten (Andresen 2001).

„Auf dem Gebiet der Biologie wurde damals der Streit um die Vererbung oder Nicht-Vererbung erworbener Eigenschaften ausgefochten, den wir anhand der Schriften August Weißmanns und seiner Gegner eifrig verfolgten. (...) Diese Diskussionen hatten Tiefe, was sich von den nur um weniges später erschienenen ‚Welträtseln' Haeckels und deren Vorläuferin, einer zu unserer Zeit viel erörterten Schrift des Züricher Botanikers Dodel: ‚Moses oder Darwin?' nicht aussagen ließ" (Baum 1950, S. 50).[1]

Während sie diese wissenschaftlichen Debatten offenbar mit großem Interesse verfolgte, nahm sie die damit verbundenen politischen Implikationen offenbar nur am Rande wahr. Sie habe zwar gemeinsam mit ihren Freundinnen und Freunden antibürgerlich empfunden, aber über die in Zürich aktive sozialistische Bewegung war sie kaum informiert. Letztlich blieb sie in der bürgerlichen Lebenswelt der persönlichen Bildung, gepaart mit sozialer Verantwortung, verhaftet.

Gleichwohl machte Baum in Zürich als deutsche Frau diskriminierende Erfahrungen, wie die Reaktion der Verwaltung auf die durch sie zu besetzen-

---

[1] Baum meint den Züricher Botaniker und Sozialisten Arnold Dodel, der auch ein Buch über „Haeckel als Erzieher" verfasste und in den siebziger Jahren als Privatdozent am Polytechnikum und der Universität Zürich lehrte. Dodel, selbst lange Zeit als Lehrer tätig, forderte die Integration der Lehren Darwins in das Schulcurriculum und versuchte mit seinen Schriften insbesondere auch Schweizer Lehrer zu erreichen. Vgl. dazu Andresen 2001.

de Assistentenstelle zeigt, eine Erfahrung, die sich nach der Promotion auch in der Wirtschaft wiederholte:

„Die Ernennung der Assistenten lag zwar in den Händen der Professoren Bamberger und Treadwall, bedurfte aber formell der Bestätigung der Unterrichtsbehörde. Diese Bestätigung verzögerte sich bis über den Zeitpunkt meines Amtsantritts hinaus und enthielt dann den Bescheid, daß der Posten bis Ostern durch ‚einen Mann, am liebsten einen Schweizerbürger' zu besetzen sei" (ebd., S. 55).[2]

Beide Orte, die Baum im ersten Abschnitt ihrer Autobiographie einführte, sind durch Intensität und Fülle gekennzeichnet und darin liegt eine zentrale Lebenslinie, die Marie Baum selbst ihren Leserinnen und Lesern aufzeigt. Diese richtet sich schließlich auch auf ihre Berufstätigkeit zunächst bei der A.G.f.A. in Berlin und dann vor allem in den unterschiedlichen Feldern der sozialen Arbeit.[3]

Baums Reflexionen über die politische Kultur der Schweiz im Vergleich zur deutschen Kultur führt sie 1950 primär zu der Einsicht in die Chancen eines jugendlichen Bildungsmoratoriums:

„Unter allen solchen Betrachtungen und Erfahrungen ging mir das Verständnis für den einzigen, wirklich ins Gewicht fallenden Klassenunterschied auf: den der Schulung, der es der einen, kleineren Gruppe ermöglicht, das Jahrzehnt zwischen dem 15. und dem 25. Lebensjahr frei von Arbeitsfron der eignen Ausbildung und menschlichen Vertiefung zu widmen, während die andere weit größere sogleich nach der Volksschule dem Erwerbe nachgehen muß. Wie es ja bei allen Evolutionen und Revolutionen des 20. Jahrhunderts wesentlich um die Frage geht, wie man die in der vergangenen Epoche zur „Knechtsarbeit" herabgesunkene Arbeit der Hände wieder adelt und doch zugleich der schöpferischen Leistung, der ‚Herrenarbeit', Raum und Rang wahrt" (Baum 1950, S. 75f.).

Ihre politischen Ansichten fand sie schließlich in den national-sozialen Ideen Friedrich Naumanns und der durch ihn geprägten DDP, der Deutschen Demokratischen Partei, wieder. Hier boten sich ihr zudem theoretische und politische Anknüpfungspunkte an Max Weber. Insbesondere nach dem ersten Weltkrieg hielt Baum die Wiedergewinnung des zerstörten Nationalgefühls und den Wiederaufbau des Landes auf einer sozialen Basis für notwendig. Vor diesem Hintergrund gehörte sie als Reichstagsabgeordnete schließlich auch zu denjenigen, die gegen die Annahme des Versailler Vertrags stimmten.[4] Als Abgeordnete machte Baum Erfahrungen, in denen die sozialen, politischen und kulturellen Auseinandersetzungen über das Geschlechterverhältnis zu Beginn des zwanzigsten Jahrhunderts kulminierten. Nicht nur artikuliert Baum ihr Befremden gegenüber dem deutlich als männlich konnotierten politischen Stil der Rohheit und der politischen Leidenschaftlichkeit der

---

[2] Durch erfolgreiche Interventionen seitens eines Professors sowie durch die Petition von Studierenden bekam Marie Baum schließlich doch die Arbeitserlaubnis.
[3] Im Oktober 1899 trat sie in Berlin ihre Stelle als Chemikerin in der Patentabteilung der Aktiengesellschaft für Anilinfabrikation (A. G. f. A.) an.
[4] Marie Baum gehörte dem Reichstag achtzehn Monate an. Aufgrund ihrer neuen Stellung in Karlsruhe hatte sie sich verpflichtet, das Mandat nicht zu verlängern.

Parlamentarier, sondern auch ihre Irritationen über politische Entscheidungen, beispielsweise über eine diskriminierende Arbeitsmarktpolitik.[5] Insofern erfährt ihr nahezu lebenslanges soziales und politisches Engagement für die Arbeitsbedingungen von Frauen in ihrer neuen Funktion als Reichstagsabgeordnete eine weitere Wendung, in der ihr Changieren zwischen den negativen Folgen weiblicher Berufstätigkeit und den Rechten der Frauen auf dieselbe in unterschiedlichen gesellschaftlichen Rahmungen deutlich hervortritt. Im Zuge der „wirtschaftlichen Demobilmachung" wurde das Heer der Arbeiterinnen zugunsten der Kriegsheimkehrer entlassen, woran der instrumentalisierende Umgang mit der weiblichen Arbeitskraft sichtbar wurde. Baum war mit einem politische Protestschreiben befasst und erinnert sich 1950:

„Niemand wußte besser als wir, was es hieß, daß die mühsam errungenen Schutzgesetze für Arbeiterinnen und Jugendliche fast ganz außer Kraft getreten, körperliche Störungen für die Frauen und den Nachwuchs infolge von Überlastung an der Tagesordnung, die Familien unter dem Druck der außerhäuslichen Erwerbsarbeit der Mütter von Grund auf gefährdet waren. Aber das rechtfertigte doch nicht die Entlassung sämtlicher Arbeiterinnen – mit Ausnahme der im strengsten Sinne Erwerbsbedürftigen –, d.h. also auch jener, die ein Jahrzehnt und oft mehr mit größter Treue im Beruf gestanden und ihr Leben darauf aufgebaut hatten" (ebd., S. 224).

Bildung zum sozialen Beruf

Ihr Beruf als Chemikerin, in dieser Zeit gehörte sie zu den wenigen akademisch ausgebildeten Naturwissenschaftlerinnen, hatte Baum nicht ausgefüllt. Die Tätigkeit sei ihr äußerlich geblieben und habe nicht den Kern ihrer Interessen getroffen. So kündigte sie vorzeitig ihren Vertrag und traf Vorkehrungen, Berlin zu verlassen. In der Großstadt habe sie sich nie wohl gefühlt, obwohl sie auch hier durch Bekanntschaften mit wichtigen Personen aus der Frauenbewegung neue Impulse erhielt. Mithin beschreibt sie ihren Wandel und die Suche mit dem Blick auf zentrale Beggegnungen:

„Der Weg zum sozialen Beruf klärte und weitete sich durch die Berührung mit Menschen, die in lebhafter Auseinandersetzung mit der Arbeiter- und Frauenfrage standen" (ebd., S. 90).

Baum verarbeitet hier autobiographisch die in zahlreichen wissenschaftlichen Abhandlungen bewegte Frage nach der Bedeutung sozialer Bewegungen. Ernst Bloch hatte wenige Jahre zuvor über das Gewicht der Frauen- und Jugendbewegung im „Prinzip Hoffnung" geschrieben (Bloch 1959/1973).

---

5   Helene Lange äußerte sich in einem Brief an Emmy Beckmann radikaler: „Und wenn man nur irgendwo Menschen sähe, die die anderen um Haupteslänge überragen – dies Mittelmaß der Männer ist das Allertrostloseste (...)" (zitiert bei Schaser 2000, S. 184).

Beide, Bloch und Baum, eint bei aller Unterschiedlichkeit, die Überzeugung, die sozialen Bewegungen zu Beginn des zwanzigsten Jahrhunderts hätten nicht nur die Gesellschaft, sondern auch die Biographien nachhaltig geprägt. Es handelt sich mithin um eine Wahrnehmung von Geschichte, die sich vornehmlich am Generationenbegriff orientiert, und zwar in dem Verständnis, wie es Karl Mannheim mit seinen Überlegungen zu Kollektivität, Erfahrung und Generation systematisch entwickelt hat. Baum jedenfalls urteilt über die Erfahrungen ihrer Generation eindeutig:

„Was diese großen Strömungen für unsere Generation bedeuteten, kann der junge Mensch von heute, die – darin aller Jugend ähnlich, aber doch wohl noch um etwas radikaler – die Welt von vorne anzufangen glaubte, nicht eindringlich genug gezeigt werden. Ihrem Auge, ihrem Verständnis würden die erst langsam fortgeräumten Blöcke von Vorurteilen seltsam genug erscheinen" (Baum 1950, S. 90).

Die Partizipation an den sozialen und geistigen Strömungen ihrer Zeit, die Begegnungen mit den darin wichtigen Figuren haben Baum gewissermaßen den Weg in den sozialen Beruf gewiesen. Die Orientierung am Phänomen der sozialen Bewegungen zeigt sich auch an der von Baum verwendeten Metapher der „Wanderjahre". Wanderjahre waren traditionell nur für Männer vorgesehen, und zwar für Männer aus einem bestimmten Herkunftsmilieu, klassisch sind die wandernden Handwerksburschen. Frauen hingegen gehörten nahezu ausschließlich in den häuslichen Bereich, so dass sich in der Verwendung dieser Metapher das Selbstverständnis einer Frauengeneration zeigt, die erstmals neue Pfade beschritt, Zeit für die eigene Bildung beanspruchte und sich neue Räume eroberte. Jedenfalls zählte Baum auch ihre Tätigkeit als Fabrikinspektorin in Karlsruhe bis 1907 noch zu ihren Wanderjahren. In dieser Funktion inspizierte sie im Land Baden Betriebe und überprüfte die Arbeitsbedingungen von Frauen und Jugendlichen. Zudem musste sie kontrollieren, ob das Kinderarbeitsschutzgesetz eingehalten wurde und über die juristischen Vorgaben Aufklärungsarbeit leisten. Vor dem Hintergrund ihrer damaligen Erfahrungen reflektiert sie in ihrer Autobiographie über die Wirkung staatlicher Kontrolle auf häusliche Erziehung und über die staatliche Einschränkung elterlicher Macht auf die Familien. Im Schwarzwald waren besonders in der Uhrenindustrie, in der Bürstenmacherei und der Holzschnitzerei Kinder unter zehn Jahren beschäftigt.

„Das Jahr 1904 hatte das Kinderschutzgesetz gebracht, mit dem zum ersten Male staatlicher Schutz den Schritt über die Schwelle des Hauses setzte, und es gehörte zu meinen Aufgaben, seine Bestimmungen in den hauptsächlichen Bezirken der Kinderheimarbeit einzuführen. Dabei stieß ich bei aller Vorsicht auf nicht geringen Widerstand. *Und wenn der Großherzog selber käme, – wie ich meine Kinder zu erziehen habe, lasse ich mir von niemandem vorschreiben!* Die Mütter, die, beide Arme in die Seite gestemmt, mich in dieser Weise abkanzelten, mögen nicht die schlimmsten gewesen sein. Und wie bitter nötig war doch das Gesetz!" (Baum 1950, S. 100, Hrvg. i. O.).

Baum litt unter der meist nationalliberal geprägten Bürokratie in Baden und fühlte sich in ihrer Tätigkeit als Fabrikinspektorin mit ihrer „tendenziell sozialdemokratischen Auffassung" eingeengt. So kündigte sie wiederum den Dienst und entschied sich für eine zunächst unsichere berufliche Zukunft. Gleichwohl schildert sie eine gewissermaßen generationale und geschlechtsspezifische Aufbruchsstimmung, die mit der Expansion im Bereich der Fürsorge, sei es im Vormundschaftswesen oder in Beratungsstellen, zusammenhing.

Baum glaubte in dieser Zeit an den Niedergang der bürgerlichen Kultur, nicht ohne dies zu bedauern, und hoffte auf durchgreifende sozialpolitische Maßnahmen. Ihrem Selbstverständnis nach verstand sie sich als Sozialpolitikerin, mit durchaus festen Wurzeln im deutschen Bürgertum. Sie beschreibt, dass man sie zwar als sozialdemokratisch orientierte Mitarbeiterin eingeschätzt habe, worin sie persönlich einen Grund für die Konflikte im Amt sah. Jedoch habe sie sich nie entscheiden können, Mitglied der SPD zu werden.

„Das war kein glatter Entschluß, sondern ein ständiges Ringen zwischen fordernden und abmahnenden inneren Kräften" (ebd., S. 125).

Für sie lag offenbar in ihrer sozial-pflegerischen Tätigkeit die Basis des politischen Handelns, was sich erst in der Weimarer Republik ändern sollte.

Das Ende ihrer Tätigkeit als badische Fabrikinspektorin schließt auch ihre Wanderjahre ab, in denen sie ihren subjektiven Bildungsprozess vorangetrieben und ihm eine klare Richtung gegeben hat. Den Schlusspunkt dieser Lebensphase und zugleich den Übergang in eine neue markiert ein Sommersemester an der Universität Heidelberg, in dem sie ihr Weltbild im Sinne Jakob Burckhardts überprüfen wollte.

Stationen der Fürsorge

Alle Tätigkeiten Marie Baums fokussierten durchgängig das Geschlechterverhältnis als Konzentration auf Problemlagen und Lebenschancen von Mädchen und Frauen. Darüber hinaus stellte sie stets den Zusammenhang zwischen der sozialen Situation von Frauen und den Bedingungen des Aufwachsens der Kinder her. Zudem reflektierte sie ihr Berufsfeld als weibliche Domäne und bemühte sich auch um die Anerkennung des Berufes der Fürsorgerin als Frauenberuf. Dabei zielte sie jedoch nicht nur auf den Tatbestand, dass vor allem Frauen diesen Beruf ergreifen, sondern stellte ihre Überlegungen vom charakteristischen Aufgabengebiet der Fürsorge aus an. Männliche Mitarbeiter, so schrieb sie noch 1951, seien in der Minderheit geblieben.

„Die Bezeichnung *Fürsorgerin* bezieht die Fürsorger mit ein" (Baum 1951, S. 6).

Baum fühlte sich gleichsam verpflichtet, mit ihrer Tätigkeit einen Beitrag zum sozialen Fortschritt zu leisten und war deshalb zu einigen Berufswechseln und Konsequenzen im Laufe ihres Lebens bereit. Sie artikuliert in ihren

Lebenserinnerungen das Unbehagen an hierarchischen Strukturen und an den häufig als Gängelei empfundenen bürokratischen Vorgaben. Jedem beruflichen Neuanfang begegnete sie mit der Hoffnung auf bessere berufliche Entfaltungsmöglichkeiten und unter diesen Vorzeichen ging sie auch nach Düsseldorf. Im Zuge der Umstrukturierung des Krankenhauswesens wurde in Düsseldorf der „Verein für Säuglingsfürsorge" gegründet und als dessen Geschäftsführerin gewann man im Herbst 1907 Marie Baum. Bereits zuvor hatte sie in einem Bericht den Zusammenhang von weiblicher Erwerbstätigkeit und den Lebenschancen kleiner Kinder reflektiert. In Düsseldorf wollte man sich nicht allein auf den Schutz des Säuglings beschränken, sondern alle Maßnahmen in ein umfassendes Familienprogramm integrieren. Für Baum stellte sich damit nicht nur die dominante Frage nach den Wohnverhältnissen, sondern vor allem nach der Gesundheitsfürsorge, in der sie auch einen Zugang zur Hebung der Volksgesundheit sah. Vor diesem Hintergrund traten auch Überlegungen auf, die gesamte Familienfürsorge unter die Gesetze der Eugenik und Rassenhygiene zu stellen, wobei Baum in ihren Erinnerungen von einem ausgewogenen Verhältnis von Anlage und Umwelt ausging. Gleichwohl führte sie im Interesse der Volksgesundheit Diskussionen über den Zuschnitt der Aufgaben einer Fürsorgerin als „Volksmutter". Dabei ging es ihr weniger um die metaphorische Bewertung weiblicher Tätigkeit, sondern um eine beruflich konkrete Gleichstellung der Fürsorgerinnen mit Ärzten, Kommunalbeamten und Vereinsführern, und zwar in wechselseitiger Anerkennung der Tätigkeiten für die gemeinsame Sache, nämlich der Steigerung allgemeiner Volksgesundheit. Unter diesen Vorzeichen wollte sie sich für einige Jahre der Säuglingsfürsorge widmen, obwohl sie regional mit einer höchst schwierigen Lage konfrontiert war. So beschreibt Baum die Situation, die sie insbesondere bei der Landbevölkerung des Niederrheins und in den schnell entstandenen Wohnkolonien der Zechen vorfand, als dumpf, wenig lebendig und kaum geistig regsam. Sie beklagt den „Tiefstand familiärer Kultur" und die damit verbundenen Gefährdungen kindlichen Lebens. In der historischen Rekonstruktion dieser Zeit hebt Baum die Bedeutung der Binnenwanderung und die damit einher gehenden Belastungen für kommunale Politik und allgemeine sozialpolitische Maßnahmen hervor.

„Binnenwanderung in dem Ausmaße, wie sie die innerhalb weniger Jahrzehnte durchgeführte Verpflanzung von Millionen Arbeiterfamilien aus dem Osten nach dem Westen darstellt, sind wie eine Art Naturkatastrophe, wie ein Murgang, dessen gewaltsames Vordringen man nur eben mühsam in Schranken zu halten vermag. Was bedeuten etwa allein die Schul- und Armenlasten für eine solche sprunghaft anwachsende Gemeinde!" (Ebd., S. 141).

Darin sah Baum einen erheblichen Grund für die schwierigen Bedingungen des Aufwachsens, weil Kinder vor allem ein gesundes Familienklima benötigten. In kulturell entwickelten Gegenden sei es demnach leicht, den Aufwuchsraum der Kinder zu verfeinern, weil man an die Erfahrungen der Mütter anknüpfen und diese ausbauen könne. Insofern könne man in einer sozial hoch problematischen Situation allenfalls das Schlimmste verhindern, aber eine wirklich Besserung könne nur durch die allgemeine Hebung des Lebensniveaus erreicht werden. Darin wird zweifellos eine zentrale Haltung Baums sichtbar, weil sie sehr deutlich die Grenzen jeder Fürsorgetätigkeit benennt. Diese kann ihre Wirksamkeit im Sinne einer nachhaltigen Verbesserung der Situation niemals erzieherisch-kompensatorisch erfüllen, sondern sie muss sozialpolitisch eingebettet sein. Darüber hinaus ist für Baum die Familie die zentrale Instanz der Erziehung, der Fürsorge und der Aufmerksamkeit des Kindes. Davon leitet sie die öffentliche Verantwortung für das Aufwachsen ab:

„Aber entgegen allen Strömungen, die, unter wechselnder Gestalt, vom Sozialismus *jeder Prägung* ausgehen müssen, habe ich von jeher die weitestgehende Unantastbarkeit des familiären Aufwuchsraumes vertreten und die Aufgabe aller öffentlichen Gewalten vor allem in der Stärkung der familiären Kräfte und erst in zweiter Linie in einer nur mit äußerster Behutsamkeit vorzunehmenden Verlagerung ursprünglich familiärer pflegerisch-erzieherischer Funktionen auf andere Träger erblickt" (ebd., S. 146, Hrvg. i. O.).

Für Baum bot demnach die Familie den entscheidenden Raum zur Gestaltung von Kindheit und zur Wahrung des Schutzes. Insbesondere die Lebenssituation von Arbeiterfamilien im Industrialisierungsprozess sowie schließlich die Zerrissenheit der Familien durch den Ersten Weltkrieg machten den Anspruch des Kindes auf ein Moratorium unmöglich. Mutter- und Kinderschutz wollte Baum stets an die ursprüngliche Gemeinschaft der Familie als Kern des Volkes binden. Das führte auch zu ihrer späteren Annahme, ein Drama des Ersten Weltkrieges sei in der „Zerreißung eines ganzen Volkes" in Menschen an der Front und Menschen in der Heimat zu sehen. Wohingegen die germanischen Vorfahren Kinder, Tiere und Hausrat grundsätzlich mit in die Kampfzone genommen hatten und so gemeinsam Kampf und Sieg, Trauer und Glück ertrugen. Solche Ansichten artikulierte Baum vor dem Hintergrund ihres Einsatzes in der Kriegsfürsorge, der sie in ihre Geburtsstadt Danzig, aber auch nach Belgien und an die Westfront brachte. Diese Verpflichtungen übernahm sie noch von Düsseldorf aus und von dort ging sie 1917 nach Hamburg an die Soziale Frauenschule. Diesem Wechsel war die Auseinandersetzung mit der besonderen sozialen Situation von Mädchen vorausgegangen. In einem Vortrag über „Fabrikarbeit und Frauenleben" forderte sie 1910 von der Pädagogik, die Interessen insbesondere der weiblichen Jugend zu vertreten, vergleichbar dem Engagement der Gewerkschaften und Arbeiterbildungsvereine für den erwachsenen, männlichen Arbeiter (Baum 1910; Maurer/Schröer 2002).

Gemeinsam mit Gertrud Bäumer leitete Baum die Schule und beide führten ein intensives gemeinsames Leben mit den Schülerinnen aus höchst unterschiedlichen Herkunftsmilieus. Baum charakterisiert ihre dominante Kollegin Bäumer mit achtungsvollen Worten und weder in ihrer Autobiographie noch in Artikeln äußert sie sich negativ über die gemeinsamen Erfahrungen in Hamburg. Sie verschleiert damit die durchaus vorhandenen Konflikte um

Bäumers Führung in der Frauenschule und im Hinblick auf die von Baum favorisierte partnerschaftliche Leitung, die Bäumer ablehnte. Stattdessen betont Baum:

„Noch mehr faßte mich die Leichtigkeit in Erstaunen, mit der sie Erlebtes sofort zu verarbeiten, einzuordnen und in Form zu bringen wußte. Auf dieser Gabe beruhte der Reichtum ihrer Produktion. Ebenso intensiv aber lebte sie auch in der Wärme unserer Schulgemeinschaft, der wir gemeinsam unsere Kräfte widmeten" (Baum 1950, S. 214).

Den Akten nach war diese Arbeitsgemeinschaft von Anfang an nicht unproblematisch, gleichwohl stellt die frühe Geschichte der „Sozialen Frauenschule und des Sozialpädagogischen Instituts" eine wichtige Etappe im Prozess der professionellen Ausdifferenzierung dar. Die Möglichkeit, mitten im Krieg eine finanziell gut ausgestattete Ausbildungsstätte für Mädchen zu gründen, verdankte sich offenbar nicht zuletzt dem nachhaltigen Insistieren Gertrud Bäumers gegenüber den verantwortlichen Personen in Hamburg[6] (Schaser 2000). Das Kuratorium hatte zunächst von Alice Salomon ein Konzept erbeten, und zwar nach dem Vorbild ihrer Sozialen Frauenschule in Berlin. Die von Salomon vorgeschlagenen Kolleginnen kamen jedoch aus unterschiedlichen Gründen für Hamburg nicht in Betracht, so dass man 1916 schließlich Bäumer anfragte. Diese entwickelte einen Strukturplan zur Frauenschule, prophezeite einen höheren Bedarf an sozialer Frauenbildung und attestierte demgegenüber eklatante Defizite des Bildungswesens. Bäumer wollte mit der Hamburger Schulgründung eine „Musteranstalt" schaffen. Die Absolventinnen sollten neben praktischen Aufgaben sozialer Berufsbildung auch zu einer systematischen und theoriegeleiteten Reflexion ihrer Methoden befähigt werden. Bäumer zielte mithin auf die Ausbildung künftiger Lehrkräfte, weshalb der Frauenschule ein „Sozialpädagogisches Institut" angegliedert wurde (ebd.). Sie legte in ihren Verhandlungen 1916, in die Baum erst später eingeschaltet wurde, unmissverständlich ihren wissenschaftlichen Führungsanspruch dar, der darüber hinaus auch durch das höhere Gehalt symbolisiert werden sollte. In einem Brief an Baum macht Bäumer dies deutlich:

„Ich kann daran nichts ändern, daß ich die Verwaltungsdirektion und die Vertretung der Anstalt nach außen hin selbst übernehmen muß. Es kann das ja der Natur der Sache nach nur einer tun. Insofern ist also eine Parität nicht konstruierbar (...). Damit hängt die Frage der Gehaltsnormierung (...) zusammen."[7]

Baum hatte sich damit zunächst nicht abspeisen lassen wollen, gab dann jedoch nach, weil sie sich für die Idee der Frauenschule begeistert hatte und nach wie vor auf eine kollegiale Leitung hoffte. Schaser arbeitet jedoch heraus, dass sich während der zweieinhalbjährigen Zusammenarbeit unter ge-

---

[6] Eduard Spranger bemühte sich in Leipzig um eine „Hochschule für Frauen" und versuchte, Gertrud Bäumer für dieses Projekt nach Leipzig zu holen (Spranger 1916). Diese lehnte jedoch ab und ging stattdessen mit Helene Lange nach Hamburg.
[7] Brief Gertrud Bäumers an Marie Baum vom 13. 4. 1916 zitiert bei Schaser (2000, S. 171)

sellschaftlich und ökonomisch schwierigsten Bedingungen die Kluft zwischen den beiden höchst unterschiedlichen Protagonistinnen noch vergrößerte, obwohl sie einander freundschaftlich verbunden blieben. Marie Baum schien es stets eher um Harmonisierung zu gehen, während Bäumer gezielt und strategisch ihre „Musteranstalt" verwirklichen wollte und zudem organisatorisch besser im Rahmen der Frauenbewegung verankert war als Baum. Insgesamt zog sich Bäumer sowohl im Hinblick auf ihr politisches Vorgehen in Hamburg als auch angesichts ihrer theoretischen Kritik an den bestehenden Frauenschulen Kritik zu.[8] Vor allem die Pionierin Salomon versuchte mit Hilfe einer Konferenz einen Konsens über Mindeststandards in der Lehre und über die Einführung von staatlichen Prüfungen herzustellen.

Die von Baum hervorgehobene Gemeinschaft der Schülerinnen untereinander und mit dem Lehrpersonal hatte sich nicht nur aus der Kriegssituation ergeben, sondern war ein fester Bestandteil des Konzeptes, das darüber hinaus auch vorsah, dass individuelle Stundenpläne, die den Vorkenntnissen, der Belastbarkeit und den Interessen der Einzelnen Rechnung tragen sollten, entworfen wurden. Lehren und Leben, so Baum, seien an der Schule eines gewesen und im Rückblick begründet Baum diese Vereinnahmung mit den Lebensumständen während des Krieges:

„Solcher Ausschließlichkeit würden heute die Schülerinnen vielleicht selber - und mit Recht! - widerstreben, aber damals lebten sie ja unter ganz ungewöhnlichen Verhältnissen. Welcher Druck belastete sie in den schweren Jahren von 1917 bis 1919! Wie völlig waren sie oft von jugendlich frohem Verkehr abgeschnitten!" (Baum 1950, S. 212f.)

Im Oktober 1919 trat Baum ihre Stelle als Referentin für Wohlfahrtspflege am badischen Arbeitsministerium in Karlsruhe an und kehrte somit an einen ihr bereits vertrauten aber strukturell gänzlich veränderten Ort zurück. Dort oblag ihr der Aufbau der Fürsorge für Kriegsbeschädigte und -hinterbliebene, die systematische Bekämpfung der Hungersnot und der daraus resultierenden großen gesundheitlichen Beeinträchtigung insbesondere der Kinder sowie die Wohnungsbeschaffung unter Zusammenarbeit mit den Kommunen. Zu ihren bedeutenden Maßnahmen gehört ohne Zweifel die Gründung des Kinderheims auf dem Heuberg, auf dem ab 1920 tausende Kinder aus ganz Deutschland im Rahmen der Kindererholungsfürsorge betreut wurden (Andresen 2000). Wiederum aufgrund bürokratischer Enge und Zwänge schied Baum aus dem Staatsdienst und suchte nach neuen Schaffensmöglichkeiten, die sie fortan in der theoretischen Reflexion und universitären Lehre zu finden vermochte. Durch ihre Erinnerungen zieht sich jedenfalls als roter Faden die Spannung zwischen persönlichem Streben nach Entfaltung aller Arbeitspotentiale und bürokratisch hemmenden Strukturen, die Baum schließlich auch

---

8 Rosa Kempf, Leiterin des Frauenseminars für soziale Frauenberufsarbeit in Frankfurt a. M. warf Bäumer vor, maßgeblich an der Schaffung einer eigenen Bildungsanstalt interessiert zu sein (Schaser 2000).

geschlechtsspezifisch deutet und hier einen Hinweis auf unterschiedliche Haltungen zur Professionalisierung gibt:

„Sicher waren es nicht nur, aber doch in besonderem Maße, Frauen, die sich gegen eine unlebendige Arbeitsweise wehrten" (Baum 1950, S. 252).

In den letzten Jahren der Weimarer Republik verfasste Baum wissenschaftliche Abhandlungen und Untersuchungen über Familienfürsorge oder Kindererholungsfürsorge und war zudem als Lehrbeauftragte an der Universität Heidelberg tätig. Diese Phase charakterisierte sie als eine „Wiedererneuerung der alten Züricher Zeiten" und schloss 1939 damit den ersten Teil ihrer Erinnerungen ab, ohne auf den Nationalsozialismus einzugehen (ebd., S. 258). Dies erfolgte erst im 1948 abgeschlossenen zweiten Abschnitt, der sich mit der Zeit zwischen 1933 und 1947 befasst. Im Folgenden soll auf ein von Marie Baum theoretisch-konzeptionell reflektiertes Berufsfeld näher eingegangen werden.

Familienfürsorge

Der Mensch sei kein vereinzeltes Wesen, sondern würde sein Leben stets im Umfeld familiärer Strukturen beginnen und deshalb sei es dringend geboten, sich um die Familie zu sorgen. Baums Studie über Familienfürsorge von 1927 wurde 1951 neu aufgelegt. Das Vorwort der zweiten Auflage thematisiert den bis heute konstruierten Bruch mit Errungenschaften der sozialen Arbeit durch den Nationalsozialismus:

„Es berührt mich seltsam, daß heute, vierzig Jahre nach Begründung der Familienfürsorge, mit der gleichen Einsatzkraft für sie gekämpft werden muß wie damals, als wir sie aus den gegebenen Verhältnissen heraus entwickelten. Die zwölf Jahre nationalsozialistischer Herrschaft haben auch hier etwas, was im Wachsen und Werden war, im Kern soweit angegriffen, daß man wohl von Zerstörung der leitenden Idee reden kann" (Baum, Vorwort 1951, S. 5).

Baum definiert drei Dimensionen der Familienfürsorge, für die sie eine bezirksorientierte Verwaltung vorschlägt, weil in der Bezirksfamilienfürsorge umfassende Maßnahmen am Einzelfall orientiert vorgenommen werden können. Die Familienfürsorge sollte insbesondere vor dem Hintergrund der Nachkriegszeit in Deutschland, also zu Beginn der fünfziger Jahre, ein sozialpolitisches Ziel verfolgen. Damit zielt sie auf den Artikel 6 des Grundgesetzes und den staatlich geregelten Anspruch, die Familie zu schützen und deren erzieherische und pflegerische Kräfte entwickeln zu helfen. Die Methode müsse eine an der Gesamtlage der Familie und nicht an einem einzelnen Mitglied ausgerichtet sein. Darüber hinaus fordert sie eine einheitliche Form, die es ermöglicht, dass alle notwendigen Hilfen in einem einheitlichen

Hilfeplan der Familie zusammengefasst werden. Sozialpolitisch argumentiert Baum demnach folgendermaßen:

„Dem sozialpolitischen Ziel der Stärkung des Familienlebens wird die Fürsorge dadurch dienen, daß sie jede ihr zufallende Aufgabe unter eben diesen Gesichtspunkt stellt. Das kann allgemein bedeuten
vollständigen Familien gegenüber: vorbeugend und in kritischen Zeiten helfend dahin zu wirken, daß der Familienzusammenhang gewahrt und die pflegerische und erzieherische Eigenkraft der Familie, insbesondere der Mutter, gestärkt wird;
unvollständigen Familien gegenüber: den aus der jeweiligen Lage sich ergebenden Gefahren weiteren Zerfalls entgegenzuwirken;
Minderjährigen gegenüber: das Leben der Familienlosen wenn möglich wieder in eine Familie einzubauen" (Baum 1951, S. 29, Hrvg. i. O.).

Auch gegenüber Familienlosen aller Art sei das sozialpolitische Ziel identisch, denn die Familie ist die natürliche, schützende Gemeinschaft und die Arbeit solle darauf gerichtet sein, Menschen aus der Isolation des modernen städtischen Lebens zu befreien. In diesem Sinne sollen für Baum demnach alle in eine sinnstiftende Gemeinschaft überführt werden. Hier schließt sie durchaus an ihre alten Auffassungen von der Errichtung der Volksgesundheit über die Gemeinschaft wieder an.

„Der Starke und Gesunde findet den Weg zur Gewerkschaft, zum Jugendbund, zu Formen der Gemeinsamkeit irgendwelcher Art von selbst – nicht so der Labile, Schwache, Haltbedürftige" (ebd.).

Dies sei insbesondere für Kinder und Jugendliche zu beachten, auch wenn sie die totalitären Formen der Vereinnahmung junger Menschen ablehnt und die Wahrung der Familiengemeinschaft als zentralen Unterschied zum Sozialismus hervorhebt. Mithin steht auch die Überarbeitung des Textes im Zeichen des sich anbahnenden Kalten Krieges.

Darüber hinaus setzt sie sich mit der angelsächsischen Methode des *Casework* auseinander und greift dazu auf englischsprachige Studien und deutschsprachige kritische Würdigungen zurück (Kraus 1950; Morris 1950). Baum zielt auf einen Vergleich und favorisiert eindeutig das deutsche System einer präventiven, auf die gesamte Familie zielenden Fürsorge. Gleichwohl legt sie die sozialhistorisch und politisch höchst unterschiedlichen Kontexte zwischen Deutschland und den USA dar und leitet daraus die vollkommen verschiedenen Zugänge ab.

„Die USA sind ein Land der Ein- und Binnenwanderung, und das heißt der Entwurzelung" (Baum 1951, S. 45).

Sie betont zudem die nachhaltige und spezifisch deutsche Entwicklung durch die von Bismarck initiierte Sozialgesetzgebung, wohingegen in den USA die Tradition der privaten und damit individualisierenden Hilfe stark war. Hier reproduziert Baum eine spezifische Lesart des Verhältnisses von Individuum und Gemeinschaft und favorisiert ihrerseits die deutsche Lesart der Gemeinschaft auch und gerade angesichts des Nationalsozialismus. Sie hebt zwar die amerikanische Bedeutung des Demokratischen und der Demokratisierungsabsicht im *Casework* hervor, geht dann jedoch nicht weiter darauf ein. Hier erstaunt ihre Zurückhaltung insbesondere vor dem Hintergrund der amerikanischen *Reeducation*-Politik. Stattdessen setzt sie sich höchst kritisch mit dem therapeutisch-psychoanalytischen Zuschnitt auseinander und interpretiert diesen als eine moderne Form religiös angelegter Seelsorge.

„Wir stehen also vor einer auf immanentem Grunde errichteten Seelsorge, wie sie der modernen Psychotherapie ja überhaupt eigen ist, die glaubt, den Menschen aus eigener Kraft – der seinen und des Beraters – von seinen Übeln und seiner Schuld erlösen zu können" (ebd., S. 47).

Das im *Casework* dominante Ziel der Wiedereingliederung des Einzelnen in die gegebene Umwelt erfordert mithin auch eine hohe Anpassungsleistung.

Letztlich konzentriert sich Baums Kritik auf die Forderung, alle in der Fürsorge Beschäftigten müssten tiefenpsychologisch geschult sein, worin nicht nur ein professionstheoretisches Argument liegt, sondern die ethische Überzeugung, Fürsorge habe nicht das Recht, in die Tiefen der Seele vorzudringen. Baum erteilt damit einer Psychologisierung der Fürsorge eine deutliche Absage. Zwar würdigt sie die Arbeit in den amerikanischen Erziehungsberatungsstellen, hält deren Wirksamkeit für deutsche Verhältnisse jedoch für begrenzt. *Casework* sollte allenfalls in eindeutig schwierigen Fällen, aber nicht in der präventiven Familienfürsorge zur Anwendung kommen:

„Und nicht nur das möchte ich wünschen und hoffen, sondern auch, daß sie so behutsam, so entfernt wie möglich von den häufig übertreibenden Methoden moderner Psychologie geübt werden möge" (ebd., S. 51).

Baums Auseinandersetzung mit der *Casework*-Methode legt nicht nur sehr eindrücklich dar, dass der deutsche Diskurs durchaus auch international angelegt war, auch wenn dies rezeptionsgeschichtlich nicht nachhaltig rekonstruiert wurde, sie zeigt aber auch die spezifische deutsche Lesart der Fürsorge. An Baum zumindest manifestiert sich eine klare Trennung zwischen öffentlich und privat dahingehend, dass die Fürsorge ethisch nicht das Recht habe, in die „Tiefen der Seele" ihrer Klienten vorzudringen. Sie favorisiert eine an der Gemeinschaft orientierte und auf Vertrauen und Distanz basierende Familienfürsorge. Zugleich vermag sie aber die mit dem *Casework* einher gehenden Demokratisierungsgedanken kaum konstruktiv aufzunehmen.[9]

Marie Baum orientierte sich mithin durchgängig an einem Gemeinschaftsbegriff, der für sie eng an die Familie gebunden war. Von dort aus reflektierte sie insbesondere über die sozialen Lebensbedingungen von Frauen und über deren besondere Betroffenheit von der deutschen Geschichte in der ersten Hälfte des zwanzigsten Jahrhunderts. Dies hatte Auswirkungen auf ihre Ansichten über den Beruf der Fürsorgerin ebenso wie auf ihr Kindheits-

---

9 Baum unterscheidet zwischen *Casework* in den USA und in England und sieht konstruktive Anknüpfungspunkte in England für die deutsche Familienfürsorge.

konzept, das besonders an der Kindererholungsfürsorge deutlich wird. Baum, die vor allem nach ihrem Ausscheiden aus dem Karlsruher Arbeitsministerium 1927 für einige Jahre eine regsame Reise- und Vortragstätigkeit auch ins Ausland aufnahm, hat offenbar internationale Konzepte überdacht. Gleichwohl fordert sie zu einer kritischen Prüfung auf, und zwar insbesondere vor dem Hintergrund regionaler und nationaler Besonderheiten. An ihrem persönlichen Problem mit deutschen Verwaltungsstrukturen wird zudem die häufig anzutreffende Diskrepanz zwischen Verwaltungs- und Fürsorgepraxis deutlich. Baum verortet ihr Leben in der Autobiographie zwischen den Orten Danzig, Zürich und schließlich Heidelberg. Nicht zuletzt daran markiert sie deutsche Geschichte und Frauengeschichte im zwanzigsten Jahrhundert.

Literatur

Andresen, Sabine (2001): Verklemmt, verhindert, verwoben und verherrlicht. Biologie und Naturkunde in pädagogischen Diskussionen um 1900 und in den Schulbüchern des Lehrmittelverlags des Kantons Zürich. In: Tröhler, Daniel/Oelkers, Jürgen (Hg.): Über die Mittel des Lernens: Kontextuelle Studien zum staatlichen Lehrmittelwesen im Kanton Zürich des 19. Jahrhunderts. Zürich, S. 192-226
Baum, Marie (1910): Fabrikarbeit und Frauenleben. In: Die Verhandlungen des zweiundzwanzigsten Evangelisch-sozialen Kongresses. Göttingen
Baum, Marie (1931): Zehn Jahre Heuberg. In: Der Heuberg, 11. Jg., Nr. 1/2. 5. Februar 1931, S. 2-5
Baum, Marie (1950): Rückblick auf mein Leben. Heidelberg
Baum, Marie (1951): Familienfürsorge. In: Sozialpädagogische Arbeitshefte. Schriftenreihe eines sozialpädagogischen Arbeitskreises, hrsg. v. Mayer-Kulenkampff, Lina: Folge D: Methoden der Gemeinschaftshilfe. Berlin, Hannover, Frankfurt a. M. (vollkommen überarbeitete Studie von 1927)
Behm, Karl (1926): Erholungsfürsorge. Ein Leitfaden zur Arbeit an erholungsbedürftigen Kindern. Leipzig
Bloch, Ernst (1959/1973): Das Prinzip Hoffnung. Drei Bände. Frankfurt a. M.
Kraus, Hertha (1950): Casework in USA. Theorie und Praxis der Einzelhilfe. Frankfurt a. M.
Lauterer, Heide-Marie (1995): „Weil ich von dem Einsatz meiner Kräfte die Überwindung der Schwierigkeiten erhoffte." Marie Baum (1874-1964) Frauenbewegung, Politik und Beruf. In: Frauengestalten. Soziales Engagement in Heidelberg. Schriftenreihe des Stadtarchivs Heidelberg. Heft 6, hrsg. im Auftrag der Stadt Heidelberg von Peter Blum. Heidelberg, S. 55-119
Maier, Hugo (Hg.) (1998): Who is who der Sozialen Arbeit. Freiburg i. Brsg.
Maurer, Susanne/Schröer, Wolfgang (2002): „Ich kreise um ..." Die Bildungstheorie der Mitte am Beispiel Gertrud Bäumer. In: Liegle, Ludwig/Treptow, Rainer (Hg.): Welten der Bildung in der Pädagogik der frühen Kindheit und in der Sozialpädagogik. Freiburg i. Brsg., S. 288-306

Morris, Cherry (1950): Social Casework in Great Britain. London
Schaser, Angelika (2000): Helene Lange und Gertrud Bäumer. Eine politische Lebensgemeinschaft. Köln, Weimar, Wien
Zeller, Susanne (1987): Volksmütter. Frauen im Wohlfahrtswesen der zwanziger Jahre. Düsseldorf

Gaby Lenz

*Gender*perspektiven – eine Notwendigkeit in der Sozialen Arbeit

Der Begriff *Gender* (soziales Geschlecht) verspricht, die Geschlechterpolarität zu überwinden, indem sowohl die geschlechtsspezifischen Zuschreibungen für Frauen als auch für Männer in den Blick genommen werden. Frauen und Kinder zuletzt heisst es, wenn es um die strukturelle Rangordnung zwischen Männern, Frauen und Kindern geht. Dagegen suggeriert das ritterliche Angebot „Frauen und Kinder zuerst" Schutz, wenn es darum geht, ein sinkendes Schiff zu verlassen. Gleichzeitig heisst es aber auch *Frauen und Kinder zuerst*, wenn es darum geht, wer weltweit in erster Linie von Armut betroffen ist.[1]

Historisch gesehen bietet die Professionalisierung der Sozialpädagogik und Sozialen Arbeit eine Antwort von Frauen auf die gesellschaftliche Notlage im Zuge der Industrialisierung. Von Beginn an waren das soziale Geschlecht, die sich daraus ergebenden sozialen Ressourcen und die darauf zurückzuführende soziale Ungleichheit Themen in und für die Soziale Arbeit. Da die *Gender*perspektive implizit zu den Konstitutionsbedingungen der Professionalisierung Sozialer Arbeit in Deutschland gehört, verwundert bisweilen deren Marginalisierung in theoretischen Ansätzen und Konzepten. Welchen Qualitätskriterien entspricht die Professionalisierungsdebatte in der Sozialen Arbeit, wenn sie bewusst den für Männer und Frauen alltagsstrukturierenden Faktor „Geschlecht" ausblendet?

Wenn sich die Soziale Arbeit ihres eigenständigen politischen Mandates nicht gänzlich entledigen will, um im Wind der tagespolitischen Bedingungen und Einflüsterungen hin und her zu flattern, kommt sie nicht umhin, die geschlechtsspezifisch strukturierten Ressourcen und Handlungspotentiale ihrer Professionellen und ihres Klientels auszuloten. Sicherlich trägt die Individualisierung von Lebenslagen und der erfolgreiche Kampf gegen geschlechtsspezifisch begründete Ausschließungen dazu bei, die Wahrnehmung der geschlechtsspezifisch bedingten sozialen Ungleichheit und Handlungspotentiale zu erschweren. Gerade junge Mädchen und Frauen fühlen sich nicht benachteiligt und sie vertrauen auf die Realisierung gleichberechtigter Partnerschaften. Erst wenn es um die Berufstätigkeit junger Mütter geht, heißt es wieder Frauen und Kinder zuletzt. An dieser Statuspassage des Lebenslaufes junger Mütter wird die Diskrepanz zwischen Verbalemanzipation und realen

---

1   Damit sollen die Unterschiede im Zuge der Pluralisierung und Individualisierung keineswegs nivelliert werden.

Handlungsmöglichkeiten bewusst und deutlich. Gleichzeitig scheint die traditionelle Rollenzuschreibung einer Vollerwerbstätigkeit für Männer in Auflösung begriffen: Männer sind dazu aufgerufen, ihr Rollenverständnis zu verändern, hervorgerufen durch die Erosion herkömmlicher Arbeitsverhältnisse.

Nun stellt sich die Frage, ob Sozialpädagogik und Soziale Arbeit in dieser Umbruchsituation mit der *Gender*perspektive eine adäquate Antwort auf die gesellschaftlichen Veränderungen entwickeln können. Bietet sich hier ähnlich wie für die Pionierinnen der Sozialen Arbeit eine historische Chance, Geschlechterfragen zu thematisieren und Lösungen für soziale Fragen zu entwickeln?

Der Blick in die Geschichte professioneller Sozialer Arbeit dient dazu, die geschlechtsspezifisch codierte Argumentationslinie zu vergegenwärtigen. Dabei zeigen sich in der historischen Rekonstruktion die (subtilen) Zuschreibungsveränderungen, welche jeweils mit dem Thema Geschlecht/*Gender* verbunden wurden. Die „grobe" Bestandsaufnahme mündet in einen Vorschlag zur Systematisierung des *Gender*wissens in der Sozialen Arbeit.

Geistige Mütterlichkeit

Die ersten Frauen, die um 1900 für eine Professionalisierung der Sozialen Arbeit in Deutschland mittels Ausbildung eintraten, waren davon überzeugt, dass weibliche Fähigkeiten benötigt würden, um die Soziale Frage zu lösen. Damit wollten sie sowohl die geschlechtsspezifisch bedingte Reduktion der weiblichen Geschlechtsrolle auf die Privatsphäre überwinden als auch typisch weibliche Fähigkeiten in das öffentliche Leben einbringen.

Mit dem politischen Konzept der geistigen Mütterlichkeit verfolgten die Frauen der bürgerlichen Frauenbewegung am Ende des 19. Jahrhunderts vor allem das Ziel, eine eigenständige Kulturleistung zu erbringen. Damit meldeten sie den Anspruch an, sich am öffentlichen Leben zu beteiligen. Vor allem Frauen aus dem Bürgertum, welche durch die Industrialisierung ihre Positionen in der Familie verloren hatten, traten für sich selbst (Wahlrecht, Recht auf einen Beruf) und für andere ein (Lösung der Sozialen Frage). Sie wollten durch Menschlichkeit, Wärme und tätige Solidarität die durch Sachlichkeit und Rationalität geprägte öffentliche Männerwelt humanisieren. Mit ihrer Argumentation verorteten sie sich so in dem bis in die Weimarer Republik gültigen Paradigma vom weiblichen Geschlechtswesen und eines männlichen Kulturwesens. Gleichzeitig erweiterten sie so ihre Handlungsmöglichkeiten im öffentlichen Raum.

Obwohl Frauen wie Männer sich ehrenamtlich vor allem innerhalb der christlichen Kirchen gegen soziale Not einsetzten, waren Frauen in der öffentlichen Verwaltung im Bereich der Armenpflege von einem Ehrenamt ausgeschlossen, da dessen Vergabe an Bürgerrechte gebunden war (vgl. Riege 1996, S. 17). Erst als die Behörden aufgrund der zunehmenden Verelendung und der hohen Sterblichkeit bei Pflegekindern unter Druck gerieten, gestatteten sie den inzwischen qualifizierten Frauen ab ca. 1908 eine erwerbsmäßige Mitarbeit (vgl. Riemann 1992, S. 36f.). Somit erreichten die Frauen mit ihrer politischen Strategie der geistigen Mütterlichkeit, mit der sie sowohl gleiche Rechte wie die Männer anstrebten als auch auf spezifische weibliche Fähigkeiten verwiesen, eine Veränderung des herrschenden Geschlechterverhältnisses über den Zugang zur Erwerbsarbeit. Es gelang ihnen, die historische Chance zu nutzen und sich aktiv einzumischen. Am Beispiel des Berufsfeldes der öffentlichen Armenpflege zeigten sich jedoch bald die Grenzen der Errungenschaften.

Geschlechterpolarität

Für Frauen und Männer bedeutete dies in der Praxis der sozialen Berufsarbeit eine entscheidende Änderung der Geschlechterverhältnisse, da nun Frauen wie Männer in der Verwaltung erwerbstätig sein durften. Trotz dieser Gleichberechtigung blieben Frauen in der politischen Argumentation auf ihre besonderen weiblichen Fähigkeiten reduziert. Im Berufsalltag der Sozialen Arbeit führte dies zu einer Polarisierung zwischen den Geschlechtern. Obwohl Frauen als Praktikerinnen der Sozialen Arbeit ausdrücklich von den Behörden angefordert wurden, stießen diese qualifizierten Frauen mit ihren humanistischen Ideen und ihrer Haltung den Armen gegenüber in der öffentlichen Verwaltung auf Widerstand. Im Bereich der Armenpflege trafen sie mit ihrer Vorstellung einer gerechteren Verteilung von Gütern auf Verwaltungsbeamte. Diese häufig aus einer niedrigeren Schicht stammenden, aber entscheidungsbefugten Männer standen in einer Verwaltungstradition, die Übung darin aufwies, Arme auszugrenzen und diesen die Schuld für ihr Elend zuzuschreiben. Der Konflikt zwischen Fürsorgerinnen und Verwaltungsbeamten war vorprogrammiert.

„Einerseits wollten und sollten sie ihre weiblich-mütterlichen Eigenschaften umsetzen, zum anderen machten die Verwaltungsbeamten ihnen genau diese Berufshaltung zum Vorwurf. Die Beamten wollten keine ‚Volksmütter' in die Bezirke schicken, sondern sie brauchten Laufmädchen für ihre Ermittlungen bei den Unterstützungsbedürftigen" (Zeller 1992, S.46).

Die Praxis der Fürsorgerinnen und insbesondere der Geschlechterkampf in den Behörden führte zu reihenweisen körperlichen und nervlichen Zusammenbrüchen der Fürsorgerinnen (vgl. Zeller 1992, S.47).[2] Die Idee von der

---

2 „Das preußische Volkswohlfahrtsministerium (veranlaßte) im Juni 1925 eine umfangreiche Fragebogenaktion unter knapp 3000 preußischen Fürsorgerinnen in der öffentlichen Für-

Humanisierung der Verwaltung scheiterte. Die Sozialbeamtinnen verausgabten sich in der Einzelfallarbeit. Sie versuchten, sowohl der Klientel gegenüber gerecht zu sein, als auch den Anforderungen der Verwaltung zu entsprechen. Offensichtlich gelang es den Frauen zu diesem Zeitpunkt nicht, ihre Erfolge im öffentlichen Bereich (z. B. Wahlrecht) auch innerhalb der behördlichen Berufspraxis durchzusetzen. Sie blieben auf der untersten Verwaltungsebene verortet und ihre politische Strategie der geistigen Mütterlichkeit entfaltete im Praxisalltag keine emanzipatorische Wirkung. Die Politikerinnen wunderten sich,

„daß die ‚mütterliche Politik' – z. B. beim Reichsjugendwohlfahrtsgesetz und in der Familienfürsorge – in offenbar nicht voraussehbaren Maße auf den Widerstand männlicher Interessen und erstarrter Bürokratien stieß" (Stoehr 1983, S.241).

Dagegen wurden mit dem Ende des Ersten Weltkrieges und dem 1922 erlassenen Reichsjugendwohlfahrtsgesetz mehr Sozialbeamtinnen eingestellt. Mit der gesetzlichen Absicherung der Sozialen Arbeit war eine Aufwertung der Sozialarbeit verbunden. Die mit der Gesetzgebung geschaffenen institutionellen Rahmenbedingungen bestimmten den inzwischen als notwendig anerkannten Beruf wesentlich mit (vgl. Olk 1986, S. 97). Damit wurde die Soziale Arbeit als Beruf auch für Männer interessant.

Männer in der Sozialen Arbeit

Um Männer für Aufgaben des neuen Reichsjugendwohlfahrtsgesetzes zu qualifizieren, wurden 1923 erstmals fünfzehnmonatige Jugendpflegekurse für Männer eingerichtet (vgl. Zeller 1994, S. 93). Die Zulassung von Männern zur Ausbildung in der Sozialen Arbeit führte zunächst zur Entstehung von getrennten Frauen- und Männerfachschulen. Insbesondere die Leiterinnen der Wohlfahrtsschulen befürchteten eine Änderung der Inhalte und letztlich eine Verdrängung der Frauen aus den Leitungspositionen der Schulen bei einer Aufnahme von Männern (vgl. Zeller 1994, S. 95). Dabei vertraten Männer und Frauen zu diesem frühen Zeitpunkt der Berufsgeschichte ein *unterschiedliches Hilfeverständnis* der Klientel und der Gesellschaft gegenüber. Das berufliche Selbstverständnis der Männer schwankte zwischen der Orientierung an einer Ritterlichkeit, die eine distanzierte Zuwendung vorsah, wie es Herman Nohl 1926 formulierte, und der „Gefühlswärme" als berufsethischer Voraussetzung (vgl. Zeller 1994, S. 94f.). Bis heute gilt das berufliche Selbstverständnis von Frauen in der Sozialen Arbeit als geschlechtsspezifisch konnotiert, während Männer ihren geschlechtsspezifischen Rollenerwartungen bereits durch die Berufswahl entgegen treten würden (vgl. Fröschl 2001,

---

sorge, deren Ergebnisse Martha Heynacher in einer Schrift des deutschen Vereins für öffentliche und private Fürsorge zusammentrug" (Zeller 1992, S. 47).

S. 299). Sicherlich führte und führt die politische Strategie der geistigen Mütterlichkeit und inzwischen die Betonung der besonderen weiblichen Fähigkeiten als Grundlage der Berufsausübung zum Ausschluss von Männern aus der Sozialen Arbeit. Männern gelang eine geringe Partizipation an der sozialen Berufsarbeit. Wobei sich der Anteil der Männer von 1924 bis 1996 zwischen 20% und 30% einpendelte (vgl. Lenz 2000, S. 23). Gleichzeitig wurde mit dem Eintritt der Männer das Geschlechterverhältnis innerhalb der Sozialen Arbeit neu strukturiert. Obwohl Frauen durchgängig zahlenmäßig dominierten, verdrängten Männer die Frauen aus den Leitungspositionen. Diese geschlechtsspezifische Strukturierung der Arbeitsverhältnisse in der Sozialen Arbeit erweist sich als erstaunlich beständig. Die Gründe für diese soziale Ungleichheit sind vielfältig und sicherlich auch im jeweiligen zeitgeschichtlichen Kontext zu interpretieren. Als einen Grund nennt Fröschl, dass Männer in den Beruf „mit dem Vertrauen, dass sie auf der Karriereleiter aufsteigen werden" (Fröschl 2001, S. 299) bereits eintreten. Durchgängig wurde jedoch auch von Frauen Interesse angemeldet, Leitungsfunktionen zu übernehmen. Das Argument, Frauen wollten sich neben der Berufsarbeit auf Familie und Kindererziehung konzentrieren und sie strebten deswegen keine Karriere an, konnte vielfach widerlegt werden (vgl. Meinhold 1993).

Trotz des Eintrittes der Männer in die soziale Berufsarbeit und der klaren hierarchischen Strukturierung der Arbeit zwischen Männern und Frauen wurde die Kategorie „Geschlecht" lange Zeit ausschließlich mit Frauen in Verbindung gebracht – anfangs im Rückgriff auf das Paradigma eines weiblichen Geschlechtswesens und eines männlichen Kulturwesens. Ohne die Verknüpfung des Themas mit einer politischen Strategie zur Änderung der Geschlechterverhältnisse führte die Geschlechterfrage in eine Sackgasse, wie die Zeit des Nationalsozialismus und die Verpflichtung auf die sogenannte „Geschlechtsehre" zeigt.

Geschlechtsehre

Nicht nur der kräftezehrende Geschlechterkampf in den Behörden, sondern auch die massive Zunahme sozialer Problemlagen und die *politische Vereinnahmung* der Sozialen Arbeit durch die Nationalsozialisten führte letztlich dazu, dass die Praxis Sozialer Arbeit ihre kritischen Reflexionspotentiale gänzlich verlor. Viele Pionierinnen der Sozialen Arbeit, wie Alice Salomon und Sidney Wronsky, welche die theoretische Verortung und Verwissenschaftlichung Sozialer Arbeit vorantrieben, mussten aus Deutschland fliehen. Mit der Vertreibung dieser Vordenkerinnen brachen Theoriebildung und fortschreitende Professionalisierung der Sozialen Arbeit in Deutschland ab.

Die Fürsorgerin wurde unter den Nationalsozialisten zur „Erb- und Rassenpflegerin" (Baron 1992, S. 68). So stiegen im Bereich der betrieblichen Sozialarbeit die Beschäftigtenzahlen der Fabrikpflegerinnen unter dem NS-Regime von einhundert in den zwanziger Jahren bis auf dreitausend im Jahr 1944 (vgl. Eitner 1991, S. 307). Die Aufgabe der Fabrikpflegerinnen war deutlich auf die gesamte Arbeiterfamilie ausgerichtet. Neben der Erziehung zu einem auf die Volksgemeinschaft ausgerichteten Arbeitsethos stand die Vermittlung der „Geschlechtsehre". Diese verpflichtete die Arbeiterin als Mutter darauf, „ihre und ihrer Kinder Rassereinheit, Erbgesundheit und Gemeinschaftsfähigkeit hochzuhalten" (Eitner 1991, S. 307). Unter diesen extremen Bedingungen erwies sich das Konzept der geistigen Mütterlichkeit nicht mehr als Quelle für Widerstandspotential, sondern ließ sich durch die besonderen Weiblichkeitszuschreibung vom Nationalsozialismus vereinnahmen (vgl. Fröschl 2001, S. 291).

Die „geschlechtsneutrale Fachkraft"

Nach dem Zweiten Weltkrieg wurden die Sozialarbeiter und Sozialarbeiterinnen zur „geschlechtsneutralen Fachkraft". Die Kriegsfolgen waren prägend für den gesamten Lebens- und Arbeitsalltag im zerstörten und besetzten Deutschland. Entsprechend den jeweiligen Besatzungsmächten gestaltete sich die gesamte Entwicklung in den alten und neuen Bundesländern sehr unterschiedlich. Erst die Übernahme von methodischen Ansätzen wie z. B. *Case-Management* aus den USA ermöglichte nach 1945 eine neue Identitätsbildung in der deutschen Sozialen Arbeit. Dabei wurde zunehmend *auf die Benennung von Geschlechterdifferenzen verzichtet.*

Mit dem im Grundgesetz für die Bundesrepublik Deutschland, 1949, enthaltenen Gleichberechtigungsartikel,[3] hofften die Frauen auf eine tatsächlich erreichte Gleichberechtigung. Geschlechterfragen werden zu diesem Zeitpunkt nicht mehr thematisiert. Beispielsweise wechselte 1957 der Berufsverband die weibliche Berufsbezeichnung in den „neutralen" Namen „Sozialarbeiter", in der Hoffnung, dass nun die „Frauenfrage" mit dem Gleichberechtigungsgrundsatz im Grundgesetz für die Bundesrepublik Deutschland gelöst sei (vgl. Simmel 1992, S. 110).

---

[3] „Art. 3 (Gleichheitsgrundsatz, Gleichberechtigung) (1) Alle Menschen sind vor dem Gesetz gleich. (2) Männer und Frauen sind gleichberechtigt. (3) Niemand darf wegen seines Geschlechtes, seiner Abstammung, seiner Rasse, seiner Sprache, seiner Heimat und Herkunft, seines Glaubens, seiner religiösen oder politischen Anschauungen benachteiligt oder bevorzugt werden" (Grundgesetz für die Bundesrepublik Deutschland (1981).

Soziale Arbeit zwischen Feminismus und Tradition

Die Politisierung der Sozialen Arbeit in den *siebziger Jahren* führte zu einer Radikalisierung und Abspaltung von Frauen aus der Sozialen Arbeit und der Gründung von feministischen Projekten. Diese standen quasi konträr zur traditionellen Sozialen Arbeit und unterzogen jene einer radikalen Kritik. Ausgehend von der Reflexion und Analyse der eigenen frauenspezifisch strukturierten Lebens- und Gefühlswelt forderten sie den Abbau der Benachteiligung von Frauen und Mädchen. Mit dem Slogan „Das Private ist politisch" entwickelten sie bewusst ein politisches Selbstverständnis. Ausgangspunkt war die Idee, dass alle Frauen von patriarchalen Strukturen und Benachteiligungen betroffen seien und die Gleichberechtigung in einer gemeinsamen Solidarisierung aller Frauen zu erreichen sei. Traditionelle Soziale Arbeit wurde als verlängerter Arm der patriarchalen Staatsmacht kritisiert und als solche abgelehnt. Die hierarchische (Kontroll-)Beziehung zwischen SozialarbeiterIn und KlientIn wurde ebenso unter die Lupe genommen, wie der Beitrag der Sozialen Arbeit zur Verfestigung von Benachteiligungen durch Tradierung von Geschlechtsrollen. Die intensive Auseinandersetzung mit der Situation und den Lebenswelten von Frauen führte zu neuen Erkenntnissen und zur Wiederentdeckung der frauenspezifischen Wurzeln der Sozialen Arbeit. Als politische Strategie kennzeichnet Voigt-Kehlenbeck diese Zeit als „*kollektive(n) Protest der Frauen* als Gruppe im Kampf gegen die Heim- und Herdideologie der Nachkriegszeit" (Voigt-Kehlenbeck 2002, S. 7). Problematisch an dieser Strategie ist die gedachte Gleichsetzung aller Frauen, die vorwiegend als Opfer patriarchaler Verhältnisse gesehen werden. Damit wird eine erneute Geschlechterpolarisierung eingeleitet mit der klaren Rollenverteilung „Mann gleich Täter gleich böse" und „Frau gleich Opfer gleich gut". Auch wenn diese grobe Vereinfachung weder einzelnen Männern noch Frauen gerecht werden konnte, führte diese Dichotomie doch zur Wahrnehmung der besonderen Lebenssituation von Frauen und Mädchen. Insbesondere geschlechtsspezifisch strukturierte Problemlagen, wie „Gewalt gegen Frauen" und „sexuelle Gewalt gegen Frauen, Mädchen und Jungen" wurden erstmals öffentlich thematisiert. Gewalt war nicht länger ein individuelles Problem vereinzelter davon betroffener Frauen. Ebenso begannen Mitte der achtziger Jahre Männer, sich mit den geschlechtsspezifischen Zuschreibungen für Jungen und Männer zu beschäftigen. Inzwischen wird die geschlechtsspezifisch unterschiedlich strukturierte Situation von Männern und Frauen durchaus wahrgenommen.

Die Forderung an die Sozialpädagogik und die Soziale Arbeit, zum Abbau von geschlechtsspezifischen Benachteiligungen beizutragen, wurde erstmals im sechsten Jugendbericht von 1984 aufgenommen und im Kinder- und Jugendhilfegesetz (KJHG) von 1990 verankert (vgl. §9 (3) KJHG). Vor diesem Hintergrund kann davon ausgegangen werden, dass sich die *Berücksich-*

tigung der Kategorie Geschlecht als ein professioneller Standard etabliert hat. Das enthebt uns jedoch keineswegs von der mühsamen Detailarbeit, die sich verändernden Lebenswelten von Männern, Frauen, Jungen und Mädchen sorgfältig zu analysieren. Es geht darum, Veränderungen mit dem Ziel einer Geschlechterdemokratisierung zu initiieren. Erst wenn es möglich ist, dass Frauen und Kinder weder zuerst noch zuletzt, sondern gleichberechtigt wie gleichzeitig neben Männern gehen, werden sich die hierarchisierenden Strukturen auflösen lassen. Dies erfordert jedoch Aushandlungsprozesse zwischen den Geschlechtern und ein Miteinander anstatt eines Gegeneinander.

Die Berücksichtigung der Kategorie Geschlecht und damit die Wahrnehmung geschlechtsspezifischer Unterschiede stellt einen der ersten Schritte zum Abbau der Benachteiligungen von Männern und Frauen dar. Angesichts der zunehmenden Individualisierung und Pluralisierung der Lebenswelten können wir theoretisch und praktisch keinesfalls von homogenen Geschlechtergruppen ausgehen. Innerhalb der Gruppe der Frauen und innerhalb der Gruppe der Männer gibt es große Unterschiede, entsprechend der sozialen Lage, dem Zugang zu Bildung, dem Zugang zur Erwerbsarbeit, um nur wenige Merkmale zu nennen. Die Rollenzuschreibungen *qua* Geschlecht differieren je nach Zugehörigkeit zu einer ethnischen, kulturellen oder religiösen Gruppe. Entsprechend sind auch die Wünsche nach Geschlechterdemokratisierung und die Ressourcen, für diese einzutreten, unterschiedlich ausgeprägt.

Um die Aufgabe, den Abbau von Benachteiligungen (aufgrund des Geschlechts) zu erfüllen, kann die Soziale Arbeit heute auf die Erkenntnisse der Frauen- und Geschlechterforschung und auf Erkenntnisse aus der Männerforschung zurückgreifen. Theoretisch kann hier zwischen der Erforschung der Lebenswelten von Mädchen und Frauen, Jungen und Männer und geschlechtsspezifischen Problemen und methodischen Konzepten unterschieden werden. Allgemein geht es darum, die *Lebenswelt der KlientInnen* zu berücksichtigen (vgl. Thiersch 1996, S. 140f.). Obwohl Prokop schon 1976 auf den weiblichen Lebenszusammenhang verweist, kommt Reinbold 1987 zu der Schlussfolgerung:

„Immer deutlicher wird hierbei, daß bislang nur unzureichende Kenntnisse über den weiblichen Lebenszusammenhang, über konkrete Lösungsmuster und Handlungsperspektiven von Mädchen und Frauen vorhanden sind. Die Lebensplanung und vor allem die Realität von Frauen bestimmen sich durch die Geschlechtszugehörigkeit und [der] nach dem Geschlecht segmentierten Arbeitsteilung" (Reinbold 1987, S. 65).

Der jeweilige Zugang von Frauen zu Ressourcen muss in der Praxis der Sozialpädagogik und der Sozialen Arbeit berücksichtigt werden. Insbesondere das Konzept der sozialen Schließung,[4] das von Cyba zur Erklärung der Ungleichheit von Männern und Frauen im Geschlechterverhältnis weiterentwik-

---

[4] Mit dem Konzept der sozialen Schließung zeigt Max Weber z. B. bei ständischen Berufsorganisationen auf, wie über Merkmale der Zugehörigkeit gleichzeitig Regeln des Ausschlusses festgelegt werden (vgl. Diezinger/Mayr-Kleffel 1999, S. 21).

kelt wurde, trägt zur Wahrnehmung sozialer Ungleichheit bei. Die Unterscheidung zwischen subtiler Ausschließung, wie sie in Qualifikationsanforderungen bei Stellenausschreibungen praktiziert wird, und Ausbeutung in unterprivilegierten Arbeitsverhältnissen, weisen auf unterschiedliche Handlungschancen der jeweiligen Frauen hin (vgl. Diezinger/Mayr-Kleffel 1999, S. 173ff.). Auch wenn Stellen für Frauen und Männer ausgeschrieben werden, erweisen sich Kriterien wie flexible Arbeitszeitanforderungen oder Erfahrung in Leitungspositionen als subtile Ausschlussgründe für Frauen.

„Alle Frauen sind den Auswirkungen des weiblichen Lebenszusammenhangs unterworfen und müssen subjektiv Lösungen für die widersprüchlichen Anforderungen finden. Aber für diese Lösungen gibt es sehr unterschiedliche Bewältigungsressourcen. Ein Leben in Armut und Unterprivilegiertheit verringert die Bewältigungsmöglichkeiten erheblich und verschärft damit die Widersprüche" (Bitzan 1993, S. 133).

Die ungleiche Ausgangslage muss von der Sozialpädagogik und der Sozialen Arbeit berücksichtigt werden, wenn sie nicht durch eine Gleichbehandlung aller Frauen zur Verfestigung der bestehenden Benachteiligungen beitragen will. Ebenso unzulässig wäre eine Gleichbehandlung von allen Männern und Jungen. Auch wenn Männer z. B. strukturell bessere Zugangschancen zum Arbeitsmarkt besitzen, können die neuen Schließungsmuster der neoliberalen Politik dazu führen, dass sich in einzelnen Arbeitsbereichen die Verhältnisse *quasi* umdrehen. Zusätzlich kann die Lebenswelt von Jungen und Männern durch vielfältige Faktoren belastet sein. Ein Faktor sind geschlechtsspezifische Rollenerwartungen, die z. B. dazu führen können, dass die Arbeitslosigkeit eines Mannes als persönliches Versagen interpretiert und erlebt wird, obwohl diese Problemindividualisierung einen völlig destruktiven Charakter aufweist.

Geschlechtsspezifische Problemlagen

Das Erkennen der geschlechtsspezifisch strukturierten Lebenswelten führte dazu, dass Probleme vor dem gesellschaftlichen Hintergrund wahrgenommen werden können. Insbesondere die Probleme alleinerziehender Mütter und Väter und das Thema sexuelle Gewalt gegen Frauen und Mädchen müssen als geschlechtsspezifisch determinierte Problemlagen angesehen werden.

Spätestens seit dem sechsten Jugendbericht von 1984 liegt eine Analyse der Lebenswelt von Mädchen vor, die verschiedene Bereiche, wie Körperlichkeit, Mädchen zu Hause, Berufsfindung, freie Zeit usw. umfasst. Die politische Strategie „*Das Engagement für die nachfolgende weibliche Generation* durch systematische Mädchenförderungsmassnahmen, geschlechtshomogene Angebote etc." (Voigt-Kehlenbeck 2002, S. 7) hat einige Erfolge gezeigt; Mädchen treten inzwischen durchaus selbstbewußt auf, auch wenn gerade in der Sozialen Arbeit die Verhaltensauffälligkeiten von Jungen bis zum vierzehnten Lebensjahr deutlicher wahrgenommen werden. Die Interventionsanlässe liegen in der Jugendhilfe bei Jungen bis zum vierzehnten Lebensjahr signifikant höher als bei Mädchen. Ab dem vierzehnten Lebensjahr beziehen sich Meldungen häufiger auf Mädchen. Zur Einschränkung von Jungen und Männern aufgrund der männlichen Sozialisation liegen inzwischen Arbeiten vor (z. B. Brückner/Böhnisch 2001; Hollstein 1999; Brandes 1998). Hier werden sowohl Kontroll-, Macht- und Wettbewerbszwänge aufgezeigt als auch auf die ca. acht Jahre geringere Lebenserwartung von Männern gegenüber Frauen verwiesen. Im Blickpunkt steht auch das deutlich schlechtere Gesundheitsverhalten von Männern, das der geschlechtsspezifischen Rollenerwartung zugeschrieben wird (ein Mann geht nicht zum Arzt). Insbesondere die Forschungen zu Opfererfahrungen von Männern zeigen Auswirkungen der Geschlechtsrollenzuschreibungen. In der Praxis der Sozialen Arbeit wurden inzwischen eine Vielzahl von Projekten und Initiativen entwickelt, welche die konkreten Lebenssituationen und geschlechtsspezifisch determinierten Problemlagen berücksichtigen.

Geschlechtsspezifische Arbeitsansätze in der Praxis Sozialer Arbeit

Die Initiative zur Entwicklung geschlechtsspezifischer Arbeitsansätze ergriffen vor ca. fünfundzwanzig Jahren Frauen im Kontext der Neuen Frauenbewegung. Insgesamt hat sich inzwischen ein breites Leistungsspektrum ausdifferenziert. Vor allem die theoretische Auseinandersetzung und praktische Hilfe, die für Frauen und Mädchen in Notsituationen entwickelt wurden, haben zu neuen Konzeptualisierungen in der Sozialpädagogik und der Sozialen Arbeit geführt. Durch die intensive Kritik der traditionellen Sozialarbeit und die Auseinandersetzung mit und in feministischen Projekten gelang es der Sozialen Arbeit geschlechtsspezifische Perspektiven zu integrieren, von denen Frauen und Männer profitieren.

In der *Praxis* der Sozialen Arbeit zeigen sich die methodischen Konzepte so flexibel, dass sie in der Lage sind, eine Geschlechterperspektive einzunehmen. Zum Beispiel erfuhren die Konzepte der systemischen Familienberatung inzwischen durch die *Gender*perspektive eine Weiterentwicklung, die nicht mehr von den grundsätzlich gleichen Handlungsmöglichkeiten aller Familienmitglieder ausgeht. Feministische Familienberaterinnen weisen auf die Notwendigkeit hin, die inner- und außerfamiliären Machtunterschiede zu berücksichtigen (vgl. Walters u. a. 1991; Goodrich u. a. 1991; McGoldrick 1991). Auch andere Konzepte, wie die Lebensweltorientierung (vgl. Thiersch 1996) oder die sozialpädagogische Beratung mit dem Ressourcenansatz (vgl. Nestmann 1997) bieten eine Unterstützung zum Abbau von Benachteiligungen. Diese Konzepte ermöglichen die Wahrnehmung von Frauen und Männern sowie Mädchen und

Jungen in ihrer jeweils spezifischen Lebenssituation. Leider konnten sich die geschlechtsspezifisch differenzierten Ansätze bisher nicht generell durchsetzen, so dass heute Ansätze, die eine Geschlechterdemokratisierung und den Abbau von Benachteiligungen befördern, Konzepten gegenüber stehen, die nach wie vor Benachteiligungen tradieren und mittels ihrer Angebote zur Ausgrenzung der Klienten und Klientinnen beitragen.

In der *Theoriebildung* kann auch heute noch in weiten Teilen auf die umfangreichen Patriachatsanalysen im Zuge der Neuen Frauenbewegung zurückgegriffen werden. Deutlich verändert haben sich allerdings die theoretischen Ansätze und Visionen, wie eine Geschlechtergerechtigkeit hergestellt werden könnte. Theorie- und Erklärungsansätze, welche die Differenz und Unterschiede der Geschlechter betonen, stehen nach wie vor den Ansätzen, welche die prinzipielle Gleichheit der Geschlechter anstreben, gegenüber. Die *Sex*- und *Gender*debatte unterscheidet zwischen dem biologischen Geschlecht (*Sex*) und dem sozialen Geschlecht (*Gender*), wobei insbesondere in der soziologischen Diskussion der Konstruktion des sozialen Geschlechtes Aufmerksamkeit geschenkt wird. Der Begriff „*Gender*" ermöglicht dabei die Betrachtung der Lebenssituationen und geschlechtsspezifischen Zuschreibungen für Männer und Frauen. Insbesondere die Begegnung zwischen Männern und Frauen ermöglichen die Beobachtung der *doing-gender*-Prozesse auch in Institutionen und Organisationen. Dies eröffnet den Blick auf das nach wie vor geschlechtsspezifisch strukturierte Geschlechterverhältnis und den Ausschluss von Frauen aus Führungs- und Leitungspositionen. Wichtig ist dabei, dass die Erklärungsmodelle, die in den theoretischen Ansätzen aufgezeigt werden, ebenso wie die Ergebnisse der empirischen Untersuchungen fundierte Kenntnisse für die Praxis der Sozialpädagogik und der Sozialen Arbeit bieten. Dieses Wissen trägt dazu bei, dass die realen Entscheidungsspielräume der Klientinnen eingeschätzt werden können. Die Berücksichtigung der konkreten Lebensverhältnisse und aktuellen Rahmenbedingungen trägt dazu bei, die Probleme in ihren Entstehungszusammenhängen zu sehen anstatt sie bei der Klientin individuell zu verorten (vgl. Miller/Tatschmurat 1996 S. 10). Ebenso geht es darum, die Entscheidungsspielräume der professionellen SozialpädagogInnen in ihrem jeweiligen institutionellen Kontext zu betrachten. Insbesondere die von der Weltfrauenkonferenz in Peking 1995 vorgeschlagene politische Strategie des *Gender Mainstreaming* weitet den Blick auf Entscheidungsstrukturen in Organisationen. Hier bietet es sich an, dies mit der Qualitätsdebatte in der Sozialen Arbeit zu verbinden, wie es Straub in ihren „Überlegungen zu einem *gender*-reflektierten Sozialmanagement" zum Ausdruck bringt (vgl. Straub 2002, S. 16). Darüber hinaus bietet *Gender Mainstreaming* Strategien zur Veränderung der geschlechtsspezifisch strukturierten Arbeitswelt und zeigt Potentiale auf, wie Frauen und Männer sich im Sinne eines Abbaus von Benachteiligungen politisch einmischen können. Das Zusammenspiel einer *Gender*perspektive mit traditioneller Sozialer Arbeit wird im Folgenden *am Beispiel des Arbeitsfeldes Jugendamt* aufgezeigt. Für SozialarbeiterInnen ergeben sich aus der Analyse der geschlechtsspezifisch determinierten Lebenssituationen *konkrete Veränderungen der bisherigen Arbeitsweisen.* Die Berücksichtigung der spezifischen Problemsituation von Frauen und Kindern und die Konfrontation mit den Themen sexuelle Gewalt und sexueller Missbrauch stellen an SozialarbeiterInnen im Allgemeinen sozialen Dienst (ASD) besondere Anforderungen. Mit dieser Aufgabenstellung zeigt sich eine unmittelbare Auswirkung der Themen der Neuen Frauenbewegung auf die Soziale Arbeit im Jugendamt. Die damit verbundenen *Anforderungen* werden im Folgenden kurz dargestellt. Auf der Grundlage der gesetzlich verankerten *Kontrollaufgaben im KJHG zum Schutz des Kindes* handeln zu müssen (vgl. § 43 KJHG), macht die SozialabeiterInnen des ASD im Jugendamt zur Schaltstelle der Interventionen. Es gilt inzwischen als unumstritten, dass sexuelle Gewalt das Wohl des Kindes (jedes betroffenen Mädchens und jedes betroffenen Jungens erheblich schädigt, und dass sexuelle Gewalt Seelenmord bedeutet, weil sie immer seelische Narben hinterlässt (vgl. Wirtz 1989; Hermann 1994; Shengold 1995).

„Die MitarbeiterInnen des Jugendamtes haben das Recht und die Pflicht, in Kooperation mit anderen Fachdiensten (Schule, Kindergarten, Beratungsstelle usw.) und gegebenenfalls privaten Vertrauenspersonen des Kindes (z. B. die Mutter einer Schulfreundin, der das Mädchen sich anvertraut hat) den Verdacht des sexuellen Mißbrauchs abzuklären, die räumliche Trennung des Täters vom Opfer vorzubereiten und durchzusetzen und sowohl als auch deren/dessen Kontakt- und Vertrauenspersonen (z. B. den Geschwistern und der Mutter) Hilfen bei der Bewältigung anzubieten/zu vermitteln" (Chromow/Enders 1990, S. 136).

Qua gesetzlichem Auftrag sind SozialarbeiterInnen verpflichtet, die staatliche Kontrolle wahrzunehmen und zum Schutz von Kindern tätig zu werden. Eine hohe Anforderung an die Fachlichkeit der einzelnen SozialarbeiterInnen stellt diese Aufgabe besonders dann dar, wenn die Gefährdung des Kindes in der eigenen Familie liegt und Eltern oder ein Elternteil gegen die Würde der Tochter/des Sohnes verstößt. SozialarbeiterInnen des Jugendamtes geraten bei der Meldung eines begründeten Verdachtes auf sexuelle Gewalt häufig in eine Drucksituation und in Widersprüche im Arbeitsauftrag, was Hebenstreit veranschaulicht:

„Sie [SozialarbeiterInnen] müssen bei sexuellem Mißbrauch tätig werden. Gleichwohl setzt sich in der Fachöffentlichkeit die Erkenntnis durch, daß eingreifende Maßnahmen nicht in jedem Fall hilfreich sind. Hier fehlen Konzepte, die es ermöglichen, daß Praktiker/innen nicht unter Außendruck agieren, sondern ihre berufliche Kompetenz und Freiräume nutzen können" (Hebenstreit 1993, S. 86).

Zudem bleibt die Jugendhilfe nach dem KJHG aufgefordert, sowohl im Sinne des Schutzes für Mädchen und Jungen als auch entsprechend des Auftrages der Eltern zu handeln. Die sich aus dieser Situation ergebenden Widersprüche lassen sich nicht mit einer (einseitigen) Parteinahme für Kinder oder Eltern lösen. Die Ambivalenz bleibt bestehen, auch wenn durch klare Arbeitsteilung und Kooperationsmodelle parteiliches Arbeiten mit Mädchen und Jungen möglich wird und Vätern und Müttern Unterstützung angeboten werden kann. In der Praxis scheint sich in diesen Fällen parteiliches Handeln mit Mädchen und Jungen durchzusetzen (vgl. Thiersch 1996, S. 151). Damit wird im institutionellen Kontext auf fachliche Konzepte aus der Frauenprojektebewegung zurückgegriffen (vgl. Steinhage 1990; Enders 1990; Achter Jugendbericht 1990). Diese *Konzepte* werden durch administrative Handlungsmöglichkeiten des Eingriffs ergänzt. Erst die klare Problemanalyse und organisatorische Verankerung der Thematik als Kinderschutz im Kontext des Wächteramtes führte zur Professionalisierung der Sozialen Arbeit im Jugendamt. Inzwischen ist die Arbeit gegen sexuelle Gewalt an Mädchen und Jungen anerkannt und organisatorisch durch Arbeitskreise oder klare Zuständigkeiten abgesichert. Politisch besteht nach wie vor Handlungsbedarf, auch wenn mittlerweile die täterfreundliche Haltung kirchenpolitisch korrigiert wird. So hat inzwischen die Deutsche Bischofskonferenz 2002 Leitlinien veröffentlicht, wie vorzugehen ist, wenn der Verdacht auf sexuellen Missbrauch an Minderjährigen durch Geistliche vorliegt (vgl. Pressemitteilung der Deutschen Bischofskonferenz vom 27. 09. 2002).

Obwohl die Notwendigkeit der Betrachtung von *Gender*perspektiven hinreichend nachgewiesen ist und eine Vielzahl geschlechtsspezifischer Ansätze vorliegen, konnte bislang keine Systematisierung des *Gender*wissens in der Sozialen Arbeit vorgelegt werden. Natürlich muss angesichts der Individualisierung und Pluralisierung von Lebenswelten und der entsprechenden Ausdifferenzierungen des Leistungsangebotes in der Sozialen Arbeit gefragt werden, ob eine solche Systematisierung sinnvoll erscheint.

Ein möglicher Weg zur Systematisierung des *Gender*wissens in der Sozialen Arbeit

Im Rahmen eines studentisch initiierten *Gender*-Projektes zeigte sich, dass eine Systematisierung durchaus sinnvoll ist, auch wenn die systematische Ordnung einzelner *Gender*themen vorerst nur Werkstattcharakter aufweisen kann (vgl. *Gender*-Projekt 2002, S. 87). Die systematische Reflexion *gender*spezifischer Fragestellungen in der Sozialen Arbeit sollte die handelnden Personen und deren geschlechtsspezifisch strukturierte Lebens- und Arbeitswelten zum Ausgangspunkt nehmen. Folgen wir dem von Merten in der Sozialarbeitswissenschaft vorgeschlagenen Modell zur Autonomie Sozialer Arbeit, werden neben der Interaktionsebene, die Organisations- und Gesellschaftsebene reflektiert (vgl. Merten 1997, S. 123).

	DISZIPLIN	PROFESSION
Interaktion	z. B. doing-gender-Theorie	Reflexion der Geschlechtsrolle
	Konzepte	
Organisation	Organisationstheorien	Strukturanalyse und Maßnahmen wie Orientierung, Gendermainstream
	Strategien	
Gesellschaft	Spannungsfeld zwischen struktureller Benachteiligung und gesetzlicher Gleichberechtigung	Integration, Inklusion, Abbau von Ausgrenzungen
	WISSEN	KOMPETENZ

(vgl. Lenz 2002, S. 87)

Die Interaktionsebene oder auch Mikroebene kennzeichnet die unmittelbare Begegnung zwischen Personen. Sie bietet die Möglichkeit, die Interaktionen zwischen Sozialarbeitern oder Sozialarbeiterinnen und Klienten oder Klientinnen, oder die Begegnung zwischen Kollegen und Kolleginnen zu thematisieren. Bereits hier sollen unbedingt die unterschiedlichen Machtbefugnisse und Handlungspotentiale Berücksichtigung finden. Gerade die Bearbeitung geschlechtsspezifisch determinierter Problemlagen erfordert die konsequente Reflexion der eigenen Geschlechtsrolle. Wie bereits aufgezeigt, gestaltet sich der Zugang zu Ressourcen entsprechend der jeweiligen sozialen Lage sehr unterschiedlich. Die Gestaltung der Arbeitsbeziehung zwischen einer Frau, die Opfer einer Gewalttat wurde, und einer sozialpädagogischen Fachkraft wird wesentlich vom Geschlecht derselben beeinflusst. Nur wenn SozialpädagogInnen die Machtunterschiede kennen und über geschlechtssensible theoretische Erklärungsansätze verfügen, können gemeinsam mit KlientInnen adäquate Hilfeformen entwickelt werden. Ansonsten besteht die Gefahr, die Problemlage weiter zu verfestigen und destruktive Geschlechtsrollenzuschreibungen zu tradieren.

Die Mesoebene oder Organisationsebene ermöglicht die Analyse der Beteiligung der Geschlechter am Arbeitsprozess, z. B. wieviele Frauen sich in Leitungspositionen befinden. Im Zuge der gesellschaftlichen Aufbruchstimmung und der Bildungsreform erreichte die Soziale Arbeit mit der Einrichtung der Fachhochschulen einen neuen Professionalisierungsschub. Die erneute Thematisierung des Geschlechterverhältnisses verhinderte jedoch nicht, dass Männer die Frauen aus den Ausbildungspositionen verdrängten und die neu eingerichteten ProfessorInnenstellen mehrheitlich übernahmen. Sowohl an den Universitäten als auch an den Fachhochschulen zeigt sich ein deutlicher „Männerüberschuss" auf der Ebene der ProfessorInnenstellen, während die Studierenden im Fachbereich Soziale Arbeit zu 70-80% aus Frauen bestehen. Die Disziplin scheint männerdominiert, wenn es um die Besetzung von Professuren und um Veröffentlichungen geht. Parallel dazu zeigt sich auch in den Leitungspositionen der Praxiseinrichtungen ein überproportionaler Männeranteil gemessen an der Gesamtbeschäftigtenzahl. Welche Wirkung Organisationen auf ihre NutzerInnen/AdressatInnen haben, könnte sich mittels einer Wirkungsanalyse entsprechend dem Konzept des *Gender Mainstreaming* aufzeigen lassen. So kann beispielsweise auch die Frage untersucht werden, welche Folgen die Veränderung von Öffnungszeiten einer Einrichtung für die Besucherinnen und Besucher haben.

Die gesellschaftliche Ebene oder Makroebene legt den Vergleich des gesellschaftlichen Kontextes mit anderen gesellschaftlichen Kontexten nahe. So stellt sich beispielsweise die Frage, warum in Schweden verhältnismäßig mehr Frauen Kinder bekommen und wesentlich mehr Männer Elternzeit in Anspruch nehmen, als dies in Deutschland der Fall ist. „Welche Regeln führen zum Ausschluss von Männern und Frauen aus bestimmten Lebensbereichen?" könnte eine weitere Frage sein. Hier ist es vor allen Dingen die Aufgabe der Disziplin, geeignete theoretische Erklärungsansätze zur Verfügung zu stellen, um die sozialpolitischen Forderungen der Praxis zu unterstützen. Bislang zeigt sich die Politik z. B. im Bezug auf Arbeitslosigkeit oder im Bereich der Bildung wenig beeindruckt von den Analysen und Prognosen der sozialpädagogischen Disziplin.

Wenn man dem Modell zur Systematisierung des *Gender*wissens weiter folgt, erweist sich im nächsten Schritt eine Trennung von Disziplin (die Wissen zur Verfügung stellt) und Profession (deren Augenmerk auf der Kompetenz liegt) als hilfreich. Auch wenn die Trennung zwischen Disziplin und Profession zur Konzept- und Methodenentwicklung überwunden werden muss, dient sie einer Systematisierung des Wissens. Konzepte müssen sowohl auf theoretische Erklärungs- und Handlungsansätze als auch auf institutionelle Ressourcen und Methoden zurückgreifen. Gleiches gilt für Strategien, insbesondere wenn sie das Ziel verfolgen, die benachteiligenden Geschlechterverhältnisse im Sinne einer Geschlechterdemokratisierung zu verändern. Die hohe Komplexität und Vielschichtigkeit der Thematik muss in einem Modell zwangsläufig reduziert werden, wobei Vereinfachungen immer auch Probleme mit sich bringen. Dennoch gilt es, die Einzelfallbetrachtungen in einen zusammenhängenden Kontext zu stellen, damit dieser systematisch reflektiert werden kann. So wird es auch möglich, politische Strategien, wie das *Gender Mainstreaming*, nicht isoliert, sondern als Baustein im System Sozialer Arbeit zu betrachten.

Schlussfolgerungen

Die Annäherung an die *Gender*thematik in der Sozialen Arbeit zeigt, dass das soziale Geschlecht mit seinen entsprechenden Zuschreibungen durchgängig Wirkung entfaltet. Während zu Beginn der Professionalisierung um 1900 unter dem Terminus „Geschlecht" Frauen und deren Belange verstanden wurden, verändert sich diese ausschließliche Zuschreibung seit Mitte der achtziger Jahre. Die Anfangspolarisierungen der Neuen Frauenbewegung in „Männer = Täter = böse" und „Frauen = Opfer = gut" konnten aufgelöst werden zugunsten einer differenzierten Betrachtung der jeweiligen Lebenswelten von Männern und Frauen. Dabei erweisen sich weder Männer noch Frauen als homogene Gruppe, so dass es in Anbetracht der Gleichheitsrhethorik heute mühevoll erscheint, sich *Gender*perspektiven zu erschließen. Trotz Auflösung der starren Geschlechtsrollenzuschreibungen sind die Ressourcen und Handlungsmöglichkeiten der Frauen und Männer nach wie vor unterschiedlich/ungleich verteilt. Dabei können andere Faktoren, die zur sozialen Ungleichheit führen, mit geschlechtsspezifischen Determinanten kumulieren und/oder korrelieren.

Wenn Soziale Arbeit tatsächlich die Lebenswelt von Männern und Frauen, unabhängig ob als professionell Handelnde oder als NutzerInnen der Sozialen Arbeit, berücksichtigen will, ist die theoretische Berücksichtigung der *Gender*thematik dringend geboten. Auch wenn die Vision der Gleichberechtigung inzwischen über eine gesetzliche Vorschrift im Sozialgesetzbuch (SGB VIII) für die Soziale Arbeit verankert werden konnte, fehlt es noch an Instrumentarien zur systematischen Reflexion. Ein dahingehender Schritt könnte in der Überprüfung der Theorien und Konzepte Sozialer Arbeit bestehen, inwieweit diese die *Gender*perspektive berücksichtigen und welche Wirkung sie diesbezüglich entfalten. Mit einer so fundierten Grundlage könnten Argumentationshaushalte zur Einmischung in die aktuelle Sozialpolitik systematisch aufgebaut werden.

Literatur

Baron, Rüdiger (1992): Barbarische Mütterlichkeit – Auswirkungen der nationalsozialistischen Volkspflegevorstellungen auf den sozialen Frauenberuf. In: Fesel, Verena u. a. (Hg.): a. a. O., S. 62-72

Bitzan, Maria (1993): In Widersprüchen ganzheitlich arbeiten? Methodische Überlegungen aus der Gemeinwesenarbeit mit Frauen. In: Rauschenbach, Thomas (Hg.): a. a. O., S. 129-154

Brandes, Holger (1998): Geschlecht, Habitus und soziale Praxis. In: Brandes, Holger/Roemhold, Regine (Hg.): Männernormen und Frauenrollen. Geschlechterverhältnisse in der sozialen Arbeit. Leipzig

Brückner, Margit/Böhnisch, Lothar (Hg.) (2001): Geschlechterverhältnisse. Weinheim, München

Bundesminister für Jugend, Familie, Frauen und Gesundheit (Hg.) (1984): Sechster Jugendbericht. Verbesserung der Chancengleichheit von Mädchen in der Bundesrepublik Deutschland. Bonn

Bundesminister für Jugend, Familie, Frauen und Gesundheit (Hg.) (1990): Achter Jugendbericht. Bericht über Bestrebungen und Leistungen der Jugendhilfe. Bonn

Chromow, Iris/Enders, Ursula (1990): Interventionsschritte der Bezirkssozialarbeit bei innerfamilärem Missbrauch. In: Enders, Ursula (Hg.): a. a. O., S. 136-137

Diezinger, Angelika/Mayr-Kleffel, Verena (1999): Soziale Ungleichheit. Eine Einführung für Soziale Berufe. Freiburg i. Brsg.

Eitner, Hans-Jürgen (1991): Hitlers Deutsche. Das Ende eines Tabus. 2. Aufl., Gernsbach

Enders, Ursula (Hg.) (1990): Zart war ich, bitter war's: Sexueller Mißbrauch an Mädchen und Jungen; Erkennen – Schützen – Beraten. Köln

Fesel, Verena/Rose, Barbara/Simmel, Monika (Hg.) (1992): Sozialarbeit – ein deutscher Frauenberuf. Kontinuitäten und Brüche im 20. Jahrhundert. Pfaffenweiler

Fröschl, Elfriede (2001): Beruf Sozialarbeit. In: Gruber, Christine/Fröschl, Elfriede (Hg.): Gender-Aspekte in der Sozialen Arbeit. Wien, S. 285-308

Gender-Projekt (2002): Dokumentation über den Verlauf des Gender-Projektes oder: eine Annäherung an geschlechtsspezifische Sozialarbeit. Katholische Stiftungsfachhochschule München, Abt. Benediktbeuern

Goodrich, Thelma/Rampage, Cheryl/Ellmann, Barbara/Halstad, Kris (1991): Feministische Familientherapie. Frankfurt a. M., New York

Greese, Dieter/Güthoff, Friedhelm/Kersten-Rettig, Petra/Noack, Brigitte (Hg.) (1996): Allgemeiner Sozialer Dienst: Jenseits von Allmacht und Ohnmacht, 2. Aufl., Münster

Hebenstreit, Sabine (1993): Parteilichkeit allein genügt nicht – zur Diskussion um die Problematik sexueller Gewalt aus der Sicht von Jugendhilfe. In: Zeitschrift für Frauenforschung, 11. Jahrgang, 1993, Heft 4, S. 84-90

Herman, Judith Lewis (1994): Die Narben der Gewalt: traumatische Erfahrungen verstehen und überwinden. München

Hollstein, Walter (1999): Mannsein – eine hochriskante Lebensform. In: Deutscher Frauenrat (Hg.): Adams nachhaltige Erneuerung. Männerhearing. Dokumentation. Schriftenreihe Weltfrauenkonferenz. Bonn, S. 26-29

Lenz, Gaby (2000): Frauenansichten in der administrativen Sozialen Arbeit. Eine empirische Untersuchung zu frauenspezifischen Perspektiven von Sozialarbeiterinnen im Allgemeinen Sozialen Dienst. Bielefeld

Lenz, Gaby (2002): Genderorientierung in der Sozialen Arbeit. In: Gender-Projekt: a. a. O., S. 80-88

Maelicke, Bernd (Hg.) (1987): Soziale Arbeit als soziale Innovation. Veränderungsbedarf und Innovationsstrategien, Weinheim, München

McGoldrick, Monica/Anderson, Carol M./Walsh, Forma (Hg.) (1991): Feministische Familientherapie in Theorie und Praxis. Freiburg i. Brsg.

Meinhold, Marianne (1993): Sozialarbeiterinnen – Frauenkarrieren, Karrierewünsche und Aufstiegshindernisse bei Sozialarbeiterinnen im öffentlichen Dienst. Münster

Merten, Roland (1997): Autonomie der Sozialen Arbeit: Zur Funktionsbestimmung als Disziplin und Profession. Weinheim, München
Miller, Tilly/Tatschmurat, Carmen (1996): Soziale Arbeit mit Frauen und Mädchen – Positionsbestimmungen und Handlungsperspektiven. Stuttgart
Nestmann, Frank (Hg.) (1997): Beratung: Bausteine für eine interdisziplinäre Wissenschaft und Praxis. Tübingen
Olk, Thomas (1986): Abschied vom Experten: Sozialarbeit auf dem Weg zu einer alternativen Professionalität. Weinheim, München
Rauschenbach, Thomas (Hg.) (1993): Der sozialpädagogische Blick: Lebensweltorientierte Methoden in der Sozialen Arbeit. Weinheim, München
Reinbold, Brigitte (1987): Mädchen und Frauen in der Sozialen Arbeit – Verfestigung von Benachteiligung oder Realisierung gleichberechtigter Lebenschancen? In: Maelicke, Bernd (Hg.): a. a. O., S. 65-80
Riege, Marlo (1996): Frauen in der Sozialen Arbeit. Deutsche, englische und italienische Sozialarbeiterinnen im Vergleich. Mönchengladbach
Riemann, Ilka (1992): Frauenbewegung und Soziale Arbeit bis zum Ersten Weltkrieg. In: Fesel, Verena/Rose, Barbara/Simmel, Monika (Hg.): a. a. O., S. 31-40
Shengold, Leonard (1995): Seelenmord. Die Auswirkungen von Mißbrauch und Vernachlässigung in der Kindheit. Frankfurt a. M.
Simmel-Joachim, Monika (1992): Frauen in der Sozialen Arbeit – Eine Mehrheit als Minderheit. In: Fesel, Verena/Rose, Barbara/Simmel, Monika (Hg.): a. a. O., S. 109-121
Steinhage, Rosemarie (1990): Sexueller Mißbrauch an Mädchen. Ein Handbuch für Beratung und Therapie. Reinbek bei Hamburg
Straub, Ute (2002): Sozialmanagement und Gender Mainstreaming – eine innovationsorientierte Verbindung. In: Sozialmagazin 27. Jg., Heft 11, November 2002, S. 16-21
Thiersch, Hans (1996): Ganzheitlichkeit und Lebensweltbezug als Handlungsmaximen der sozialen Arbeit. In: Greese, Dieter u. a. (Hg.): a. a. O., S. 140-154
Voigt-Kehlenbeck, Corinna (2002): Gender-Mainstreaming – neue Impulse und Einflüsse für die geschlechterbezogene Kinder- und Jugendhilfe. In: Dokumentation zur Fachtagung des Bundesvorstandes des BDKJ vom 14. 09. 2002
Walters, Marianne/Carter, Betty/Papp, Peggy/Silverstein, Olga (1991): Unsichtbare Schlingen. Die Bedeutung der Geschlechterrollen in der Familientherapie. Eine feministische Perspektive. Stuttgart
Wirtz, Ursula (1989): Seelenmord – Inzest und Therapie. Zürich
Zeller, Susanne (1992): Zum Geschlechterverhältnis zwischen Fürsorgerinnen und Sozialbeamten in Wohlfahrtsämtern der Zwanziger Jahre. In: Fesel, Verena/Rose, Barbara/Simmel, Monika (Hg.): a. a. O., S. 41-54
Zeller, Susanne (1994): Geschichte der Sozialarbeit als Beruf. Bilder und Dokumente (1893-1939). Pfaffenweiler

Wilma Aden-Grossmann

Vor dreißig Jahren – Rückblick auf die Gründungsphase einer Elterninitiative

Elterninitiativen

„Die Kinderschulzeit war eine fröhliche Zeit, und ich war tief erfüllt von der These, dass man die Welt ganz entscheidend verbessern könne, wenn man die Kinder besser als in der Vergangenheit und allgemein üblich erzieht. Als junger Vater hatte ich durchaus schon die Vorstellung, so, jetzt ändern wir die Welt, und da setzen wir bei unseren Kindern an."
So wie Peter, der zu den Gründern der ‚Freien Kinderschule' zählte, empfanden und dachten viele junge Eltern, als sie sich Ende der sechziger Jahre zusammenschlossen und Kinderläden gründeten, um für ihre Kinder eine pädagogische Alternative zu den überwiegend kirchlichen Tageseinrichtungen für Kinder zu schaffen. Ihre Konzepte, nach denen die Kinder selbstbestimmt in Gruppen spielen und sich entwickeln sollten, ohne von Erwachsenen gegängelt zu werden, weckte vielmehr die Befürchtung, dass die so frei erzogenen Kinder sich weder in die Schule noch in die Gesellschaft würden einfügen können. Groß aufgemachte Berichte in der Presse und im Fernsehen zeigten Kinder so, wie man es nicht gewohnt war: Kinder, die Feuer machten, beim Essen nicht ordentlich auf Stühlen saßen und den Erwachsenen widersprachen. Selbst gut gemeinte Berichte schürten damit das Vorurteil über die „antiautoritär" erzogenen Kinder, denen angeblich keine Grenzen gesetzt wurden. Folglich gab es anfangs keine städtische oder staatliche Unterstützung, sondern erheblichen Widerstand, und es ist in der Tat erstaunlich, dass etliche der damals gegründeten Kinderläden bis heute existieren wie z. B. die Freie Kinderschule, über deren Anfänge in den siebziger Jahren es in diesem Beitrag geht.[1]

Anfangs gab es selbstorganisierte Kinderläden nur in Großstädten sowie in Universitätsstädten. Heute gibt es die von Elterninitiativen gegründeten Kindertageseinrichtungen in fast allen größeren Städten Deutschlands. Allein in Hessen gibt es etwa zwanzigtausend Plätze in selbstorganisierten Krabbelgruppen, Kinderläden, Schülerläden, Horten und in altersgemischten Einrichtungen. Seit 1990, als rund viertausend Plätze gezählt wurden, hat sich die Zahl verfünffacht.

---

[1] Siehe auch: http://www.kinderschule.info/

„Im Spektrum der Möglichkeiten von Kinderbetreuung hat sich das Angebot der kleinen, von Eltern selbst organisierten Kindergruppen zum dritten Weg neben kommunalen und kirchlichen Angeboten entwickelt. Drei Jahrzehnte nach den ersten Anfängen haben sich diese Einrichtungen professionalisiert und etabliert. Sie sind ein prägendes, unverzichtbares Element in der Betreuungslandschaft und nicht mehr wegzudenken" (Pressemitteilung des Hessischen Sozialministeriums von 18. 10. 2002).

Weiter heißt es dort, dass Elterninitiativen sich durch ein hohes Maß an Innovation auszeichneten. Sie trügen erfolgreich dazu bei, Kinderbetreuungskonzepte zu erproben und in den pädagogischen Alltag umzusetzen. Damit wird die Rolle der Elterninitiativen als Vorreiter für pädagogische, konzeptionelle Entwicklungen hervorgehoben.

Auch wenn sich die heutigen Elterninitiativen – sofern sie seit Anfang der siebziger Jahre bestehen – vielfach auf ihre Anfänge als „antiautoritäre Kinderläden" berufen, so ist dennoch festzustellen, dass die heutige Elterngeneration in der Regel wenig über die Gründungsgeschichte weiß, weil sich in Abständen von etwa fünf Jahren die Zusammensetzung der Elternschaft komplett ändert und damit die Kenntnisse und die Erfahrungen der ausscheidenden Eltern verloren gehen, weil sie nicht an die „neuen" weitergegeben wurden. So kommt es, dass das Wissen über die politischen und pädagogischen Intentionen vorangegangener Elterngenerationen nur wenig bekannt ist. Diese Beobachtung veranlasste mich, einige Eltern, die 1970 an der Gründung der Freien Kinderschule beteiligt waren und deren Kinder diese Einrichtung längere Zeit besuchten, hierzu zu befragen.

Die Freie Kinderschule

Die Freie Kinderschule wurde im Dezember 1969 durch eine Elterninitiativgruppe in Kronberg im Taunus gegründet. Da der größte Teil der Eltern in der benachbarten Trabantenstadt Schwalbach-Limes zu Hause war und es zudem nicht gelang, in Kronberg auf Dauer Räume zu erhalten, zog die Freie Kinderschule 1971 nach Schwalbach-Limes. Dort hatte die Stadt der Gruppe eine Holzbaracke neben dem Schwimmbad zur Verfügung gestellt sowie finanzielle Mittel zu deren Um- und Ausbau. 1982 zog die Kinderschule nach Frankfurt-Unterliederbach in einen ehemaligen Coop-Laden. 1988 fuhren Edgar Weick und Thomas Bundschuh, Väter von Kinderschulkindern, nach Hamburg und

„überzeugen den Vorstand der Coop, dass der Verkauf des Ladens an den Verein Sozialpädagogische Praxis auch für die Coop eine richtige Entscheidung sei. Mit Unterstützung der Öko-Bank und Bürgschaften der damals aktiven Eltern und ehemaliger Kinderschuleltern kann der Laden gekauft werden und enthebt dauerhaft die Eltern und Mitarbeiter der Sorge, dass die Räume gekündigt werden" (Swoboda/Pabst 1999, S. 13).

Inzwischen besteht diese von Eltern getragene Einrichtung also bereits seit dreiunddreißig Jahren.

Zur pädagogischen Entwicklung der Einrichtung von ihrer Gründung bis 1973

Betrachten wir im folgenden die Entwicklung der Freien Kinderschule von ihrer Gründung im Dezember 1969 bis zum Herbst 1973. Die Gründungseltern wählten für die zu schaffende Einrichtung den Namen Freie Kinderschule, der unverändert auch von nachfolgenden Elterngenerationen beibehalten wurde. Er wurde dem im Englischen gebräuchlichen Begriff der *„infant school"* entlehnt. Die Begriffe „Kinderladen" und „antiautoritär" im Namen der neuen Einrichtung wurden von den meisten Eltern abgelehnt, weil man sich von den studentischen Kinderläden unterscheiden wollte, zumal es unter den Eltern keine Studierenden gab. Außerdem befürchtete man Diffamierungen, die neue Eltern davon abhalten könnten, sich der Initiative anzuschließen. Um eine erste inhaltliche Ausrichtung und pädagogische Intention zu umschreiben, wählte man den Begriff der „repressionsfreien Erziehung". Als Trägerorganisation wurde der Verein Sozialpädagogische Praxis e. V. gegründet und im Januar 1970 in das Vereinsregister eingetragen.

Anfangs kam die noch sehr kleine Kindergruppe nur mehrmals in der Woche zusammen. Der tägliche Betrieb wurde sodann im Frühjahr 1970 zunächst mit acht Kindern aufgenommen, die halbtags betreut wurden. Die erste Bezugsperson war ein Student des Hessenkollegs, der während des ersten Jahres von Schülern des Gymnasiums unterstützt wurde. Diese jungen Leute hatten sich während der Kampagne gegen die Notstandsgesetze zur „Basisgruppe Kronberg" zusammengeschlossen und sahen in der Freien Kinderschule ein Feld für ihre politische Arbeit. Ihr Ziel war es, die Eltern zu politisieren. Trotz der Konflikte, die es z.T. zwischen den Eltern und Schülern gab, wurde ihre Mitarbeit als durchaus bereichernd und konstruktiv bewertet.

Nach räumlichen Provisorien in Kronberg, dem Gründungsort der Elterninitiative, stellte die benachbarte Stadt Schwalbach 1971 eine Holzbaracke in der Trabantenstadt Schwalbach-Limes zur Verfügung, die mit finanzieller Unterstützung der Stadt von den Eltern ausgebaut wurde. Nun konnten vierundzwanzig Kinder in drei altersgemischten Gruppen betreut werden.

In einem Rückblick über die Anfänge der Freien Kinderschule von Jochen Helling heißt es:

„Die Ur-Eltern wollten für ihre Kinder Alternativen zu traditionellen Erziehungskonzepten und haben dazu Bezugspersonen eingestellt, mit denen sie diskutiert, strukturiert und ausgehandelt haben. Ein schriftliches Konzept wurde nie erarbeitet. Das war eigentlich auch nicht nötig, da die pädagogischen Erwartungen an die Kinderschule auf Elternabenden beredet und Veränderungen gemeinsam beschlossen wurden. So konnte die Kinderschule idealerweise von allen aktuellen Eltern repräsentiert werden und es wurde jahrelang eine Flexibilität erhalten" (Helling 1999, S. 33).

1973 wurden acht Kinder gemeinsam in eine Klasse eingeschult. Zu deren außerschulischen Betreuung gründeten die Eltern unter gleicher Trägerschaft einen Schülerladen. In die Freie Kinderschule wurden daher neue Kinder aufgenommen, so dass sich auch die Zusammensetzung der Elternschaft stark veränderte. Dies war für die pädagogische Konzeption von großer Bedeutung, weil diese nicht durch die Bezugsperson entwickelt, sondern ganz wesentlich durch die Eltern erarbeitet wurde. So kam es durch das Hinzutreten neuer Eltern zu einer Neuorientierung im Erziehungskonzept:

„Die antiautoritäre Erziehung, in der man auf Selbstregulierung der Kinder vertraut und das individuelle Glück des einzelnen Kindes als wichtig sieht, scheint überholt. Diskutiert wird nun aber die Möglichkeit einer ‚Kollektiverziehung'. Soziales Lernen und die Gesamtentwicklung der Gruppe ist nun Kernpunkt des pädagogischen Konzepts" (Swoboda/Pabst 1999, S. 10f).

Es gab zwar kein schriftlich ausformuliertes Konzept, auf das sich alle Eltern geeinigt haben, jedoch wurden Diskussionspapiere zu den Inhalten und Zielen der pädagogischen Arbeit erarbeitet, die man auf wöchentlichen Elternabenden und Wochenendseminaren diskutierte.

Welche Bedeutung der Elternarbeit beigemessen und welche Anforderungen an alle beteiligten Eltern gestellt wurden, geht aus einem internen Papier von 1972 hervor:

„Eine Elternschule besteht neben der Kinderschule, das bedeutet: bei wöchentlichen Elternversammlungen, häufigen Arbeitsgruppensitzungen und praktischen Einsätzen des Elternkollektivs sollen die Eltern theoretisches pädagogisches Wissen erlernen, Vorhandenes aufarbeiten sowie befähigt werden, es praktisch anzuwenden. Das Informationsgefälle unter den Eltern soll abgebaut werden. Ziel ist, zwischen der erzieherischen Praxis in der Kinderschule und der häuslichen bewußt eine Harmonie herzustellen. Die Teilnahme und aktive, lernende Mitarbeit als von Beginn an gleichberechtigtes Elternteil in den verschiedenen Gremien der Kinderschule ist Pflicht."

Dabei entwickelten sich die Vorstellungen der Eltern von der anfangs geforderten repressionsfreien Erziehung weiter zur emanzipatorischen Erziehung, wie aus einem weiteren Diskussionspapier (ohne Datum, etwa 1972) hervorgeht:

„Unantastbarer Bestandteil der von bewußt erziehenden Eltern getragenen Kinderschule ist jedoch der Anspruch, eine emanzipatorische Erziehung zu verwirklichen, das heißt eine Erziehung zu Menschen, die sich – dank ihrer Ich-Stärke – permanent befreien können von den immer verborgener auftretenden gesellschaftlichen Zwängen und Pressionen."

Von Anfang an wurde die pädagogische Diskussion durch den politischen Diskurs begleitet und teils auch überlagert. Gefragt wurde danach, ob Projekte wie die Freie Kinderschule zur Demokratisierung der Gesellschaft beitragen könnten, oder ob nicht die Erziehung von Kindern in kleinen Gruppen ein Privileg von Eltern aus der Mittelschicht sei, das keine weiteren politischen Auswirkungen habe. Wenn also, so die Überlegungen Anfang der siebziger Jahre, das Projekt Freie Kinderschule politisch wirksam und zur Demokratisierung der Gesellschaft beitragen wolle, so nur durch weitere politische Aktivitäten der Elterngruppe in Schwalbach-Limes und Kronberg.

Schwalbach-Limes ist eine bei Frankfurt am Main gelegene Trabantenstadt mit etwa zehntausend Einwohnern und hatte damals noch keine ausreichende Infrastruktur, d.h. es gab keine Gaststätten, keine Treffpunkte für Jugendliche und viel zu wenig Kindergartenplätze. Auch für Vereine gab es kein räumliches Angebot. Einziger Ort, an dem sich die Bürger treffen konnten, war die evangelische Kirche, die eine stundenweise Betreuung für Kinder einrichtete und Freizeitangebote wie z. B. eine Foto-Arbeitsgruppe und einen Handarbeitskreis organisierte. Diese unbefriedigende Situation veranlasste die Elterninitiative zu versuchen, auf kommunaler Ebene politisch Einfluss zu gewinnen. Einige Eltern engagierten sich in der Bürgerinitiative „Verändert die Schule jetzt", setzten sich für den Bau eines Jugendzentrums und die Errichtung eines Abenteuerspielplatzes ein. Sie arbeiteten auch verstärkt in kommunalpolitischen Gremien mit. 1972 hat der Verein Sozialpädagogische Praxis e. V. erstmals Ferienspiele für einhundertfünfzig Kinder in Kronberg organisiert und durchgeführt. Mit diesen Aktivitäten überschritt die Elterninitiative die Grenzen eines Selbsthilfeprojektes und wurde zu einem wichtigen politischen Faktor in Schwalbach-Limes.

Untersuchungsmethode und Fragestellung

In meiner Untersuchung beschränke ich mich auf die erste Phase der Entwicklung der Freien Schule von Dezember 1969 bis Herbst 1973. Das ist der Zeitraum, in dem die Kinder der ersten Generation von Kinderschuleltern die Freie Kinderschule bis zu ihrer Einschulung besuchten. Diese Elterngruppe schuf die Grundlagen für die weitere pädagogische und organisatorische Entwicklung. Sie wählte den Namen, gründete den Trägerverein Sozialpädagogische Praxis e. V., entwickelte erste Vorstellungen zur pädagogischen Konzeption und wollte durch ihre Arbeit in der Freien Kinderschule und in dem Verein Sozialpädagogische Praxis e. V. einen Beitrag zur Demokratisierung der Gesellschaft leisten. Von den in diesem Zeitraum etwa zwanzig beteiligten Eltern habe ich mit vier Ehepaaren und einer geschiedenen Mutter längere Gespräche geführt, diese auf Tonband mitgeschnitten und transkribiert und nach inhaltsanalytischer Methode ausgewertet. Die Gespräche dauerten jeweils etwa anderthalb Stunden und fanden bei den Eltern zu Hause statt – mit Ausnahme einer Befragten, die mich besuchte. Als weiteres Material standen mir Protokolle der wöchentlichen Elternabende, Programme der Elternseminare, einige Diskussionsvorlagen und Arbeitsgruppenberichte zur

Verfügung, die jedoch für diesen Bericht nicht systematisch ausgewertet wurden.

Da ich selbst zu den Gründern der Elterninitiative gehöre, sind in die Darstellung auch eigene Erinnerungen eingeflossen. Auch die befragten Eltern kannte ich bereits aus dieser Zeit, hatte aber seither nur sporadisch Kontakte zu ihnen. Das Ziel dieser Untersuchung liegt nicht darin, die Aktivitäten und die pädagogische Praxis zu rekonstruieren, sondern verfolgt die Absicht zu erfahren, wie die damaligen Erfahrungen verarbeitet, wie sie in die Biographie integriert wurden und welche Bedeutung ihnen rückblickend zugemessen wird.

Um das jeweilige Gespräch in Gang zu setzen, habe ich kurz den Anlass erläutert und die Frage gestellt: Was fällt euch als erstes ein, wenn der Name Freie Kinderschule fällt? Weitere Vorgaben habe ich nicht gemacht. Danach entwickelte sich das Gespräch überwiegend zwischen den Paaren, und es wurde von mir nur wenig durch Zwischenfragen gelenkt. Allerdings achtete ich darauf, dass sich die Eltern zu den folgenden, mich besonders interessierenden Fragen äußerten:

(1) Welche Motive hatten die Eltern, sich in einer Elterninitiative zusammenzuschließen?
(2) Welche Wertvorstellungen wollten sie bei der Erziehung ihrer Kinder realisieren?
(3) Wie bewerten die Eltern rückblickend die Zusammenarbeit in der Elterngruppe?
(4) Welchen Einfluss hatte die „Kinderschulzeit" auf die Einstellungen und Entwicklung der Eltern?
(5) Welche Bedeutung messen sie rückblickend den über die Kinderschule hinausgehenden pädagogischen und politischen Aktivitäten bei?

Die befragten Eltern

Rose und Kurt

Rose und Kurt stammen beide aus Halle. Rose hat in der ehemaligen DDR eine Ausbildung zur Volksschullehrerin gemacht und nach ihrer Übersiedlung in die Bundesrepublik 1955 ein Aufbaustudium zur Technischen Lehrerin absolviert. Nach dem zweiten Staatsexamen – sie war zum zweiten Mal schwanger – hörte sie auf zu arbeiten. Zeitweilig hat sie als Tagesmutter gearbeitet. Rose war zu der Zeit, als die Kinderschule gegründet wurde, nicht berufstätig, aber zunehmend unzufrieden mit ihrer Hausfrauenrolle. Sie begann Mitte der siebziger Jahre mit dem Pädagogik-Studium, das sie mit dem Diplom abschloss. Sie war Fachberaterin für die Kindertagesstätten in Eschborn und später arbeitete sie bei Pro Familia. Kurt ist Jurist und war bei der

Gründung der Elterninitiative bereits Richter und wurde 1974 Vorsitzender Richter einer Strafkammer. Sie haben drei Kinder, von denen die beiden jüngeren die Freie Kinderschule und den Schülerladen besucht haben.

Almut und Peter

Almut ist gelernte Hauswirtschaftsleiterin, hat ihren Beruf jedoch nie ausgeübt, weil sie sehr jung war, als ihre beiden Kinder geboren wurden. Während der Kinderschulzeit hat sie in Abendkursen die Hochschulreife erworben. Sie hat sich politisch in der Ökologiebewegung und in der SPD engagiert, war zwanzig Jahre lang in der Gemeindevertretung tätig und schließlich ein Jahr lang Abgeordnete des Hessischen Landtages. Almut verfügt über eine außerordentlich schöne Stimme und singt in ihrem Chor die Solopartien. Peter war Journalist bei einer Tageszeitung und ebenfalls vielfältig in Bürgerbewegungen engagiert. Er hat sein Hobby der Holzbearbeitung fortentwickelt und ist heute ein anerkannter Kunsthandwerker auf seinem Gebiet. Zeitweilig haben sie mit ihren beiden Kindern in einer Wohngemeinschaft gelebt. Später haben sie noch einen Pflegesohn aufgenommen und erzogen.

Petra und Horst

Petra und Horst stammen aus Norddeutschland und sind beide im Erstberuf Chemielaboranten. Petra fand nach Abschluss der Lehre bei ihrer Firma keine Anstellung in dem erlernten Beruf. Man bot ihr jedoch eine Anstellung im Büro an. Nach der Geburt der ersten Tochter gab sie ihre Anstellung auf, jedoch hat sie weiterhin stundenweise Schreibarbeiten übernommen, als Tagesmutter gearbeitet und schließlich eine Halbtagsstelle übernommen. Mit der Einschulung der älteren Tochter musste sie diese aufgeben, weil der Stundenplan so unregelmäßig war. Als die zweite Tochter in die Schule kam und die Eltern für ihre Kinder den Schülerladen gegründet hatten, nahm Petra an der Universität eine Halbtagsstelle als Sachbearbeiterin auf. Horst erkrankte 1970 so schwer an einer Allergie, dass er den erlernten Beruf nicht weiter ausüben konnte, sondern sich zum wissenschaftlichen Mitarbeiter für Informationstechnologie ausbilden ließ. In der Kinderschulzeit hatte er folglich sehr starke berufliche und gesundheitliche Belastungen zu verkraften. Horst und Petra sind bis heute in Initiativen ihrer Gemeinde tätig und arbeiten seit einiger Zeit in einem Entwicklungshilfeprojekt mit. Ihr gemeinsames Hobby ist die Fotografie. Beide Töchter besuchten die Freie Kinderschule und anschließend den Schülerladen.

Minna und Robert

Minna ist Grundschullehrerin und hat mit einer dreijährigen familienbedingten Unterbrechung stets eine volle Stelle gehabt. Sie ist eine engagierte Pädagogin und hat diese Kompetenz in die Kinderschule eingebracht, aber durch die Diskussionen mit anderen Eltern auch ihre Berufsrolle stark reflektiert. Robert ist Physiker. Beide waren in hohem Maße in der Kinderschule engagiert. Ihre beiden Söhne besuchten die Kinderschule und im Anschluß daran den Kinderladen. Insgesamt waren Minna und Robert etwa acht Jahre in der Kinderschule bzw. im Schülerladen aktiv.

Gerlinde

Gerlinde ist Lehrerin, hat aber nach der Geburt ihrer Zwillingstöchter ihre Berufstätigkeit aufgeben müssen. Die beiden Mädchen haben die Kinderschule nur fünfzehn Monate lang besucht, da die Familie für drei Jahre nach Südafrika ging. Die schon zuvor konfliktreiche Ehe scheiterte, und Gerlinde hat ihre Kinder allein großgezogen. Nach ihrer Rückkehr aus Südafrika hat sie ihre Tätigkeit als Lehrerin wiederaufgenommen und in einer Gesamtschule unterrichtet. Aus gesundheitlichen Gründen ging sie vorzeitig in den Ruhestand uns arbeitet seither freiberuflich als Gemälderestauratorin.

Auswertung der Gespräche

Verklärung der Vergangenheit?

Für die befragten Eltern lag die Kinderschulzeit zwischen fünfundzwanzig und dreißig Jahre zurück, und es stellte sich die Frage, was davon ist in Erinnerung geblieben und was ist durch den zeitlichen Abstand nicht mehr präsent? Die befragten Eltern selbst stellten sich diese Frage. Sie meinten, dass ihnen vor allem das Positive in Erinnerung geblieben und dass das, *„was man an emotionalen Aufregungen hatte"*, aus dem Gedächtnis geschwunden sei. Einer der befragten Väter dachte darüber nach, *„welche Nachteile es gebracht haben könnte."* Aber ihm fiel nichts dazu ein. Seine Frau nannte als erstes die *„schönen Parties und Tanzabende"*, die es neben der gemeinsamen Arbeit gegeben habe. *„Na gut, ich denke man sehnt sich immer so ein bisschen zurück zu seinen jugendlicheren Erlebnissen."* Auch wenn in den Gesprächen gelegentlich die Kinderschulzeit ein wenig verklärt wird, so reflektieren doch alle Gesprächsteilnehmer sehr ernsthaft ihre damaligen Erfahrungen und versuchen abzuschätzen, welchen Einfluss diese Zeit auf sie und ihre Kinder hatte und was ihre Beweggründe waren, sich so langfristig in der Initiative und für die Kinderschule zu engagieren.

Motivation für das Engagement in der Elterninitiative

Anfang der siebziger Jahre gab es nur für etwa ein Drittel aller Kinder zwischen drei und sechs Jahren einen Kindergartenplatz. Besonders fühlbar war dieser Mangel in der Trabantenstadt Schwalbach-Limes, wo die befragten Eltern lebten. Dort wurden nur die fünfjährigen Kinder in Kindergärten aufgenommen, um ihnen vor Schulbeginn Gruppenerfahrungen zu ermöglichen und sie zu fördern. So ist es nicht verwunderlich, dass alle Eltern auf diesen Mangel verwiesen und ein Motiv auch darin lag, durch Eigeninitiative für ihr Kind eine Vorschuleinrichtung zu schaffen. *„Es blieb einem auch gar nichts anderes übrig"* sagte Horst, *„als selbst aktiv zu werden. Wir waren ja gezwungen letzten Endes, weil damals die Kindergartensituation eine ganz schlechte war. Wir sind in diesen Prozess hineingezwängt worden, durch die äußeren Umstände."*

Auch Gerlinde war auf der Suche nach einem Kindergartenplatz, weil sie wieder in den Schuldienst zurückkehren wollte, als *„mein Ex-Mann von dieser Kinderschule in Kronberg in der Zeitung las. ... Wir waren dann bei einem der nächsten Elternabende dort. Ja, bei mir ist sofort der Funke übergesprungen ... Ich fand die Leute alle toll. Und für mich war dann sofort klar, ja, das möchte ich für meine Kinder und das möchte ich für mich."*

Zu den wenigen Glücklichen, die für ihren Sohn einen Kindergartenplatz bekamen, zählte Minna und berichtet: *„Da hatte ich zwar einen Platz in einem evangelischen Kindergarten, da waren dreißig Kinder in der Gruppe und da war er ein Mal und da habe ich gesagt, das kann es nicht sein."* Sie wurde durch die überaus hohe Gruppenstärke motiviert, nach einer Alternative zu suchen. Durch eine befreundete Lehrerin erfuhr sie von der Elterninitiative, die eine kleine Gruppe habe *„und sie sagte, ja, sie haben auch andere Ideen von Erziehung und geh doch mal dahin. Das war so der Auslöser, da hinzugehen."* Hier klingt schon ein weiteres Motiv an, nämlich der Wunsch, die eigenen Kinder anders zu erziehen als man selbst erzogen wurde. Es war Minna noch nicht klar, was sie anders machen wollte, aber *„ich war nur sicher, ich will was anders machen."*

Auch Almut begründet ihr Engagement in der Elterninitiative inhaltlich-pädagogisch: *„Ja, ich war damals schon ein bisschen sensibilisiert durch den Film von Gerhard Bott. Das war nämlich vorher. „Erziehung zum Ungehorsam". Den habe ich gesehen und fand den unheimlich spannend, das war für mich wie ein Blitzschlag! Das kam parallel zu der Anregung, ob wir so etwas nicht für uns selber machen. Jedenfalls habe ich diesen Film gesehen und gesagt: Richtig, das ist ja grauenhaft, was mit den Kindern gemacht wird. Dass ich ein bisschen anders war als die meisten, weiß ich allein daher, ich habe von vornherein als ich schwanger war gesagt, das Kind wird gestillt. Nicht so wie die anderen Frauen, die nach zwei Wochen abstillten. Sie wollten ja alle nicht! Die waren auf Milupa geeicht. Das war so der Anfang, das war so ein*

bisschen Avantgarde ... *Ich hatte meine Fühler schon ausgestreckt, dass ich was anders machen wollte, dass ich also nicht in dem alten Trott, mich da behandeln lassen wollte, sondern ich wollte selber handeln. Insofern kam das alles meiner eigenen Vorstellung entgegen".* Peter stimmt dem zu: *„Der Boden war reif!"*
Ungefähr das gleiche sagen auch Petra und Horst:
Petra: *„Der Trend ist vorhanden. Man sucht sich nur seine Gruppe, weil man weiß, alleine schafft man es nicht. In der Gemeinschaft ist es einfacher."* Horst: *„Man sucht sich so seinesgleichen."* Petra: *„Ja, und dann ist man auch aktiv dabei."*

Ausschlaggebend für die Bereitschaft, in der Elterninitiative mitzuarbeiten, war also einerseits der Mangel an Kindergartenplätzen in kommunalen und kirchlichen Einrichtungen, deren hohe Gruppenstärke sowie der meist noch diffuse Wunsch, die eigenen Kinder anders erziehen zu wollen.

Lust auf Politik

In der Elterngruppe sammelten sich vor allem diejenigen, die politische Veränderungen wollten:
Horst: *„Das war ja Aufbruch nach Adenauer, das muss man auch sehen. Die Hoffnung auf Willi Brand, eine völlig neue Ära. Auch ein anderes Demokratieverständnis, und all das hat man da reingesteckt. Auch ein politischer Versuch."* Petra: *„Ja, protestieren sind wir gegangen, auf die Straße sind wir gegangen. Das glaube ich, würden unsere Kinder heute nicht machen."* Horst: *„Das ist die Jugend allgemein."* Petra: *„Immerhin haben wir es versucht, ob es etwas bewirkt hat, weiß ich nicht. – Startbahn West sind wir ein paar mal gegangen. Wo waren wir noch? Jugendhäuser, na, wie nannte sich das denn damals? Kleine Klassen hier in Schwalbach. Für ein Jugendhaus in Schwalbach."* Horst: *„Es ist viel aus der Elterngruppe an politischer Bewegung..."* Petra: *„Es war auch ein Motor, in die Parteien zu gehen. Da waren wir nicht dabei."* Horst: *„Wir haben die Arbeit unterstützt, in Ausschüssen, im Bürgerhaus."* Petra: *„Das Engagement ist erhalten geblieben."* Horst: *„Ich würde schon sagen, dass es gefördert worden ist. Einfach wegen bestimmter Anzahl Gleichgesinnter, die in Gruppen auftreten können und dann eine gewichtige Stimme haben. Das hat man hier in Schwalbach gesehen. Dann fühlte man sich bestätigt, weil eine Rückkoppelung dann einsetzt, dass man dann weiter und mehr von sich auch geben will."*

Auch Almut betont die Bedeutung dieser Zeit für die Entwicklung ihrer politischen Haltung:
Almut: *„Die Kinderschulzeit war eigentlich entscheidend für die Weckung meines politischen Interesses. Dass ich also Gesellschaftspolitik kennengelernt habe, oder eben auch mir vorgestellt habe, ich bin ein Teil, ein*

Rädchen in diesem Ganzen und kann etwas bewegen und dass ich auch gern mitmachen wollte und ich dann diese zwanzig Jahre Gemeindevertretung dann ja auch hinter mich gebracht habe. Das habe ich als eine sehr wichtige Zeit empfunden. Und dann noch als Abschluss dieses knappe Jahr im Landtag. Das war bestimmt eine Folge davon, denn wir waren ja politisch. Wir haben es vielleicht überschätzt, die Wirkung dessen, was wir mit unserer Erziehung bewirken konnten, aber es hat jedenfalls uns alle ganz schön bewegt. Einmal, dass ich mehr Lust auf Bildung gekriegt habe, und auf der anderen Seite, dass ich mehr Lust auf Politik gekriegt habe. Das war ja auch ein Phänomen, dass wir dann in großen Scharen in die SPD eingetreten sind. Das wir da den Verband in Schwalbach fast mehrheitlich übernommen haben.... Ja, das war schon ziemlich entscheidend, ohne diese Elterninitiative mit lauter engagierten Menschen, mit interessierten Menschen und offenen Menschen für neue Sachen, wäre mein Leben anders verlaufen. Das hat schon ganz gewaltigen Einfluss gehabt. Ich kann mir gar nicht vorstellen, wie das gewesen wäre als ganz normale, brave Hausfrau zu Hause rumhängen ohne Anregung. Das kann ich mir überhaupt nicht vorstellen."

Peter: *„Mir fällt eigentlich nur ein, dass ich jede Gelegenheit nutze, um darüber zu berichten, auch ungefragt, wenn es sich ergibt. Hier in Wehrheim habe ich initiiert eine Initiative „Bespielbares Dorf", weil ich festgestellt habe, dass die Kinder von der Dorfpolitik immer vergessen werden. Da konnte ich eben zurückgreifen auf die Erfahrungen vor fünfundzwanzig oder dreißig Jahren und ich bin immer ziemlich stolz auf das, was wir alle damals gemacht haben. Ich denke, für mein Leben war das wichtig und ich erzähle es sehr stolz immer meinen Kindern, falls die danach fragen – in letzter Zeit fragen die mal danach, weil sie selber Kinder haben."*

Etwas zurückhaltender äußerten sich zu der Politisierung der Eltern Minna und Robert, die von sich sagten, dass sie eine *„diffus linke Einstellung"* hatten. Ihrer Meinung nach trugen die noch jugendlichen Bezugspersonen zur Politisierung wesentlich bei: Die ideologischen Debatten wurden auch von Kurt eher zurückhaltend kommentiert. Er habe das damals mit getragen, müsse im Rückblick aber fragen, ob das, was man damals gedacht hat, wohl richtig gewesen sei. Wenn man allerdings etwas bewegen wolle, dann *„gibt es ja immer so eine Welle, die schwappt erst einmal über den Tellerrand, dann beruhigt sie sich wieder. Aber es ist etwas bewegt worden damit. Das denke ich schon. Es ist etwas bewegt worden."*

Lust auf Bildung

Die siebziger Jahre waren für viele jungen Frauen damals die Zeit des Aufbruchs. Viele Frauen aus der Elterninitiative haben ein Studium oder eine Arbeit aufgenommen. Das galt auch für Rose. *„Sagen wir mal so bis 68 fand* *ich meine Rolle gut. Wir hatten eine schöne Wohnung, er hat richtig Geld verdient, die Kinder waren toll, also, da war ich auch so richtig traditionell Hausfrau und Mutter. Ist doch okay, hat Spaß gemacht und ich mach ja auch gern viel mit der Hand. Ich hab schon immer gern gekocht, ich näh noch heute gern, ich stricke auch heute noch Pullover für die Enkel, das habe ich auch damals für die Kinder gemacht. Also fand ich alles okay. Dann irgendwann habe ich so gemerkt, also schon vor der Kinderschulzeit, also da fehlt was. Das war sehr merkwürdig; ich denke, das ist wirklich typisch für unsere Generation, dass ich es erst einmal so gar nicht in den Griff kriegte und verbalisieren konnte. Zumal mir alle immer sagten, ich solle glücklich sein, ich hätte einen guten Mann und inzwischen drei gesunde Kinder."* Es war für sie nicht leicht, sich aus der traditionellen Rolle zu befreien und ein Studium aufzunehmen. *„Also meine Mutter konnte das nie verstehen, dass ich dann noch einmal studierte, und fand auch, dass ich die Kinder vernachlässige, was mich sehr gekränkt hat. Weil ich das eigentlich ungerecht fand. Und so von allen Seiten hab ich das schon so zu spüren gekriegt. Was will die? Er verdient genug und so. Ich denke, da hat die Kinderschule einem so ein bisschen Rückhalt gegeben."*

Almut hat mit drei weiteren Frauen aus der Kinderschule das Seminar für Politik besucht, um die Studienberechtigung zu erwerben. *„Da war ne Dynamik drin, die über die Kinder hinausging. Auch ein bisschen feministische Ideen. Dass man sich als Frau auch als etwas Vollwertiges sah, aber auch merkte, so da musst du auch ein klein bisschen mehr an Substanz kriegen, wenn du dem Stand halten willst. Du meine Güte, ich hatte einen Beruf gelernt, ihn aber nie ausgeübt. Ich habe die Kinder gekriegt, sehr früh und ich konnte mich noch nicht so richtig wahrnehmen als jemand, der etwas zu bieten hatte. Das hat auch sehr lange gedauert."* Übereinstimmend sagen alle Frauen, dass auf ihr Leben die Kinderschulzeit mehr Einfluss hatte als auf das ihrer Männer. Durch gegenseitige Unterstützung in der Kinderbetreuung – auch außerhalb der Betreuungszeiten – gewannen sie den Freiraum, den sie zu ihrer Entwicklung brauchten. Konflikte, die es dadurch zwischen den Partnern gegeben haben mag, wurden nicht angesprochen, wobei ich den Eindruck gewonnen habe, dass diese Frage zwischen den Paaren längst geklärt wurde, denn auch die Männer haben sich durch den emanzipatorischen Prozess der Frauen verändert.

Zusammenarbeit und praktische Solidarität

Uneingeschränkt positiv sehen alle Befragten den Zusammenhalt der Eltern untereinander und die Freundschaften, die in dieser Zeit entstanden. Minna und Robert sagen, die Kontakte der Eltern untereinander ist das, *„was wirklich überdauert hat."* Auch Petra nennt als erstes *„die schöne Zusammenar-*

beit unter den Eltern, der große Kreis, der sich um die Kinder geschlossen hat, diese Freundschaften in alle Richtungen, das würde ich immer noch positiv sehen. Guck mal, als ich kein Auto hatte, sagte die Rose, ja bringe die Kinder zu mir, gar kein Problem, und sie hat sich dann darum gekümmert, dass sie in die Kinderschule gefahren wurden."

Für Kurt war es „eigentlich weniger eine Kinderschule als eine Elternschule. Ich weiß nicht, ob ich ohne die Kinderschule mit meinen Kindern anders umgegangen wäre, wie ich dann umgegangen bin. Das ist schwer zu beurteilen. Aber ich denke schon, dass ich über mich selber so' ne ganze Menge gelernt habe. Deswegen sage ich immer, wenn ‚Kinderschule' fällt, denke ich, es war für mich eine Elternschule."

Auch Peter sieht rückblickend, dass sich die Erwachsenen verändert haben: Wenn er anfangs geglaubt habe, bei den Kindern mit der Erziehung beginnen zu müssen, weil die Erwachsenen „nur beschränkt veränderbar" seien, so sei dies ein Irrtum gewesen. „Denn auch in der Kinderschule, im Kinderladen, da haben wir uns wechselseitig, nämlich die Erwachsenen ganz schön verändert und sind natürlich auch bunt durcheinander gewürfelt worden – voneinander lernen, miteinander lernen, miteinander lernen zu streiten, was man heute Streitkultur nennt, auf diesen endlosen, langen, nervenden Elternabenden, die aber alle meist einen krönenden Abschluss fanden in der Kneipe."

Für Gerlinde war es vor allem die Erfahrung, dass sie von den anderen Eltern so angenommen wurde, wie sie war. „Da fand ich nun plötzlich Leute 'whau', die dachten und fühlten nicht nur so wie ich, sondern die sprachen auch darüber. Und da habe ich mich so wohl gefühlt, ich habe mich so zu Hause gefühlt. Auch heute noch nach diesen dreißig Jahren, waren diese fünfzehn Monate mit der Kinderschule – jetzt fang ich ja an zu heulen – waren die schönsten meines Lebens."

Die intensiven Diskussionen auf den Elternabenden führten zu gruppendynamischen Prozessen, in denen die Selbst- und Fremdwahrnehmung sowie die Wechselbeziehung zwischen familialen Problemen und dem kindlichen Verhalten bearbeitet wurden. In diesen Diskussionen sollten sich die Eltern öffnen, ihre inneren Konflikte offenbaren, um sie gemeinsam in der Gruppe zu bearbeiten. Dies führte zu heftigen emotionalen Reaktionen, teilweise auch zur Abwehr. Daher waren diese Diskussionen oft für die jeweils Betroffenen schwer auszuhalten. Ein Beispiel hierfür ist der kurze Bericht von Minna, in dem sie die Schmerzhaftigkeit auf der einen Seite, aber auch die Hilfe, die ihr zuteil wurde, beschreibt:

„Das war unheimlich wichtig. Es gab auch schmerzhafte, ich denke an manche Abende, wo ich heulend nach Hause kam, wo ich am Abend völlig fertig war, weil man auch ganz nahe Themen auch diskutiert hat und versucht hat, sich darüber auch klar zu werden. Warum reagiere ich jetzt so oder warum reagiert Henning jetzt so. Und eben immer auch das Einbeziehen des Partners. ... Oder mir war klar, das Kind hat große Schwierigkeiten, was ist so mein Anteil oder was kann ich jetzt tun, oder wie kann man damit jetzt umgehen, dass das Kind wieder fröhlicher wird oder auch von diesem schwierigen Verhalten wegkommt. Das fand ich auch sehr heftig. Auf der anderen Seite war es dann auch eine Hilfe, wenn man sich ausgetauscht hat oder dass man auch von den andern Eltern Hilfestellung bekam. ... Für mich waren das dann schon heftige Diskussionen. Ja, das war ich auch so gar nicht gewöhnt, so über meine Gefühle oder über mein Inneres so zu reden. Obschon das auch wichtig war. Dass man das aussprechen konnte, auch wenn es manchmal schmerzlich war, aber ich habe ja dann auch gemerkt, ich kriege ja auch was wieder. Ich muss jetzt keine Angst haben, dass ich jetzt in die Pfanne gehauen werde."

In der Elterngruppe entwickelten sich auch verschiedentlich neue Paarbeziehungen, zu denen Peter rückblickend lakonisch meinte, dass *„die Eltern alle noch einen spätpubertären Johannestrieb bekommen"* hätten. Seine Frau ergänzt: *„Ich war ja durch meine Erziehung relativ verklemmt. Wenn ich so an sexuelle Erfahrungen denke, die ich nun keineswegs hatte und dann auf einmal hörte, dass sich so viel davon ableiten soll in psychoanalytischer Hinsicht, meine Güte, was hab ich mich da also doof gefühlt! Ich habe ein etwas unbefangeneres Verhältnis eigentlich erst im Lauf der Zeit dazu gekriegt. Das war für mich sicherlich ganz gut. Nun, das hatte auch was mit der Zeit zu tun. Das war ja nun die Zeit, in der Freiheit für alle propagiert wurde und gerade in sexueller Hinsicht. Ich hab's sicher nicht gewaltig übertrieben, das in die Tat umzusetzen. Daß ich das vom Sockel gestoßen hab', dass das irgendwas Heiliges, weit über mir stehendes sei, das war schon ganz gut. Sonst wäre ich dran kaputtgegangen an dem Konflikt, dass rund um mich doch eine ganze Menge sich abspielte mit Partnertausch und mit all dem. Das hat sich dann auch wieder gelegt. Aber es war mal 'ne Zeitlang ziemlich intensiv."*
Peter: *„Da kann ich nichts mehr hinzufügen."*

Pädagogische Überlegungen

Es ist auffallend, dass im Rückblick nur wenige der damaligen pädagogischen Konzepte und Erfahrungen angesprochen wurden. Als wichtig wurde erachtet, dass Kinder in selbstbestimmten Gruppen aufwachsen, lernen, sich solidarisch zu verhalten und ihre Bedürfnisse frei äußern und selbst regulieren können. In Anlehnung an Neill wünschte man auch das Glück der Kinder. Petra nannte als einzige das folgende konkrete Beispiel:

Petra: *„In Erinnerung ist mir noch der Rolf Schneider (erste Bezugsperson), der in den Wald gegangen ist. Das entspricht den heutigen Waldkindergärten. Der ist nach außen gegangen. Hat die Kinder genommen, irgendwo spazieren und hat dann erzählt, hat dann auch aufgenommen, hat fotogra-*

fiert. Stehen um eine Pfütze herum, dann durften sie durch die Pfützen laufen. Diese Freiheit, die die Kinder gespürt haben. Fand ich schon toll."
Horst: *„Letzten Endes war das eine Freiheit, die wir nach dem Krieg in den Trümmerfeldern auch hatten. Wir durften alles machen, es war ja keiner da (beide)."*
Im allgemeinen wurden die pädagogischen Diskussionen auf den wöchentlich stattfindenden Elternabenden geführt. Daneben aber gab es auch noch gelegentlich Wochenendseminare und Arbeitskreise. Zu dem Konzept gehörte es auch, dass sich die Väter der Teilnahme an den Elternabenden nicht entziehen sollten, und dies in der Regel auch nicht taten. Für die voll berufstätigen Väter waren dies hohe Anforderungen, die sehr belastend waren und Horst sagt im Rückblick, er wäre *„den einen oder anderen Abend gerne zu Hause geblieben."* Unabhängig von den individuellen Voraussetzungen sollten sich alle Eltern mit der Theorie und Praxis frühkindlicher Erziehung beschäftigen.

Die noch sehr vagen pädagogischen Ideen sollten durch die Aufarbeitung von pädagogischer und psychoanalytischer Literatur mit Inhalt gefüllt werden. Diese Seminare wurde von allen Gesprächsteilnehmern als bereichernd dargestellt, weil sie, wie Gerlinde es ausdrückte, intellektuell gefordert und gefördert wurden. Dies sei auch für ihre Praxis als Lehrerin wichtig gewesen. Sie habe gelernt, *„dass wir als Erwachsene versuchen müssen, jedem Individuum den Raum zu geben, den es braucht, um sich und seine Anlagen zu entwickeln. ... Und das war auch das, was ich versucht habe umzusetzen, jeden dieser Schüler als ein Individuum zu sehen und nicht da so zu feilen und zu schubsen bis sie alle in das System passen."* Und Peter meinte, dass er ohne Kinderschule nie Wilhelm Reich gelesen hätte. Alle Befragten sind sich darin einig, dass die theoretische Diskussion weit entfernt war von den Problemen der pädagogischen Praxis. Über die Versuche von einem Studenten, der zeitweilig als Bezugsperson gearbeitet hat, Einfluss auf die Eltern zu nehmen, sagte Minna:

„Da mussten wir uns immer mit sozialistischer Erziehung befassen. Das war jetzt der neue Wegweiser. Da haben wir Elternabende lang das Konzept diskutiert und überlegt, was man da jetzt als Gruppe in diese Kinderladenarbeit einbauen könnte, also dass die Gruppe wichtig ist und nicht das einzelne Individuum, ja und wie man das also jetzt lösen will."

Robert: *„Solche Konzepte haben sich wie Modewellen so abgelöst und waren im Rückblick, muss ich dazu sagen, waren auch zu trocken und theorilastig. Wenn man sich einfach eine pragmatische Arbeit mit Kindern vorstellt, dann war das im Grunde drei Stufen zu hoch, was da von diesen einzelnen Strömungen an Theorie geliefert wurde."*

Resümee

(1) *Welche Motive hatten die Eltern, sich in einer Elterninitiative zusammenzuschließen?*

Betrachten wir abschließend die Motive der Eltern, die Freie Kinderschule zu gründen und auch schwierige Phasen zu überwinden, so ergab die Auswertung der Gespräche, dass das Fehlen von Kindergartenplätzen zwar zunächst ein Motiv hierfür war, dass aber mit der Dauer des Engagements alternative pädagogische Vorstellungen bestimmend wurden.

(2) *Welche Wertvorstellungen wollten sie bei der Erziehung ihrer Kinder realisieren?*

Die Eltern sind überwiegend der Meinung, dass ihre Kinder die ihnen von Eltern und Kinderschule vorgelebten Werte von Solidarität und Hilfsbereitschaft übernommen haben und diese auch an ihre Kinder weitergeben. Sie halten deshalb auch für wichtig, dass eine möglichst große Übereinstimmung zwischen den Wertvorstellungen der Eltern und den in der Kinderschule vermittelten Werten und Normen herrscht. Wobei sie allerdings die damals erhobenen Forderungen, dass diese gänzlich übereinstimmen müßten, rückblickend für überzogen halten.

(3) *Wie bewerten die Eltern rückblickend die Zusammenarbeit in der Elterngruppe?*

Uneingeschränkt positiv sehen die Befragten die Zusammenarbeit mit anderen Eltern und die Freundschaften mit ihnen, die sich damals entwickelten. Man hat miteinander und voneinander gelernt. Kurt drückt es pointiert aus, indem er sagte, dass es für ihn weniger eine Kinderschule als vielmehr eine Elternschule gewesen sei. Hinzu kam die bindende Kraft der Elterngruppe, die den einzelnen Müttern und Vätern Rückhalt und Unterstützung gewährte und offenbar auch die Identifikation mit dem gemeinsamen Projekt förderte. Die heftigen ideologischen Debatten, die zeitweise die Elternabende dominierten, werden jedoch im Nachhinein belächelt oder gar als „kabarrettreif" bezeichnet.

(4) *Welchen Einfluss hatte die „Kinderschulzeit" auf die Einstellungen und Entwicklung der Eltern?*

Eine unerwartet große Bedeutung maßen die Mütter der Kinderschule für ihre eigene Entwicklung bei. Da gab es eine Mutter, die meinte, sie hätte sich auch ohne Kinderschule emanzipiert, aber wohl auch später und mit weniger Elan. Wohingegen eine andere Mutter sagte, ohne die Erfahrungen in der Kinderschule wäre ihr Leben anders verlaufen. Das gilt nicht nur für die befragten Frauen, sondern auch für viele andere aus dieser Elterninitiative, die studiert haben oder wieder berufstätig geworden sind, wie die Befragten berichteten. Einig waren sich alle Mütter und Väter darin, dass sie die Kinderschulzeit nicht hätten missen wollen.

Keiner der befragten Väter brachte seine berufliche Entwicklung in Zusammenhang mit der Elterninitiative. Ihr Leben hat sich durch die Mitarbeit in dem Projekt Kinderschule nicht so stark verändert wie das der Frauen.

(5) *Welche Bedeutung messen sie rückblickend den über die Kinderschule hinausgehenden pädagogischen und politischen Aktivitäten bei?*

Als wichtig angesehen wurden die durch den Verein veranstalteten Ferienspiele in Kronberg, das Engagement für die Aktion „Kleine Klasse" und für den Bau eines Jugendhauses in Schwalbach. Alle Befragten meinten, dass sie bis heute von den damaligen Erfahrungen profitieren, wenn sie sich heute in neuen Initiativen engagieren. Vier der befragten Elternpaare gaben an, dass sie bis heute fortlaufend an Initiativen beteiligt sind und/oder sich in der Kommunalpolitik beteiligen. Gemeinsam ist allen, dass sie in der Gesellschaft etwas in Bewegung bringen wollen und dass dies auch durch die Kinderschule gefördert wurde. Bei manchen wurde das Interesse an politischer Beteiligung durch die Kinderschule geweckt, andere hatten sich bereits zuvor politisch engagiert.

Literatur

(Aden-)Grossmann, Wilma (1971): Elterninitiativen für repressionsfreie Erziehung. In: Grossmann, Heinz (Hg.): Bürgerinitiativen – Schritte zur Veränderung? Frankfurt a. M., S. 33-53

Aden-Grossmann, Wilma (2002): Kindergarten. Eine Einführung in seine Entwicklung und Pädagogik. Weinheim, Basel

Helling, Jochen (1999): Kinderschule quo vadis? In: Verein für Sozialpädagogische Praxis e. V. (Hg.): 30 Jahre Freie Kinderschule. Redaktion: Pabst, Günter/Contessi, Angela/Nettekoven, Annette. Frankfurt a. M., S. 33

Swoboda, Herbert/Papst, Günther (1999): Kinderschul-Chronik. In: Verein für Sozialpädagogische Praxis e. V. (Hg.): 30 Jahre Freie Kinderschule. Redaktion: Pabst, Günter/Contessi, Angela/Nettekoven, Annette. Frankfurt a. M., S. 10-13

Verein Sozialpädagogische Praxis e. V. (Hg.): 30 Jahre Freie Kinderschule. Redaktion: Pabst, Günter/Contessi, Angela/Nettekoven, Annette. Frankfurt a. M.

Ludwig Liegle

Elternbildung durch einen Elternführerschein?

Elternbildung hat Konjunktur. Damit meine ich nicht die „Dauerkonjunktur", die in der Flut von Elternratgeberliteratur und in der wachsenden Nachfrage von Eltern nach Rat und Hilfe in Erziehungsfragen zum Ausdruck kommt. Ich meine vielmehr die Initiativen zur Elternbildung, die derzeit von Akteuren der staatlichen und nichtstaatlichen Familienpolitik und Kinder- und Jugendhilfepolitik ausgehen: Das Bundesfamilienministerium fördert ein Online-Familienhandbuch „Stärkung der Erziehungskompetenz in der Familie", das vom Staatsinstitut für Frühpädagogik in München erarbeitet worden ist; die Arbeitsgemeinschaft der deutschen Familienorganisationen (AGF) hat im Oktober 2002 zu einer Tagung eingeladen, die im Rahmen des Themas „Zusammenhang zwischen Familien- und Bildungspolitik" Perspektiven der Elternbildung erörtern soll und dabei an ein Gutachten des Wissenschaftlichen Beirats für Familienfragen beim Bundesfamilienministerium „Die bildungspolitische Bedeutung der Familie: Folgerungen aus der PISA-Studie" anknüpft (vgl. Wissenschaftlicher Beirat 2002); in Baden-Württemberg (um ein Bundesland als Beispiel zu nehmen) hat der Landeswohlfahrtsverband Württemberg-Hohenzollern ein Projekt „Kooperation und Dialog mit Eltern" initiiert, und die Liga der freien Wohlfahrtsverbände hat bei der Landesstiftung ein Projekt „Stärkung der Erziehungskraft der Familie durch den Kindergarten" beantragt.

Diese Initiativen können verstanden werden als Antworten auf die Klagen von Erzieherinnen in Tageseinrichtungen und von Lehrerinnen und Lehrern, dass die Kinder immer schwieriger werden, auf die Ausrufung eines „Erziehungsnotstandes" (Gerster/Nürnberger 2001) bzw. einer „Erziehungskatastrophe" (Gaschke 2001) in Familien und auf die schockierenden Befunde der internationalen PISA-Studie, die besagen, dass das schlechte Abschneiden überdurchschnittlich vieler 15-Jähriger in Deutschland nicht zuletzt auf das schwache soziale und kulturelle „Kapital" in den betreffenden Familien zurückzuführen ist (vgl. Deutsches PISA-Konsortium 2001).

In Folgenden erinnere ich daran, dass die Forderung, alle Eltern auf ihre verantwortungsvolle Aufgabe der Kindererziehung vorzubereiten, eine lange Tradition hat, und dass auch die Idee eines Elternführerscheins nicht neu ist. Den Schwerpunkt bildet sodann die Erörterung der Argumente, die für und gegen die Einführung einer Elternbildungspflicht in Gestalt eines Elternführerscheins sprechen.

Anfänge einer systematischen Elternbildung

„Also tun die Eltern ihrem Amt nicht ein Genügen, welche ihre Kinder nur unterweisen, wie sie essen, trinken, gehen, reden, Kleider anziehen sollen und dergleichen, darum, daß diese Dinge nur den Leib angehen, welcher nicht der Mensch selber ist, sondern nur eine Hütte des Menschen; der Hauswirt (das ist die vernünftige Seele) wohnt drinnen, für welche wir mehr sorgen sollen, denn für die äußerliche Hütten unser[er] Wohnung.
Es soll aber niemand denken, daß die Kinder von sich selbst zur Frömmigkeit, Ehrbarkeit und Kunst gelangen mögen ohne fleißige und unnachlässige Mühe und Arbeit, so an sie muß gewendet werden.
[Es] sollen derowegen die Eltern ihrer Kinder Übung nicht auf die Praeceptores und Prediger aufschieben (denn einen krumm gewachsenen Baum gerade zu machen und aus einem verwachsenen Walde einen Baumgarten zu machen, ist fast unmögliche Arbeit), sondern sie müssen selbst mit ihren Kindern recht umzugehen wissen, damit sie also unter ihrer Erziehung an Alter, Weisheit und Gnade bei Gott und Menschen lieblich zunehmen mögen."

Diese Sätze stammen aus einem der ersten Werke der Elternerziehung und der Elternratgeberliteratur, geschrieben von dem Bischof der böhmischen Brüder, Jan Amos Comenius. Der Titel des Buches lautet: „Informatorium der Mutter Schul, das ist ein richtiger und augenscheinlicher Bericht, wie fromme Eltern teils selbst, teils durch ihre Ammen, Kinderwärterin und andere Mitgehülfen ihr allerteuerstes Kleinod, die Kinder, in den ersten sechs Jahren, ehe sie den Praeceptoren übergeben werden, recht vernünftiglich, Gott zu Ehren, ihnen selbst zum Trost, den Kindern aber zur Seligkeit auferziehen und üben sollen." Erscheinungsjahr in tschechischer Sprache: um 1630, in deutscher Sprache: 1633. Es handelt sich hierbei um eines der ersten Bücher für Eltern über Kindererziehung; freilich lässt es sich in eine lange Tradition der Hochschätzung des Kindes und der Erziehung im Christentum sowie im antiken Griechenland und Rom einordnen. Dementsprechend erscheinen auf dem schmuckvollen Titelblatt gleich zwei Leitsprüche: „Lasset die Kindlein zu mir kommen und wehret ihnen nicht, denn solcher ist das Reich Gottes" (Markus 10,14) sowie: „Des ganzen Wohlstands in gemein/Grundfest ist dies einzig allein/dass die aufwachsende Jugend/recht erzogen in der Tugend" (Cicero, in freier Übersetzung von Comenius).

Elternbildung damals und heute

375 Jahre ist es her, dass Comenius sein Elternbildungsbuch geschrieben hat. Damals und heute: Braucht es heute weniger als damals oder braucht es heute noch viel mehr als damals Elternbildung? Vielleicht weniger, denn die Eltern

von heute sind durchwegs viel gebildeter, und die Beachtung und Achtung der Kinder ist größer geworden.

Vielleicht braucht es heute noch dringlicher Elternbildung, denn die Verbindlichkeit von Werten hat abgenommen, die unbefragten Verhaltenssicherheiten sind weithin der Unsicherheit gewichen, das Wissen über Kinder hat sich vervielfältigt, die Einflüsse auf Kinder sind undurchschaubar und unbeherrschbar geworden.

Oder braucht es doch heutzutage weniger Elternbildung, weil Eltern gar nicht mehr als wichtig, die Gene hingegen und die Gleichaltrigen als sehr wichtig gelten (vgl. Harris 2000), und weil Kinder spätestens ab dem Alter von drei Jahren von Professionellen erzogen, gebildet und betreut werden?

Oder braucht es doch Elternbildung heute mehr als damals, weil es für fast alles, was heute in der Gesellschaft getan wird, eine Ausbildung, eine Prüfung, ein Zertifikat gibt, z. B. auch für den Tagesmutter-Job, wenn er über das Jugendamt vermittelt ist. In dieser vom Geld bestimmten Gesellschaft scheinen nur jene Tätigkeiten vom Erfordernis einer Ausbildung ausgenommen zu sein, die nicht bezahlt werden: das Ehrenamt und Elternschaft. Aber nicht einmal das Kriterium der Bezahlung ist ganz treffend; denn auch für das Autofahren, das im Normalfall nicht bezahlt wird, bedarf es eines Zertifikats.

Für Comenius waren alle diese Argumente zweitrangig und wären es für ihn vermutlich auch heute noch. Sein Gedankengang ist einfach: Kinder sind unser höchstes Gut; sie brauchen eine gute Erziehung, um zu guten Menschen werden zu können; da aber Eltern nicht von Natur aus gut erziehen und viele Eltern tatsächlich nicht gut erziehen, müssen Eltern zu dem verantwortungsvollen Amt der Erziehung angeleitet werden. Das klingt auch heute noch plausibel. Wir würden allenfalls hinzufügen, dass das, was Eltern in Sachen Erziehung gut oder nicht so gut machen, nicht nur für die Kinder selber folgenreich ist, sondern für die Gesellschaft im Ganzen. Denn Kinder sind die zukünftigen Erwachsenen, sie bilden die Zukunft des „Humanvermögens" (vgl. Bundesministerium 1994); die Qualität ihrer in der Familie erfahrenen Erziehung begründet das kulturelle und soziale „Kapital", das sich dann, wie die PISA-Studie gezeigt hat, im Schulerfolg niederschlägt (vgl. Deutsches PISA-Konsortium 2001, Kapitel 8), der seinerseits die Grundlage für die Sicherung des Wirtschaftsstandorts Deutschland bildet.

Elternbildungspflicht in Gestalt eines Elternführerscheins

Es gibt also gute Gründe für die Forderung nach einer Ausbildung aller Eltern zur Elternschaft. Wie aber lässt sich eine solche Forderung umsetzen? Ich will dieses Problem am Beispiel eines bestimmten Modells: der Einführung eines „Elternführerscheins" diskutieren. Die Wahl dieses Beispiels hat mit

meiner Überzeugung zu tun, dass der Elternführerschein besonders dafür geeignet ist, die Visionen einer Elternbildungspflicht anschaulich zu machen, aber auch die Illusionen, die mit dieser Vorstellung verbunden sind.
  Das Konzept „Elternführerschein" ist nicht meine Erfindung. Es hat vor achtundzwanzig Jahren ein Projekt „Elternführerschein" gegeben, und es waren namhafte Vertreter(innen) der Erziehungswissenschaft, der Psychologie und der Kinderheilkunde an diesem Projekt beteiligt, das vom Bundesministerium für Jugend, Familie und Gesundheit gefördert wurde (vgl. Braumandl/Jansen/Lückert/Nickel/Retter/Süssmuth 1976). Das Zertifikat konnte erworben werden auf der Grundlage der richtigen Beantwortung eines Fragebogens, der sich auf die Inhalte von zwölf Fernsehsendungen zu zentralen Aspekten und Problemen der kindlichen Entwicklung und der Erziehung bezog.

Stimmt die Metaphorik: Führerschein und Elternführerschein?

Der Führerschein, wie wir ihn kennen, bescheinigt zwei Fähigkeiten: die Beherrschung der Trivialmaschine des Automobils und die Beherrschung der Regeln, die für die Führung dieses Gefährts durch die Fährnisse der komplexen Umwelt des Straßenverkehrs gelten, eine technische Fähigkeit also und eine mentale und soziale Fähigkeit.
  Der Elternführerschein, wenn es ihn denn gäbe, würde, wenn wir im Bild bleiben, ebenfalls zwei Fähigkeiten bescheinigen: die Fähigkeit zur Kinderführung und die Fähigkeit, den Umgang zwischen den Mitgliedern der Familie, die alltäglichen Kommunikationsprozesse, den „Familienverkehr" nach vernünftigen Regeln zu gestalten. Die erstgenannte Fähigkeit: Kinderführung entspräche dann der technischen Fähigkeit, das Autofahren zu beherrschen. Kinderführung: Ja, Pädagogik meint im Wortsinn die Lehre von der Kinderführung, Pädagoge meint Kinderführer, Pädagogin Kinderführerin. Der paidagogos im antiken Griechenland war erstens männlich, zweitens nicht Vater, drittens ein Sklave. Wenn Fröbel von Kinderführerinnen spricht, meint er ausgebildete Erzieherinnen. Und im Begriff der Erziehung steckt ethymologisch ebenfalls Führung, abgeleitet aus dem lateinischen Begriff educatio. Kein Wunder also, dass Comenius Cicero zitiert mit seinem Lob auf die educatio, und dass Comenius selber dem Kapitel, aus dem ich zitiert habe, die Überschrift gegeben hat: „Wozu Gott den Eltern Kinder vertrauet und wozu sie dieselben führen sollen." Pädagogisches Handeln, Erziehen – alles scheint also auf Führung hinauszulaufen. Aber: Lassen sich die Führung von Kindern und die Führung von Autos parallel setzen? Kann Kinderführung als techni-

sche Fähigkeit verstanden werden? Kinder sind keine Maschinen, auch wenn Erziehung sie häufig so behandelt, so nämlich, als seien sie, wie Maschinen, konstruierbar und programmierbar, so als seien sie die Produkte unserer erzieherischen Bemühungen. Kinder sind aber keine Maschinen. Sie sind, mit Pestalozzi geredet und auch mit Rekurs auf neueste Erkenntnisse der Psychologie und Biologie, Werk der Natur (Comenius würde sagen: Geschöpf Gottes, der Biologe würde sagen: Produkt der Evolution sowie der zufällig kombinierten Gene seiner Vorfahren), zweitens Werk der Gesellschaft und drittens Werk ihrer selbst, d.h. also: Sie sind eben nicht nur Produkt, sondern selber Produzenten. Und zu diesem Produzentsein befähigt sie zum einen die biologische Ausstattung, zum anderen die Gesellschaft vermittels der Anregung jener nicht-genetischen Lernprozesse, die wir Erziehung nennen. Das auf Elternschaft übertragene Bild vom Führerschein ist also problematisch. Es gibt zwar Erziehungsformen oder sogar Erziehungstechniken, aber es gibt keinen kausalen Zusammenhang zwischen der Technik der Erziehung und dem „Funktionieren" des Kindes. Ob Absicht und Erfolg übereinstimmen, liegt nicht nur am Willen der Eltern, sondern auch am Willen des Kindes. Man hat in diesem Zusammenhang vom prinzipiellen Technologiedefizit der Erziehung gesprochen (vgl. Luhmann/ Schorr 1979).

Was die zweite Fähigkeit: die Gestaltung der Kommunikation in Familien nach vernünftigen Regeln betrifft, so scheint hierbei die Metapher des Elternführerscheins nicht ganz so problematisch zu sein. Denn schließlich handelt es sich auch im Straßenverkehr um eine Art Kommunikation, und zwar nicht zwischen Autos, sondern zwischen Menschen, die Auto fahren sowie zwischen motorisierten und nichtmotorisierten Verkehrsteilnehmern.

Ein zweiter Gedankengang zur Metaphorik Führerschein/Elternführerschein: Die durch den Führerschein bescheinigte Fähigkeit zum Autofahren wird offensichtlich in keiner Weise durch die Tatsache eingeschränkt, dass wir vom Innenleben des Autos so gut wie nichts verstehen. Unsere technische Fähigkeit des Autofahrens steht in keinem Zusammenhang mit unserem Technik-Wissen. Derjenige, dem die Funktionsweise der Diesel-Einspritzung ein Rätsel ist, unterscheidet sich in seiner Fahrtüchtigkeit nicht von demjenigen, der dies ausnahmsweise durchschaut. Wenn das Auto Probleme macht, bringen wir es in die Werkstatt. Der Führerschein hat uns nämlich nicht zu Auto-Experten gemacht. Für Auto-Expertentum gibt es eine eigene Ausbildung und ein eigenes Zertifikat.

Der Elternführerschein hingegen wäre überflüssig, wollte er zur Kinderführung befähigen, ohne gleichzeitig zum Verstehen, oder vielmehr zu einem besseren Verstehen des Innenlebens des Kindes befähigen zu wollen. Denn das Eine – Kinderführung, Erziehung – ist zum Scheitern verurteilt ohne ein Verstehen oder vielmehr das Bemühen um ein Verstehen des Anderen – des Innenlebens des Kindes. Erziehen/Erziehung meint immer Umgang zwischen einer bestimmten Person und einer anderen bestimmten Person in einer konkreten Situation, unvergleichbar mit dem Umgang zwischen Mensch und Maschine. Dieser im Vergleich zum Führerschein sehr hohe Anspruch an den Elternführerschein ist nicht so unrealistisch, wie es auf den ersten Blick erscheinen könnte. Denn wir verstehen prinzipiell von Autos viel weniger als von Kindern. Das hat damit zu tun, dass keiner von uns ein Auto, aber jeder von uns ein Kind gewesen ist. Wir und die Kinder gehören derselben Spezies: Mensch an. Dass wir Kind gewesen sind, bedeutet, dass es in uns ein Kind gibt und wir uns annäherungsweise in das Kindsein zurückversetzen, hineinversetzen können; das geschieht elaboriert in jeder Autobiographie, ansatzweise in jeder Selbstreflexion „Wie bin ich geworden, der ich bin?" Dass wir Kind gewesen sind, bedeutet auch, dass wir erzogen worden sind, Erziehung am eigenen Leib erfahren haben, Zeugen von Erziehung gewesen sind und über uns als Früchte, vielleicht als Opfer von Erziehung nachdenken können. Diese Erfahrung von Kindsein, von Erzogen-Werden und Bemuttert- und Bevatertwerden kann als Rahmenbedingung für die Selbstkonstitution unserer Person kaum überschätzt werden. Die Metapher Elternführerschein erscheint auf diesem Hintergrund insofern als unpassend, als der Elternführerschein – anders als der Autoführerschein – nutzlos wäre, wenn er nicht unser Innenleben und das Innenleben derjenigen, die wir führen sollen: der Kinder zu berühren in der Lage wäre.

Ein letzter Gedankengang zur Metapher Elternführerschein: Was spricht eigentlich für die Notwendigkeit eines Autoführerscheins? Es spricht nicht viel dafür, mehr spricht dagegen, z. B.: Autofahren kann man auch ohne bezahlte Fahrstunden und ohne Prüfung lernen, nämlich durch Beobachtung, Nachahmung und Übung; mit der Ausstellung des Führerscheins wird keineswegs eine wünschenswerte Fahrtüchtigkeit bescheinigt, diese stellt sich vielmehr erst auf der Grundlage einer längeren Fahrpraxis ein; Entsprechendes gilt für das Wissen über und, noch viel mehr, für die Beachtung von Verkehrsregeln. Das Wenige, das für den Auto-Führerschein spricht, ist allerdings durchaus wichtig: Er gewährleistet ein Minimum an Wissen und Fähigkeit bei jedem, dem die aktive Teilnahme am motorisierten Straßenverkehr gestattet wird; er verhindert, dass jemand zu diesem Verkehr zugelassen wird, der dieses Minimum nicht nachgewiesen hat; er dient insoweit dem Schutz von Leib und Leben des Autofahrers selbst wie aller übrigen motorisierten und nichtmotorisierten Verkehrsteilnehmer. Vor allem aber: Die Fahrprüfung stellt ein gesellschaftlich inszeniertes und kontrolliertes Initiationsritual dar. Wie alle Initiationsriten tut sie ein bisschen weh, ist sachlich nicht unbedingt erforderlich und in ihrer Wirkung fragwürdig; ihr Sinn liegt zu allererst darin, ein Zeichen zu setzen und im Bewusstsein aller Gesellschaftsmitglieder die Überzeugung zu verankern, dass die Übernahme einer Rolle, eines Amtes, einer Tätigkeit – hier: das Führen eines Fahrzeugs – nicht als beliebige Privatangelegenheit zu betrachten und zu behandeln ist. Sie markiert vielmehr den Eintritt in einen neuen Bereich verantwortlichen Handelns, der mit besonderen Pflichten und Rechten verbunden ist, der für jeden Verkehrsteilnehmer und insofern für das ganze Gemeinwesen bedeutsam ist und der aus diesem Grunde der öffentlichen bzw. staatlichen Aufsicht unterstellt wird.

Die Übertragung dieser Überlegungen auf den Elternführerschein führt zu meiner nächsten Frage:

Was spricht für die Einführung eines Elternführerscheins?

Zunächst einmal spricht mindestens ebenso Vieles dagegen wie beim Autoführerschein. Dafür spricht: Nur auf diesem Wege kann der Eintritt in die Elternschaft zu einem Initiationsritual gemacht werden, mit allen am Beispiel des Autoführerscheins benannten Implikationen. Nur auf diesem Wege kann ein Zeichen gesetzt werden: Elternschaft ist ein verantwortungsvoller Handlungsbereich, eine Rolle, ein Amt, eine Tätigkeit mit eigenen Pflichten und Rechten, deren kompetente Wahrnehmung für alle Familienmenschen und für das ganze Gemeinwesen nachhaltige Bedeutung hat.

Was spricht für den verpflichtenden Charakter? Ist Zwang nicht die schlechteste Voraussetzung für Lernen? Müssen wir nicht auf Freiwilligkeit, auf intrinsische Motivation setzen, um erfolgreiches Lernen zu ermöglichen? Es wäre schön, wenn wir das könnten. Aber: Für die Einführung eines Initiationsrituals ist nicht allein von Belang, ob dieses in der Sache gerechtfertigt oder effektiv ist – siehe Autoführerschein. Es geht vielmehr darum, ein Zeichen zu setzen, die öffentliche Beachtung einer Sache – hier: Elternschaft – ins allgemeine Bewusstsein zu rücken. Und die Erfahrung zeigt: Volkshochschulkurse zur Umwelterziehung besuchen diejenigen, deren Umweltbewusstsein schon hoch entwickelt ist; Elternkurse belegen diejenigen, die schon immer fanden, dass es wichtig ist, sich über Erziehung Gedanken zu machen. Die einzige gute Begründung für die Einführung eines Elternführerscheins (oder einer anders bezeichneten Elternbildungspflicht) liegt darin, dass nur auf diesem Wege alle einbezogen werden und insbesondere diejenigen, die sich nicht von selber angesprochen fühlen. Es ist eine allgemeine traurige Erfahrungstatsache, dass freiwillige Bildungs- und Beratungsangebote am wenigsten diejenigen erreichen bzw. von denjenigen in Anspruch genommen werden, für die sie am nötigsten wären.

Was sollte der Kinderführungsunterricht vermitteln und was sollte demgemäß der Elternführerschein bescheinigen?

Die größte Chance, den ansonsten unvermeidbaren Meinungsstreit zu dieser Frage zu vermeiden, liegt darin, möglichst formal zu bleiben. Man wird sich darauf verständigen können: Es sollen Kompetenzen, Erziehungskompetenzen vermittelt und bescheinigt werden. Zwei Arten von Kompetenzen sind zu unterscheiden: Wissen über und Verstehen von Kindern auf der einen Seite, Handlungsfähigkeiten im Umgang mit Kindern auf der anderen. Das eine setzt Lehren und Lernen, das Andere Übung voraus. Das Eine und das Andere – Wissen und Handeln – stimmen bei weitem nicht immer überein.

Zum Ersten: Wissen und Verstehen. Wichtige Themen sind hier: Die Grundbedürfnisse von Kindern, Ausdrucksformen des Kinderlebens, normale Entwicklungsrisiken, die Bedeutung der Familie, der Familienbeziehungen und Lebenssituation, die Einflüsse und Anforderungen aus der Außenwelt; Themen, die zum Beispiel auch im Begleitbuch und in den Fernsehsendungen zum Elternführerschein von 1976 erörtert worden sind. Die Auflistung solcher Themen klingt akademisch. Wenn aber die Textbeiträge und Sendungen didaktisch gut gestaltet werden – und beim Elternführerschein von 1976 war das durchaus der Fall –, dann wird wissenschaftliches Wissen nicht abstrakt dargeboten, es wird verbunden mit der Beschreibung von Situationen, mit der Erörterung von Problemen im erzieherischen Umgang, z. B. den Willensäußerungen des Kindes. In den Veranstaltungen zum Elternführerschein sollte die Rede sein von dem, was man Wirkungen der Erziehung nennt und davon, dass die größte Wirkung, die Erziehung haben kann, vom Verhalten der Eltern, vom Beispiel, vom Vorbild, das die Eltern für das Kind darstellen, und sodann vom Kind selber ausgeht. Der Kinderführungsunterricht sollte belebt werden durch gefilmte Familienszenen, durch Fallbeispiele, durch Karikaturen.

Viel schwieriger als die Frage der Wissensinhalte und Vermittlungsmethoden des Elternkurses ist die Frage zu beantworten, wie der Erfolg des Kompetenzerwerbs abgeprüft werden soll. Genügen *multiple-choice*-Fragen wie beim Elternführerschein von 1976? Oder sollte z. B. die Stellungnahme zu einer Familienszene oder einem Fallbeispiel hinzukommen?

Zum Zweiten: Handlungsfähigkeit im Umgang mit Kindern. Das neueste Konzept zum Training elterlicher Handlungsfähigkeit heißt *Triple P: Positive Parenting Programme*. Überall macht es von sich reden, z. B. auch im Themenheft April 2002 der Zeitschrift „GEO". Ausgangspunkt ist die Beobachtung, dass Eltern für ihre Kinder Beides sein können: Risikofaktoren und Schutzfaktoren und natürlich auch verschiedene Mischformen von Beidem. Kinder mit Eltern der ersten Art erleben sich tendenziell als „Stress-Kinder", Kinder mit Eltern der zweiten Art als „Glückskinder" (vgl. Zinnecker 1997).

Die einen erfahren häufig einen „Engelskreis" des Umgangs, die anderen häufig einen „Teufelskreis". Einen zweiten Ausgangspunkt bildet die Überzeugung, dass Risiko oder Schutz, Stress oder Glück hervorgebracht werden durch Verhalten, durch die Art des Umgangs, durch die Formen der verbalen und nicht-verbalen Kommunikation zwischen Eltern und Kindern. Einen dritten Ausgangspunkt bildet die These, dass Menschen ihr Verhalten ändern können, auch wenn dieses Verhalten aufgrund der langfristigen Erfahrung des Erzogenwerdens und der Persönlichkeitsentwicklung verfestigt zu sein scheint. Die Verhaltensänderung kann allerdings nicht durch Unterricht, Belehrung, Wissensvermittlung hervorgerufen werden, sondern allenfalls durch Training, durch Übung neuer Verhaltensformen, durch Verhaltenstraining, Elterntraining.

Diese Annahmen lassen sich experimentell prüfen. So sind im Rahmen eines wissenschaftlich begleiteten Interventionsprogramms in USA 238 Familien ausgewählt worden, die alle als Risiko- bzw. Stress-Familien gelten konnten: Mutter seit kurzem geschieden, allein lebend, arm, mindestens 1 Kind im Alter zwischen 6 und 10 Jahren. Es wurden zwei Gruppen gebildet: Die Interventionsgruppe erhielt ein Elterntraining à la *Triple P*, dreieinhalb Monate lang jeweils eine Stunde pro Woche. Der Kontrollgruppe wurde gesagt, sie stehe auf einer Warteliste, sie erhielt also kein Training. Nach zweieinhalb Jahren zeigte die Begleitforschung: In der Gruppe ohne Training war Alles gleich geblieben oder noch schlimmer geworden. In den Familien der Interventionsgruppe hingegen war Alles besser geworden: Die häufigen Teufelskreise der Kommunikation waren immer häufiger durch Engelskreise ersetzt worden. Es wurde hier ein Verhalten eingeübt, das der Maxime folgt: „Effektive Erziehung ist der richtige Umgang mit Verhaltensverstärkungen. Wer von Kindern ein bestimmtes Benehmen erwartet, muss es positiv verstärken durch Lob, Belohnungen und Aufmerksamkeit." (GEO 2002, S. 142).

Im Gegensatz zur Verstärkung erwünschten Benehmens eröffnet die Verstärkung unerwünschten Benehmens einen Teufelskreis, der kurzfristig erfolgreich scheint, langfristig jedoch beim Kind Aggressivität verfestigt.

„TEUFELSKREIS"

Das Kind wünscht einen Keks. Die Mutter sagt „nein".
Das Kind quengelt, die Mutter ignoriert es.
Das Kind beginnt zu weinen, dann zu brüllen. Die Mutter bleibt hart.
Das Kind wirft sich auf den Boden und steigert sich in einen Wutanfall.
Da gibt die Mutter nach und reicht den Keks,
„damit endlich dieses ewige Geschrei aufhört".
Sie hat durch ihr Verhalten die Aggression des Kindes
zugleich angeheizt und belohnt.
Das Kind lernt: Ich muss nur meine Aggression eskalieren,
um zu bekommen, was ich will.
(GEO 2002, S. 139)

Schwer vorstellbar, dass verfestigte Kommunikationsstrukturen dieser Art durch Anregung von außen aufgebrochen werden können. Indes haben die Forscher immer wieder beobachtet: Häufig bedarf es nur eines kleinen Anstoßes, um verborgene Potenziale von Eltern dauerhaft zu aktivieren.

Was immer man von *Triple P* oder anderen Formen von Elterntraining hält, als Grundlage für den Elternführerschein kommen sie nicht in Frage. Denn erstens ist es ausgeschlossen, allen Müttern und Vätern, die in die Elternschaft eintreten, ein Verhaltenstraining anzubieten; dafür müssten – Gruppengröße zehn – jährlich 30.000 Trainingskurse stattfinden, denn pro Jahr werden in Deutschland etwa 300.000 erste Kinder geboren. Zweitens hat ein erfolgreiches Elterntraining die Bereitschaft der Eltern zur kritischen Selbstbeobachtung und zur Änderung ihres Verhaltens zur Voraussetzung; diese ist gerade bei den am wenigsten kompetenten Eltern am wenigsten vorauszusetzen.

Der Kinderführungsunterricht als Pflichtveranstaltung für Alle wird also auf das Einüben von Handlungskompetenz verzichten und sich ganz auf Wissensvermittlung konzentrieren müssen. Es sei denn, man setzt auf ein Lernen, das im Zwischenfeld von Wissensvermittlung und übender Handlungsbefähigung angesiedelt ist und das in allen lehrenden, erziehenden und beratenden Berufen durchaus vertraut ist: die Erprobung von einfachen Techniken, die einem gezeigt worden sind in Gestalt von Belehrung, von erzählten Fallbeispielen, von gefilmten Szenen. Jede Lehrerin weiß das: Es gibt bestimmte Techniken – pädagogische Tricks könnte man auch sagen -, wie man Kinder motivieren, wie man eine Klasse ruhig halten kann; und die muss man nicht unbedingt mit einem Trainer geübt haben, man kann sie auch mitnehmen aus einer praxisnahen Lehrerbildung, aus Lektüre, aus Beobachtung. Techniken der elterlichen Liebe und der elterlichen Erziehung – tausendfach werden sie angeboten und rezipiert in der unüberschaubaren Elternratgeberliteratur. Und natürlich würde auch der zum Elternführerschein führende Kinderführungsunterricht darauf setzen und dabei auch von *Triple P* profitieren können.

Wer sollte den Kinderführungsunterricht erteilen?

Fahrlehrer bilden eine homogene Berufsgruppe. Für den Kinderführungs- und Familienverkehrsunterricht kann das nicht gelten. Kinder und Familien sind interdisziplinär. Ich stelle mir Teams vor, in welchen, wie beim Elternführerschein 1976, zumindest drei Disziplinen vertreten sind: Erziehungswissenschaft, Psychologie und Kinderheilkunde; darüber hinaus wäre wünschenswert die Repräsentanz von Kinderpsychiatrie und Humanbiologie. Es wäre vorstellbar, vielleicht wünschenswert, auf bestehende Einrichtungen und Fachkräfte der Ehe- und Familienberatung, Eltern- und Familienbildung zurückzugreifen und deren Angebote im Hinblick auf die Einführung eines Elternführerscheins auszubauen. Aber für jährlich 300.000 Anwärter? Es gelten hier die gleichen Bedenken wie beim Verhaltenstraining.

Es muss also ein Ort für die Tätigkeit der Teams gefunden werden, der allen zugänglich ist, zu dem man sich nicht hinbewegen muss und der eine kostengünstige Gestaltung der Elternbildungsarbeit der Experten erlaubt. Es kommt nur ein Ort in Frage: das öffentlich-rechtliche Fernsehen, ARD bzw. die Dritten Programme, zu einer günstigen Sendezeit, die es wahrscheinlich macht, dass auch der Vater zuhause ist. Zur Erinnerung: die Sendungen zum Elternführerschein 1976 wurden vom WDR Köln ausgestrahlt. Allenfalls wäre zur Ergänzung des Fernsehkurses ein Angebot lokaler Begleitzirkel an Volkshochschulen und in anderen Einrichtungen denkbar, nach dem Muster der Funk- oder Fernsehkollegs.

Wer könnte die Prüfung abnehmen und den Elternführerschein ausstellen?

Wenn denn mit der Einführung eines Elternführerscheins ein Zeichen gesetzt werden und er als Initiationsritual wirken soll, muss für die Prüfung und Zertifizierung der erworbenen Elternkompetenz eine angemessene Form der Institutionalisierung gefunden werden. Es muss dafür eine eigene Behörde oder zumindest eine neue Abteilung in einer bereits bestehenden Behörde geschaffen werden. Zur Erinnerung: Der Fragebogen zum Elternführerschein 1976 wurde in einer Abteilung des Bundesfamilienministeriums ausgewertet, die Bescheinigung von der Frau Ministerin unterzeichnet. Das war ein regionales Pilotprojekt. Der Elternführerschein, von dem hier die Rede ist, soll demgegenüber *allen* Eltern eine Minimum-Kompetenz der Kinderführung bescheinigen. Die Behördenstruktur muss also gut durchdacht werden. Wenn wir das Modell der Elternbildungskurse in den Dritten Programmen des öffentlich-rechtlichen Fernsehens unterstellen, bietet sich die Schaffung einer

Abteilung „Elternkompetenzprüfung" in den für Familienfragen zuständigen Landesministerium an. Es lassen sich aber auch Argumente für eine weitergehende Dezentralisierung nennen, für eine Ansiedlung der Behörde auf der Ebene der Landkreise, im Rahmen der Landratsämter, nach dem Muster des Verkehrsamts mit seinen Abteilungen „Führerscheine" und „KFZ-Zulassungen". Ein wichtiger Vorteil der Landratsamtslösung läge darin, dass der Elternführerschein persönlich abgeholt werden müsste und nicht einfach mit der Post käme.

Wann sollte der Elternführerschein erworben werden?

Der Sinn eines Initiationsrituals liegt darin, den Übergang von einem Status in einen anderen, vom Kind-Sein zum Erwachsen-Sein etwa zu markieren. Insofern mit dem Elternführerschein ein Initiationsritual eingeführt werden soll, muss sein Erwerb den Eintritt in die Erstelternschaft begleiten und bald nach dem Eintritt des Kindes in die Welt beginnen. Nur für die *alle* Eltern erfassende *einmalige* Pflichtveranstaltung, die zum Elternführerschein führt, lässt sich die Wahl dieses Zeitpunktes gut begründen. Ansonsten sprechen einige Argumente gegen die Festlegung von Elternbildungsangeboten auf das erste Lebensjahr des ersten Kindes, z. B. die folgenden:

- Für dieses Lebensalter gibt es bereits besonders viele und auch gute Angebote, die, wie etwa Elternbriefe, in vielen Bundesländern frei Haus geliefert werden;
- in diesem Lebensalter stehen pflegerische Aspekte der Erziehung stark im Vordergrund;
- mit dem fortgeschrittenen Kompetenzerwerb des Kindes – selbständige Bewegungsfähigkeit, Sprachfähigkeit, Willensbildung – wird der erzieherische Umgang immer anspruchsvoller.

Die Festlegung des Zeitpunkts für den Erwerb des Elternführerscheins ist auch deshalb problematisch, weil sie die Festlegung eines einmaligen Zeitpunkts meint. Die Anforderungen an elterliche Kompetenz verändert sich mit dem Alter der Kinder, sie sind im Säuglingsalter von anderer Art als im Kindergartenalter, und sie sind von wieder anderer Art im Jugendalter. Außerdem verändern sich die Anforderungen, wenn sich zum ersten Kind ein zweites hinzugesellt.

Alle diese pädagogischen Argumente sprechen für die Annahme, dass ein einmaliger Pflichtkurs der Elternbildung und eine lebenslange Gültigkeit eines einmal erworbenen Elternführerscheins nur einen recht bescheidenen Beitrag dafür leisten können, dass wir künftig immer mehr Glückskinder aufwachsen sehen. Es werden aber vermutlich nicht diese, sondern ganz andere Bedenken sein, die es gar nicht erst zur Realisierung auch nur einer einmaligen Elternbildungspflicht werden kommen lassen.

Wie könnte ein Elternführerschein durchgesetzt werden?

Gäbe es den politischen Willen, eine Elternbildungspflicht einzuführen, so müsste diese gesetzlich verankert werden. Der Bundesgesetzgeber, sprich: der Deutsche Bundestag müsste entsprechende Gesetzesveränderungen beschließen. Der geeignete Ort für die Verankerung einer Elternbildungspflicht wäre Buch 4 des Bürgerlichen Gesetzbuches: Familienrecht § 1626 (Elterliche Sorge, Grundsätze) lautet:

„(1) Die Eltern haben die Pflicht und das Recht, für das minderjährige Kind zu sorgen (elterliche Sorge)...

(2) Bei der Pflege und Erziehung berücksichtigen die Eltern die wachsende Fähigkeit und das wachsende Bedürfnis des Kindes zu selbständigem verantwortungsbewusstem Handeln. Sie besprechen mit dem Kind, soweit es nach dessen Entwicklungsstand angezeigt ist, Fragen der elterlichen Sorge und streben Einvernehmen an."

Absatz 2 wäre zu ergänzen durch einen Satz, der von der Elternbildungspflicht handelt. Er könnte lauten:

„Die Eltern sind verpflichtet, vor Vollendung des ersten Lebensjahres des ersten Kindes die erfolgreiche Teilnahme an einer Elternbildungsveranstaltung nachzuweisen (Elternkompetenzprüfung)."

Die gesetzliche Verankerung einer Elternbildungspflicht kann nur wirksam werden, wenn Sanktionen für den Fall vorgesehen werden, dass Eltern dieser Verpflichtung nicht nachkommen. Das wirksamste Sanktionsmittel stellt in unserer Gesellschaft sicher der Entzug von Geld dar. Es muss daher ein Gesetz gefunden werden, welches Geldtransfers an Familien im Zusammenhang mit der elterlichen Sorge für Kinder regelt. An erster Stelle geeignet erscheint das Erziehungsgeldgesetz, denn dieses Gesetz spricht Eltern staatliche Geldtransfers ausdrücklich für ihre Erziehungstätigkeit zu. Eine Reduzierung des Erziehungsgeldes wegen Nicht-Erfüllung der Elternbildungspflicht müsste jedoch in ihrer Wirkung unzureichend bleiben, weil das Erziehungsgeld selber einkommensabhängig gewährt wird und daher nicht alle Eltern betrifft. Die Sanktion muss in einem Gesetz verankert werden, das *allen* Eltern Geldtransfers zuspricht: im Einkommenssteuergesetz, Abteilung X: Kindergeld, § 66: Höhe des Kindergeldes, Zahlungszeitraum, Abs. 1 lautet:

„Das Kindergeld beträgt für erste, zweite und dritte Kinder jeweils 154 Euro monatlich..."

Dieser Absatz wäre zu ergänzen durch die Bestimmung:

„Das Kindergeld für das erste Kind wird während des zweiten Lebensjahres des Kindes um die Hälfte (77 Euro) reduziert, wenn die Eltern bis zur Vollendung des ersten Lebensjahres des Kindes die erfolgreiche Teilnahme an einer Elternbildungsveranstaltung (Elternkompetenzprüfung) nicht nachgewiesen haben."

Wer soll das bezahlen?

Man stelle sich die Bundestagsdebatte zu den Anträgen auf Änderung von § 1626 BGB sowie § 66 Einkommenssteuergesetz zur Einführung einer Elternbildungspflicht sowie von Sanktionen bei Nicht-Erfüllung dieser Verpflichtung vor. Der wichtigste Streitpunkt dürfte vermutlich sein: Wer soll die Expertenteams, die Sendezeiten im öffentlich-rechtlichen Fernsehen, insbesondere aber die neue Behörde bzw. die neue Abteilung „Elternkompetenzprüfung" in einer bereits vorhandenen Behörde bezahlen? Man streitet um den Finanzausgleich Bund – Länder – Gemeinden. Gäbe es eine Anhörung und ich wäre als Experte geladen, würde ich den Standpunkt vertreten: Der Bund muss die Finanzierung der obligatorischen Elternbildungsmaßnahme und der Elternkompetenzprüfung finanzieren. Ich würde auf Artikel 6, Abs. 1 und 2 verweisen:

„Ehe und Familie stehen unter dem besonderen Schutze der staatlichen Ordnung. Pflege und Erziehung der Kinder sind das natürliche Recht der Eltern und die zuvörderst ihnen obliegende Pflicht. Über ihre Betätigung wacht die staatliche Gemeinschaft."

Ich würde darauf hinweisen: Erziehungsgeld und Kindergeld sind Sache des Bundes, und das muss auch für die Gewährleistung einer Mindestbefähigung aller Eltern zur Wahrnehmung der Pflege- und Erziehungsaufgaben gegenüber ihren Kindern gelten. Ich würde argumentieren, dass die kompetente Wahrnehmung dieser Aufgaben nicht nur im Interesse der Kinder liegt, sondern im Interesse des ganzen Gemeinwesens, der ganzen staatlichen Gemeinschaft, entsprechend der Feststellung des Bundesverfassungsgerichts:

„Die Kinderbetreuung ist eine Leistung, die auch im Interesse der Gemeinschaft liegt und deren Anerkennung verlangt."

Zum Schluss: Perspektiven der Elternbildung

Unter der Hand habe ich mich vom Begriff Elternführerschein verabschiedet und ihn ersetzt durch Elternkompetenzprüfung. Kein besonders schöner, kein sehr sensitiver Begriff auch dies, und auch dieser Begriff ist dazu angetan, neben Hoffnungen Illusionen zu wecken. Wie auch immer die Bezeichnung gewählt und das entsprechende Angebot gestaltet wird: Das Anliegen, erstmals formuliert von Comenius, bleibt bestehen: eine Mindestbefähigung aller Eltern zur kompetenten Wahrnehmung ihrer Aufgabe.

Vermutlich kann eine langfristig wirksame Unterstützung und Förderung der Erziehungskompetenz möglichst vieler Eltern nur gelingen, wenn sie über isolierte Maßnahmen (wie z. B. den Elternführerschein von 1976) und Projekte hinausgeht. Ausgangspunkt muss die Einsicht sein: Elterliches Verhalten ist tief verankert in der Lebens- und Erziehungsgeschichte einer Person und folgt weithin unbewussten Reaktionen auf Lebensäußerungen von Kindern (vgl. Schulze 1968).

Aus der Tatsache der lebensgeschichtlichen Erfahrung von Kindsein und Erziehung lässt sich nicht folgern, sie habe uns alle zu Experten für Kinder, Erziehung und Elternschaft gemacht. Wohl aber erklärt sich aus der extensiven und intensiven Erfahrung des Kind-Seins und des Erzogenwerdens die häufige und auch durch Forschung belegte Beobachtung, dass Eltern ganz überwiegend so erziehen, wie sie erzogen worden sind (vgl. z. B. Schneewind/Ruppert 1995). Der Kinderpsychiater Reinhard Lempp hat diese Beobachtung in den Sätzen zusammengefasst: „Nichts ist so schwer zu ändern als die Erziehungsgewohnheit. Eine gute Erziehung ist ebenso wie eine schlechte erblich" (vgl. Lempp 1973, S. 13); Lempp meint damit „sozial erblich", nicht biologisch; und er weiß, dass dieser Satz eine Übertreibung darstellt, weshalb an anderer Stelle seines Büchleins – wie übrigens auch bei Schneewind/Ruppert (1995) – außerdem vom Einfluss des Zeitgeists oder vielmehr der Zeitgeister die Rede ist. Beides aber – die Erblichkeit und die Zeitgeister – scheinen für Elternbildung (auch in Gestalt des Elternführerscheins) schlechte Aussichten zu eröffnen: Was kann angesichts dieser Prägungen noch verändert werden? Vielleicht dies: Aufgefordert zu sein, die eigene Erfahrung des Kindseins und Erzogenwordenseins auf eine neue Stufe der Reflexion zu bringen. Es wäre doch eine große Illusion zu meinen, Elternschaft könne von Grund auf gelehrt und gelernt werden. Im Gegenteil: Wäre nicht jeder durch die Lehre des Lebens und den lebensgeschichtlichen Lernprozess des Kindseins und Erzogenwerdens gegangen, alles Bemühen von Elternbildung, etwas zu bewirken, wäre vergeblich. Mehr noch: Elternbildung wäre hoffnungslos überfordert, wenn es als Anknüpfungspunkt, Brücke, Voraussetzung nicht eine gattungsgeschichtlich verankerte und unbewusst erworbene grundlegende Bereitschaft und Fähigkeit zum Bemuttern, zum Halten des Säuglings, zum Lächeln, zum Intonieren der Babysprache gäbe. Diese intuitive Elternschaft (vgl. Papousek/Papousek 1995) kann freilich, wie insbesondere die Kinderärzte und Kinderpsychiater immer wieder berichten, verkümmern, überdeckt werden, unspürbar werden.

Der Elternführerschein, dessen Sinn und Unsinn ich in den vorausgegangenen Abschnitten beleuchtet habe, kann im Lichte dieser Überlegungen wohl kaum als ein geeignetes und wirksames Konzept der Elternbildung gelten.

Statt dessen wäre zu denken an vielfältige Formen der Elternbildung, die sich dadurch vom Elternführerschein unterscheiden, dass sie kein punktuelles Initiationsritual, sondern lebensbegleitende Anregung und Hilfestellung inszenieren. Dafür sind insbesondere Situationen und Maßnahmen geeignet, in welche so gut wie alle Kinder einbezogen sind und in welchen Fragen der kindlichen Entwicklung und Erziehung sowie die Praxis von Elternschaft ohnehin zu Themen werden: Vorsorgeuntersuchungen und Schwangerenberatung; Betreuung, Erziehung und Bildung in den Tageseinrichtungen für Kinder (Elternarbeit von Seiten der Erzieherinnen sowie Zusammenarbeit zwischen Eltern und Erzieherinnen); Unterricht in den Schulen (antizipatorische Elternbildung als Ergänzung des Sexualkundeunterrichts). Die Voraussetzung dafür, dass die genannten Einrichtungen einen originären Beitrag zu einer lebensbegleitenden Elternbildung leisten können, ist allerdings eine entsprechende Qualifizierung der Fachkräfte (Ärztinnen und Ärzte, Erzieherinnen, Lehrerinnen und Lehrer), die bislang fehlt.

Daneben sollten all jene Angebote der Elternbildung weiter ausgebaut werden, die Eltern jeder Zeit abrufen können, wenn sie in bestimmten Situationen und aus bestimmten Anlässen der Information, Beratung oder Hilfe bedürfen (vgl. dazu Wissenschaftlicher Beirat 1993), wie zum Beispiel: Elternbriefe; Elternseminare; Ehe- und Familienberatungsstellen; Elternbildungsangebote in Rundfunk- und Fernsehsendungen und Online-Informationsdiensten (wie das erwähnte Familienhandbuch); Veranstaltungen in den Einrichtungen der Erwachsenen- und Weiterbildung sowie in den wissenschaftlichen Hochschulen zu Fragen des Haushalts, der Ehe und Familie sowie der Entwicklung und Erziehung im Lebenslauf.

Die Absage an einen Elternführerschein, die mit diesen Hinweisen nahegelegt wird, hat freilich einen Preis: Es können nicht alle Eltern angesprochen werden. Und vermutlich bleiben dabei insbesondere die Eltern von „Stresskindern" – diejenigen Familien also, deren Kommunikationsstrukturen durch das häufige Auftreten von „Teufelskreisen" gekennzeichnet sind – außen vor. Diese Adressatengruppe ist in besonderer Weise auf Beratung und Hilfe angewiesen, gleichzeitig jedoch nimmt sie die vorhandenen Beratungs- und Hilfsangebote häufig nicht in Anspruch; und auch die obligatorische Teilnahme an Veranstaltungen zum Erwerb eines Elternführerscheins wäre nicht geeignet, diese Familien zur Veränderung ihrer Umgangsformen zu befähigen. Versuche einer wirksamen Hilfe für diese Adressatengruppe stützen sich daher auf einen anderen Typus von Elternbildung: eine gleichsam aufsuchende Elternbildung („Geh-Struktur"). Beispiele dafür sind: das *home- tutoring*-Programm im Rahmen des *„Headstart"*-Projektes in USA; das in Israel entwickelte und vom Deutschen Jugendinstitut adaptierte *Home Intervention Program for Preschool Youngsters* (HIPPY); das in den Niederlanden entwickelte (und ebenfalls vom DJI adaptierte) Elternbildungsprogramm *opstapje* („Schritt für Schritt"); die *early excellence c*enters in Großbritannien mit ihrer Verbindung von Qualitätsmanagement, Aus- und Weiterbildung von Erzieherinnen und Elternarbeit/Elternbildung. Diese internationalen Beispiele verweisen noch einmal auf die besonderen Chancen von Elternbildungsmaßnahmen, die ihren Ausgang vom öffentlichen Bildungssystem – hier: von Tageseinrichtungen für Kinder im Vorschulalter – nehmen. Auch diese Einsicht ist nicht neu (vgl. z. B. Keil/Süssmuth 1986). Es bleibt zu hoffen, dass den alt-neuen Einsichten Taten folgen.

Literatur

Bornstein, Marc H. (Hg.) (1995): Handbook of Parenting. 4 Bände. Mahwah, N.J.
Braumandl, Herbert/Jansen, Gerd/Lückert, Heinz-Rolf/Nickel, Horst/Retter, Hein/ Süssmuth, Rita (1976): Der Elternführerschein. Ein Kurs zur Erziehung des Kleinkindes. München
Bundesministerium für Familie und Senioren (Hg.) (1994): Fünfter Familienbericht. Familien und Familienpolitik im geeinigten Deutschland – Zukunft des Humanvermögens. Bonn
Comenius, Johann Amos (1962): Informatorium der Mutterschul (1633). Heidelberg
Dauber, Heinrich/Liegle, Ludwig/Süssmuth, Rita (1977): Familienerziehung und Professionalisierung der Elternrolle. In: Zeitschrift für Pädagogik, 13. Beiheft. Weinheim, S. 173-180
Deutsches PISA-Konsortium (Hg.) (2001): PISA 2000. Basiskompetenzen von Schülerinnen und Schülern im internationalen Vergleich. Opladen
Gaschke, Susanne (2001): Die Erziehungskatastrophe. Kinder brauchen starke Eltern. Stuttgart, München
GEO (2002): Erziehungsforschung. Die hohe Kunst des Helfens. In: GEO, April 2002, S. 127-154
Gerster, Petra/Nürnberger, Christian (2001): Der Erziehungsnotstand. Wie wir die Zukunft unserer Kinder retten. Berlin
Harris, Judith Rich (2000): Ist Erziehung sinnlos? Die Ohnmacht der Eltern. Reinbek
Lempp, Reinhard (1973): Eltern für Anfänger. Zürich
Keil, Siegfried/Süssmuth, Rita (1986): Qualifizierung von Erzieherinnen für Elternarbeit vom Elementarbereich aus. Schriftenreihe des BMJFFG, Band 191. Stuttgart
Luhmann, Niklas/Schorr, Karl Eberhard (1979): Reflexionsprobleme im Erziehungssystem. Stuttgart
Papousek, Hanus/Papousek, Mechthild (1995): Intuitive Parenting. In: Bornstein, Band II, S. 117-136
Schneewind, Klaus/Ruppert, Stefan (1995): Familien gestern und heute. Ein Generationenvergleich über 16 Jahre. München
Schulze, Theodor (1968): Häusliche Szenen und kindliche Entwicklung. Überlegungen zu einer Theorie der Familienerziehung bei der Durchsicht von Elternbü-

chern. In: Bittner, Günther/Schmid-Cords, Edda (Hg.): Erziehung in früher Kindheit. München, S. 291-310

Wissenschaftlicher Beirat für Familienfragen beim Bundesministerium für Familie und Senioren (1993): Familie und Beratung. Familienorientierte Beratung zwischen Vielfalt und Integration. Schriftenreihe des BMFS, Band 16. Stuttgart

Zinnecker, Jürgen (1997): Stresskinder und Glückskinder. Eltern als soziale Umwelt von Kindern. In: Zeitschrift für Pädagogik, 43. Jg., 1997, S. 7-34

Ingrid Wölfel
Brita Ristau-Grzebelko

„Cinderella – eine unendliche Geschichte"
Ein Modell zur Professionalisierung im Pflegekinderwesen

Aschenputtel war ein Pflegekind. Der Umstand, dass Kinder nicht in ihrer eigenen Familie aufwachsen können, durchzieht die Menschheitsgeschichte und ist immer wieder Anlass zu rationalen, aber häufiger zu irrationalen Betrachtungsweisen. Vieles ist zur Zeit im Umbruch und bedarf einer Neudefinition, auch oder gerade das Pflegekinderwesen.

In unserer heutigen Zeit und Kultur sind Kinder doch zu einem seltenen Gut geworden, werden kaum noch unerwünschte Kinder geboren. Zum Glück verwaisen Kinder in Deutschland sehr selten und wenn, dann gibt es Großeltern oder andere Verwandte. Ungewollt Kinderlose bemühen sich um die wenigen zur Adoption freigegebenen Kinder. Warum also erlebt das Pflegekinderwesen eine ausgesprochene Renaissance?

Elternschaft ist heute komplizierter geworden. Soziale Netzwerke sind weniger belastbar. Der Anspruch auf Hilfen zur Erziehung wächst (vgl. Elfter Kinder- und Jugendbericht 2002). Nicht selten bleibt am Ende der Bemühungen nur noch die Herausnahme des Kindes aus der Herkunftsfamilie, um das Kindeswohl zu gewährleisten und/oder den Kindeseltern eine Stabilisierung ihrer Lebensverhältnisse zu ermöglichen.

Wie es begann

In dem 1990 in den neuen Bundesländern eingeführten SGB VIII (Kinder- und Jugendhilfegesetz) ist die Vollzeitpflege gleichberechtigt neben der Heimerziehung eine Form der Hilfe zur Erziehung außerhalb der leiblichen Familie eines Kindes. Die Diskussionen um die Schaffung dieses neuen Gesetzes liefen über viele Jahre unter den Bedingungen zweier deutscher Staaten in der damaligen BRD ausgehend von den dortigen Entwicklungen im Bereich der Kinder- und Jugendhilfe. Die Einführung dieses Gesetzes in den neuen Bundesländern erfolgte demzufolge vor einem völlig anderen soziokulturellen Hintergrund als in den alten Bundesländern:

- Pflegefamilienerziehung hatte in der DDR keine Tradition, war als Form der Jugendhilfe in der Öffentlichkeit nicht bekannt. Wurden Kinder in fremden Familien untergebracht, vertraute man auf die „Selbstheilungskräfte" der aufnehmenden Familie.
- Öffentliche Erziehung in der DDR war institutionalisierte Erziehung, die Unterbringung von Kindern und Jugendlichen, die nicht in ihrer Familie verbleiben konnten, erfolgte in erster Linie in Kinderheimen.
- In die Lebensperspektive der überwiegenden Mehrheit der Frauen war eigene Berufstätigkeit als Form der Eigenständigkeit und sozialer Anerkennung nicht wegzudenken. Eine Tätigkeit als „nur Mutter und Hausfrau" wurde eher geringgeschätzt.

Nach Einführung des Kinder- und Jugendhilfegesetzes 1990 in den neuen Bundesländern entwickelte sich auch in Mecklenburg-Vorpommern eine vielfältige Trägerlandschaft für den Bereich der Hilfen zur Erziehung. Einzig das Pflegekinderwesen erfuhr kaum Beachtung aus den Reihen der freien Träger der Jugendhilfe. Hier bildeten sich in den kommunalen Jugendämtern Spezialdienste (oft aus nur einer Fachkraft bestehend) heraus, die sich in den ersten Jahren verstärkt um die Aneignung von notwendigem Spezialwissen für die Vorbereitung, Vermittlung und Begleitung von Pflegefamilien bemühten.

Parallel dazu stieg die Zahl der in Pflegefamilien fremdplazierten Kinder und Jugendlichen schnell auf einen Anteil von ca. einem Drittel aller fremdplazierten Kinder an. Dieses Verhältnis blieb in den Jahren relativ konstant. Innerhalb der Pflegeverhältnisse kam es jedoch zu rasanten Veränderungen zwischen dem Anteil von Pflegekindern, die in Verwandtenpflege betreut werden bzw. die in fremden Pflegefamilien leben. Lebten im Jahre 1991 noch ca. 74% aller Pflegekinder bei Verwandten, ging dieser Anteil im Jahre 1998 bereits auf 45% zurück, so dass inzwischen mehr als jedes zweite Pflegekind von einer fremden Familie betreut wird.

Mit dem wirksamen Aufbau ambulanter Hilfen zur Erziehung konnten viele ansonsten erforderliche Fremdplazierungen von Kindern und Jugendlichen verhindert bzw. verzögert werden. Dies hat zur Folge, dass sich die Problematik der in eine Pflegefamilie zu vermittelnden Kinder spürbar änderte; Kinder, die eine Fremdplazierung benötigen:

- werden zunehmend älter,
- haben größere Probleme,
- haben meistens über längere Zeit hinweg belastende, negative oder widersprüchliche Bindungserfahrungen bzw. häufigen Bezugspersonenwechsel erlebt,
- kommen oft aus Vernachlässigungs-, Gewalt- oder Mißbrauchszusammenhängen.

Die Anforderungen an eine sozialpädagogische Arbeit mit fremdplazierten Kindern sind dementsprechend gestiegen – sowohl in der Heimerziehung als auch in den Pflegefamilien.

In dieser Situation gründete sich im Jahre 1996 der Verein zur Förderung des Pflegekinderwesens in Mecklenburg-Vorpommern e. V.. Zu den Gründungsmitgliedern gehört auch Frau Prof. Dr. Heide Kallert. Er hat heute neunzehn Mitglieder: Wissenschaftler/-innen, Fachkräfte der sozialen Arbeit und aktive Pflegeeltern. Der Verein gründete sich mit dem Ziel, an der Entwicklung des Pflegekinderwesens in Mecklenburg-Vorpommern in fachlich fundierter Weise mitzuwirken.

Aus der Sicht des Vereins bedeutet dieses Ziel:

- neue Wege in der Betreuung von Kindern und Jugendlichen, die nicht in ihren Familien aufwachsen können, zu beschreiten,
- entsprechend dem regionalen Bedarf Aus- und Fortbildungsangebote für Pflegefamilien und sozialpädagogische Fachkräfte bereitzuhalten und zu realisieren,
- Familienberatungs- und Therapieangebote für Pflegefamilien und Herkunftsfamilien einschließlich der Pflegekinder zu unterbreiten,
- die Möglichkeit, Supervision für Pflegepersonen zu bieten.

Bereits im Vorfeld der Vereinsgründung gab es durch die Gründungsinitiatorinnen Kontakte zum Verein Initiative Pflegefamilie, Wien, zu Frau Dr. Lutter. Hier konnten die ersten Erfahrungen in der Konzipierung und Umsetzung des Wiener Modells in einem sehr engen und offenen Diskurs mitverfolgt werden. Gemeinsam entstand die Idee einer EU-Initiative zur Umsetzung und Weiterentwicklung des Wiener Modells mit seinen Schwerpunkten:

- Schaffung von bedarfsgerechten Angeboten für die Betreuung von Kindern, die zeitweilig oder auf Dauer nicht in ihren Familien leben können und
- Schaffung von sozialversicherungspflichtigen Arbeitsplätzen für Frauen in der eigenen Familie.

Anliegen des nationalen Teils des Cinderella-Projektes

In Anbetracht der sich in Mecklenburg-Vorpommern abzeichnenden Tatsache, dass für immer mehr besonders entwicklungsbeeinträchtigte Kinder und Jugendliche eine dem Einzelfall entsprechende „maßgeschneiderte" Fremdbetreuung benötigt wird, verfolgten wir im Rahmen des Cinderella-Projektes folgende Ziele:

(1) Die Schaffung eines Angebotes *fachlich qualifizierter Erziehungsarbeit* von Pflegepersonen für besonders entwicklungsbeeinträchtigte Kinder und Jugendliche in der privaten Sphäre der Pflegefamilie. Ein solches Angebot basiert auf der *Nutzung des jeweils spezifischen erzieherischen Milieus der Pflegefamilie in Verbindung mit einer auf die Tätigkeitsanforderungen als Pflegeperson zugeschnittenen Fachlichkeit* der betreffenden Person. Eine solche Verbindung von elterlicher mit Erziehungskompetenz ist Voraussetzung für die Gestaltung eines möglichst gelingenden Sozialisationsprozesses in Pflegefamilien.
(2) Gesellschaftliche Anerkennung der fachlich qualifizierten Erziehungsarbeit in Form eines sozialversicherungspflichtigen Beschäftigungsverhältnisses der Pflegeperson.

Um diese Zielsetzungen zu realisieren, erarbeiteten wir im Rahmen des Cinderella-Projektes sowohl Qualitätsstandards und ein Anforderungsprofil für eine Tätigkeit als Pflegeperson als auch ein Curriculum für die vorbereitende Ausbildung der Pflegeperson.
Die Realisierung des Projektes Professionalisierung von Pflegepersonen – Pflegepersonen im Angestelltenverhältnis – beinhaltet drei aufeinanderfolgende Bereiche:

(a) zielgerichtete Qualifizierung von Pflegepersonenbewerbern,
(b) fachlich fundierte Vermittlung anhand des spezifischen Bedarfes des Kindes (und sozialversicherungspflichtige Anstellung der Pflegeperson bei Aufnahme des Kindes in die Familie),
(c) kontinuierliche fachliche Begleitung als Teil des Anstellungsverhältnisses.

Zu (a): Zielgerichtete Qualifizierung von Pflegepersonen

Um ein Curriculum für eine Tätigkeit als Pflegeperson für besonders beeinträchtigte Kinder und Jugendliche zu erstellen, war die Definition der Arbeitsaufgabe und des Tätigkeitsfeldes notwendig. Die Frage, was Pflegepersonen im professionellen System leisten sollen, bildete die Grundlage für die Konzipierung der Qualifikation.
Zielgruppe der Tätigkeit von Pflegepersonen im Angestelltenverhältnis sind Kinder und Jugendliche mit:

- starken Deprivationen,
- besonderen Entwicklungsbeeinträchtigungen,
- Traumata (sexueller Mißbrauch, Gewalt, Verlust von Bezugspersonen, lebensbedrohlicher Unterversorgung),
- erheblichen Beziehungsstörungen,
- z. T. unklarer Perspektive,
- Rückkehroption bzw. schwierigen Elternkontakten.

Daraus ergeben sich folgende Schwerpunkte der Tätigkeit:
- problemspezifische Versorgung und Erziehung,
- Förderung lebenspraktischer Fähigkeiten,
- Förderung sozialer und emotionaler Kompetenz,
- Aufarbeitung der kindlichen Biographie; dazu ist ein akzeptierender Umgang auch mit schwierigen Herkunftsfamiliensystemen erforderlich,
- Unterstützung der Integration des Kindes in ein neues Lebensfeld (neue soziale Bezüge),
- Fähigkeit, Bindungsübertragung zu ermöglichen,
- bewusste Gestaltung von Bindungs- und Trennungsprozessen,
- Einbeziehung der Herkunftsfamilie in den Erziehungsprozess, soweit es dem Bedarf des Kindes entspricht.

Allein aus diesen Tätigkeitsschwerpunkten wird die Aktualität der Aussage von Bettelheims „Liebe allein genügt nicht" ersichtlich. Neben quasielterlicher Zuwendung, „Liebe", ist für die Tätigkeit als Pflegeperson spezifisches Fachwissen und eine ausgeprägte reflexive Kompetenz erforderlich.

Das Zusammenleben mit fremden Kindern in der eigenen Familie führt zum Aufeinandertreffen von verschiedenen, fremden Gefühlslagen und Lebensmustern.

Die daraus zwangsläufig resultierenden Konflikte und die Art ihrer Lösung sind jedoch die entscheidenden, zugleich aber risikoreichsten Faktoren dieser Hilfe zur Erziehung.

An diesem Punkt scheiden sich die Geister der Jugendhilfe und es beginnt eine irrationale Fachpraxis. Worin besteht in diesem Schnittfeld von öffentlicher Erziehung im privaten Raum die Fachlichkeit, die es mit welchen Mitteln zu entwickeln gilt?

Eine Ausbildung für diese Tätigkeit bedarf eines Curriculums, das neben der Vermittlung allgemeiner (kognitiver) Wissensbestandteile vor allem auf die Spezifik von Pflegeverhältnissen ausgerichtet ist, *emotionale Beziehungsarbeit* zu leisten. Sie muß der Tatsache Rechnung tragen, dass neben psychologischem und pädagogischem Wissen vor allem familiale Lebenserfahrung zu beruflicher Kompetenz transformiert werden soll. Schwerpunkt eines entsprechenden Curriculums ist die Ausbildung von *reflexiven Kompetenzen* der zukünftigen Pflegepersonen. Reflexive Kompetenz bedeutet aus unserer Sicht:

- Erkennen der Rolle der eigenen Persönlichkeit für das Gelingen oder Scheitern der übernommenen Verantwortung für ein Pflegekind,
- Ausbildung von Reflexionsfähigkeit für eigenes Handeln in sozialen Bezügen,
- Fähigkeit zum individuellen Ressourcen- und Krisenmanagement,
- Ausbildung von Fähigkeiten zum bewussten Wahrnehmen der besonderen Lebenssituation des Pflegekindes und seines Lebensumfeldes,

- Ausbildung der Fähigkeit zum Zusammenwirken mit der Herkunftsfamilie, dem Jugendamt und anderen das Kind betreffenden Institutionen.

Diese Überlegungen führten zur Erarbeitung eines Curriculums im Umfang von ca. eintausend Stunden. Es ist in fünf Module gegliedert:

1. Modul   Allgemeine Grundlagen (ca. vierhundert Stunden)
2. Modul   Tätigkeitsbezogene Lernbereiche für das Pflegekinderwesen (ca. zweihundertfünfzig Stunden)
3. Modul   Kooperationspartner/Unterstützungssysteme (ca. einhundertzwanzig Stunden)
4. Modul   Selbst-, Familien- und Krisenmanagement (ca. einhundert Stunden)
5. Modul   Arbeit mit dem gesamten Familiensystem (als Wochenendveranstaltungen) (ca. einhundertdreißig Stunden)

Ein erster Kurs fand (gefördert aus dem EU-Projekt *Employment Now* unter Beteiligung der Bundesanstalt für Arbeit) im Jahre 1998 in Greifswald statt.

Ein zweiter Kurs, nunmehr ausschließlich gefördert von der Bundesanstalt für Arbeit und erweitert um ein achtwöchiges Praktikum, wurde im November 2000 erfolgreich beendet, ein dritter lief in Stralsund bis November 2001, ein nächster Kurs für 2003 ist in Schwerin in Vorbereitung. In jedem Kurs gab es jeweils etwa zwanzig Teilnehmer/-innen.

Die Qualifizierung von Pflegepersonen für besonders entwicklungsbeeinträchtigte Kinder und Jugendliche weist einige Besonderheiten auf:

- Ein potentieller Arbeitgeber (der Verein) bringt ein fertiges Curriculum zu einem Bildungsträger, verhandelt um dessen zielgenaue Umsetzung, beteiligt sich selbst aktiv in einem hohen Maße an der Ausbildung und behält große Teile der Fachaufsicht;
- Parallel bzw. im Vorfeld der Qualifizierung haben die Teilnehmerinnen und Teilnehmer zusammen mit ihren Familien den Kontakt zu ihrem zuständigen Jugendamt aufzubauen, um die Eignung zur Tätigkeit als Pflegeperson prüfen zu lassen;
- In Teile der Ausbildung wird das gesamte Familiensystem aktiv mit einbezogen. Alle Familienmitglieder sind somit in die Ausbildung der Pflegeperson involviert, leisten bereits hier einen ehrenamtlichen Beitrag zur künftigen Aufnahme eines Pflegekindes;
- Die Teilnehmer an einer derartigen Qualifizierung können nicht ausschließlich über die „harten Daten" des Arbeitsamtscomputers gefunden werden, sondern die Bereitschaft des „Sich einlassen können" auf die Spezifik dieser Tätigkeit in der Privatheit der eigenen Familie muss bei allen Familienmitgliedern vorhanden sein;
- Die Anstellung nach Ende des Kurses ist von der Vermittlung und Aufnahme eines Kindes in die Familie abhängig. Da hier aber entsprechend

der kindlichen Bedarfslage Eltern für ein Kind und nicht umgekehrt ein Kind für Eltern gesucht wird, sind mitunter längere Wartezeiten einzuplanen.

Die Umsetzung der Qualifizierung ist ohne ein enges Zusammenwirken von Verein, Bildungsträger sowie Arbeits- und Jugendämtern nicht möglich. Bedingt durch die verschiedenen Sicht- und Arbeitsweisen ist hier im Vorfeld einer Qualifizierung jeweils viel Koordinationsarbeit zu leisten. Das setzt in die Kooperationsbereitschaft aller beteiligten Seiten hohe Anforderungen, erfordert in starkem Maße vernetztes Denken und Handeln.

Zu (b): Vermittlung, Anbahnung und Anstellung

Für die Vermittlung eines Kindes in die Familie einer qualifizierten Pflegeperson arbeitet der Verein sehr eng mit dem jeweils vermittelnden Jugendamt zusammen. Entsprechend der vom Jugendamt diagnostizierten Bedarfslage des Kindes wird vom Fachteam des Vereins eine der Bedarfslage des Kindes entsprechende Familie ausgesucht und über das Kind informiert. Kann sich die Familie vorstellen, dieses Kind in ihre Familie aufzunehmen, wird sie dem Jugendamt vorgeschlagen.

Die sich anschließende Anbahnungsphase dient dem Kennenlernen von Familie und Kind. Sie dient gleichzeitig der Überprüfung der gemeinsamen Lebensperspektive.

Ein Anstellungsverhältnis wird jeweils begründet, wenn alle Beteiligten ihre Zustimmung zum Wechsel des Kindes in die Pflegefamilie geben. Die in der Fortbildung qualifizierte Pflegeperson wird in ein sozialversicherungspflichtiges Arbeitsverhältnis beim Verein übernommen. Der Arbeitsinhalt und Arbeitsumfang wird durch den jeweiligen sozialpädagogischen Bedarf des Kindes bestimmt, den das Jugendamt im Hilfeplan festschreibt. Anstellungsvoraussetzungen sind dabei folgende Faktoren:

Formale Anstellungsvoraussetzungen:
- Realschul- oder vergleichbarer Abschluss,
- Mindestalter fünfundzwanzig Jahre,
- abgeschlossene Berufsausbildung in einem anerkannten Ausbildungsberuf,
- Absolvierung der Qualifizierungsmaßnahme zur professionellen Pflegeperson,
- Eignungsfeststellung als Pflegeperson durch das zuständige Jugendamt,
- amtsärztliches Gesundheitszeugnis.

Personelle Aufnahmevoraussetzungen:
- stabiles familiäres System,
- psychisch und physisch belastbare Personen und Familien,

- persönliche Flexibilität,
- keine anderweitige Berufstätigkeit der Pflegeperson,
- Akzeptanz des Projektanliegens, professionelle Erziehung im familiären Raum zu leisten, einschließlich des dazu notwendigen Familienmanagements,
- Empathiefähigkeit,
- Bereitschaft zu offener Reflexion pädagogischen Handelns,
- Konfliktfähigkeit, Frustrationstoleranz, Ambiguitätstoleranz,
- Bereitschaft zur konkreten beruflichen Lebensplanung unter Einbeziehung der Entwicklungsperspektive des Pflegekindes,
- Bereitschaft zu kontinuierlicher Fort- und Weiterbildung,
- Bereitschaft zur Zusammenarbeit mit der Herkunftsfamilie.

Organisatorische Voraussetzungen:

- Erreichbarkeit,
- Mobilität,
- ausreichender Wohnraum oder Veränderung bei Aufnahme eines Kindes.

Gegenstand des Anstellungsverhältnisses sind dabei die „professionellen Elemente" der Anforderungen an Pflegefamilien, wie z.B.:

- fachliche Einschätzung der Entwicklungsvollzüge und Planung weiterer Schritte in der Erziehung des Kindes,
- Aufarbeiten der kindlichen Entwicklungsgeschichte und Verstehen kindlicher Verhaltensweisen aus dessen Geschichte,
- Akzeptanz und (direkte oder indirekte) Einbeziehung der Herkunftsfamilie in die erweiterte Pflegefamilie,
- Reflexion über die eigene Wirksamkeit im Pflegeverhältnis sowie Rechenschaftspflicht über die Entwicklung des Pflegekindes gegenüber allen beteiligten Institutionen (Herkunftseltern, Jugendamt, Arbeitgeber),
- Kontakt zum Pflegekinderdienst, zu Ärzten, Therapeuten, Lehrern u. a. unter Wahrung der Interessen und Bedürfnisse des Pflegekindes,
- Verstehen, Unterstützen und bei Bedarf Weiterführung von Therapie- und Übungsprogrammen,
- monatliche Teilnahme an obligatorischen Fortbildungsveranstaltungen, Fallverlaufsbesprechungen und Supervisionen.

Gegenwärtig (Anfang 2003) arbeiten neunzehn Pflegepersonen, die insgesamt dreiundzwanzig Kinder betreuen. Für weitere Kinder laufen momentan die Anbahnungsphasen.

Zu (c): Begleitung des Pflegeverhältnisses

Besonderheiten der Arbeit als Pflegeperson ergeben sich im Vergleich zu anderen pädagogischen Berufen oder Tätigkeitsfeldern daraus, dass durch die professionelle Pflegeperson öffentliche Erziehung im privaten Raum geleistet werden soll. Durch die Integration eines fremden, oft massiv psychisch beeinträchtigten Kindes erfährt die aufnehmende Familie gravierende Veränderungen. Dies stellt die Pflegeperson und alle Familienmitglieder vor erhöhte Anforderungen hinsichtlich des Familienmanagements und der in der Familie mit dem Pflegekind zu leistenden Beziehungsarbeit.

Aus diesem Grund ist neben einer zielgerichteten intensiven Qualifizierung der zukünftigen Pflegepersonen und fachlich fundierter Vermittlung das Angebot eines professionellen Netzwerkes zur Unterstützung der Arbeit der Pflegeperson wesentlicher Bestandteil des Leistungsangebotes. Die regelmäßige Wahrnehmung von Begleitung ist dabei verpflichtender Bestandteil des Arbeitsvertrages der Pflegeperson. Gleichzeitig richtet sich das Angebot (vor allem im Rahmen der Fallverlaufsbesprechungen) an alle Familienmitglieder.

Die Begleitung der Pflegeverhältnisse umfasst folgende Formen:
- monatliche Fallverlaufsbesprechungen,
- monatliche Supervision (in der Regel in einer stabilen Gruppe),
- regelmäßige Teilnahme an Fortbildungen,
- gemeinsame Vorbereitung und Teilnahme am Hilfeplanprozess.

Darüber hinaus bei Bedarf:
- Krisenintervention und über den Fallverlauf hinausgehende Beratung der Pflegeperson, der Familiensysteme, des Pflegekindes,
- psychologische Begutachtungen, Einzelarbeit mit Pflegekindern,
- Begleitung schwieriger Kontakte mit der Herkunftsfamilie, mit Schulen, Lehrausbildern und anderen für das Kind und die Pflegefamilie relevanten Personen oder Institutionen.

Für eine derartige Begleitung stehen Psychologen und Pädagogen zur Verfügung, die über Zusatzqualifikationen im Bereich Supervision, Familientherapie oder Verfahrenspflegschaft verfügen und mit der Spezifik des Pflegekinderwesens sehr vertraut sind.

Der transnationale Teil von CINDERELLA

Da das Projekt gefördert wurde von der EU-Gemeinschaftsinitiative *Employment Now*, gehörte dazu neben dem nationalen Teil auch eine transnationale Aufgabenstellung. Gemeinsam mit den Partnern aus Österreich, Italien, Großbritannien und Belgien entstand ein gemeinsames Konzept zur Beschreibung eines neuen Berufsbildes „*edu-carer*" (in Österreich FamilienpädagogInnen genannt). Eignungskriterien, Berufsvoraussetzungen sowie Ausbildungsformen und -inhalte für sowohl Pflege- als auch Tagesmütter galt es, unter Berücksichtigung der jeweiligen soziokulturellen Gegebenheiten abzustimmen.

Tagesmütter und Pflegemütter haben eine komplizierte Beziehungsarbeit zu leisten. Als entscheidend für ihre Tätigkeit erweist sich dabei die Gratwanderung zwischen Privatheit und Öffentlichkeit, zwischen Distanz und Nähe. Diese Beziehungsarbeit erfordert neben grundlegendem pädagogisch-psychologischen Wissen die Ausbildung der Reflexivität, Kommunikations- und Beziehungsfähigkeit sowie das Training von Konfliktbewältigungsstrategien unter dem Gesichtspunkt des Handelns im privaten Raum.

Neben vielen Gemeinsamkeiten gibt es jedoch auch wesentliche Unterschiede zwischen beiden Tätigkeitsbereichen. So unterscheiden sich sowohl Arbeitsmotivation und -zielstellung als auch Bezahlung und Prestige der ausgeübten Tätigkeiten. Die Art der Erweiterung des jeweiligen Familiensystems deutet auf weitere Spezifika hin: So bewegt sich das Tagespflegekind täglich zwischen zwei Familien, ist in der Herkunftsfamilie zu Hause. Die Unterbringung für einen Teil des Tages in der Tagespflegefamilie ist von den Eltern in der Regel gewollt. In der Dauerpflegesituation dagegen ist die Pflegefamilie Lebensmittelpunkt des Kindes, die Herkunftsfamilie ist in den allermeisten Fällen nicht täglich präsent, die längerfristige Lösung des Kindes aus der leiblichen Familie wird oft von ihr nicht wirklich gebilligt. Hieraus ergeben sich jeweils spezielle Anforderungen an das Verhältnis von Distanz und Nähe, an die Intensität von zu leistender Beziehungsarbeit und an die Arbeit mit den Herkunftseltern des Kindes. Als ein weiteres Faktum ist zu konstatieren, dass die Anzahl von psychisch und/oder physisch beeinträchtigten Kindern in Dauerpflegesituationen häufiger zu finden ist, als in der Tagespflege.

Sowohl Tagespflege als auch Dauerpflege sind gesetzliche Bestandteile der öffentlichen Erziehung. Damit übernimmt der Staat die Verantwortung für ein qualifiziertes Angebot auch im Bereich der familiennahen Betreuung von Kindern.

In diesem Sinne will das internationale Projekt entsprechend der staatlichen Verantwortung ein in nicht zutreffender Weise traditionell in die private Abgeschiedenheit von Familie verwiesenes Feld weiblicher Tätigkeit durch Professionalisierung qualifizieren und so Arbeitsplätze für Frauen im familiennahen Bereich schaffen. Eine Qualifizierung von Tagespflegepersonen und Pflegepersonen im Rahmen der Hilfe zur Erziehung umfasst sowohl eine auf das jeweilige Arbeitsfeld vorbereitende Ausbildung als auch regelmäßige Fortbildungen und im Angesicht der komplizierten Beziehungsarbeit die regelmäßige Supervision.

Die am Projekt beteiligten Institutionen der einzelnen Länder stellten sich das Ziel, für beide Tätigkeitsfelder ein Curriculum zu entwickeln, das der jeweiligen Spezifik von Tages- oder Dauerpflege entspricht.

Dabei ließen sie sich von folgenden Gestaltungsgrundsätzen leiten:
- Die Ausbildung von Tagesmüttern bzw. Pflegemüttern erfolgt unter ganzheitlicher situationsbezogener Sicht;
- Das Curriculum strebt den Anschluss an Ausbildungsgänge benachbarter Berufe an;
- Eine Anordnung der Ausbildungsbestandteile in einzelnen Modulen soll die bessere Verzahnung mit anderen Ausbildungsgängen sichern und entsprechende Vorkenntnisse oder Vorerfahrungen der künftigen Tages- oder Pflegemütter berücksichtigen;
- Dabei soll die konkrete zeitliche und inhaltliche Gestaltung des Ausbildungsganges unter Kombination von Modulen durch die bisher erworbenen Kompetenzen der Teilnehmerinnen bestimmt sein. Methodisch wird sich die Ausbildung an den Erkenntnissen moderner Erwachsenenbildung orientieren.

Warum eine unendliche Geschichte?

Der nationale und der transnationale Teil des Cinderella-Projekts sind wie geplant abgeschlossen. Es liegen viele Materialien vor, die es noch aufzubereiten gilt. Eine forschungsbasierte Evaluation ist auf die Langzeitergebnisse verwiesen. Die Alltagsarbeit in der Betreuung der Pflegekinder und der Begleitung der Pflegefamilien bedeutet immer wieder eine neue Herausforderung. Doch diese „Mühen der Ebenen" sind es nicht, die uns belasten. Es sind vielmehr die irrationalen Argumente und die bürokratischen Hemmschwellen. Wenn z.B. die Kindeseltern der Pflegekinder den Wohnort wechseln, dann wechselt auch die Zuständigkeit der Jugendämter. Das bedeutet im günstigen Fall lediglich eine neue Vertragsverhandlung (meist verbunden mit Kostenkürzungen), im ungünstigsten Fall jedoch eine Ablehnung der Zusammenarbeit. Für die Pflegeeltern und -kinder entsteht dadurch eine fast unerträgliche Konfliktsituation: Wollen sie das Pflegeverhältnis fortsetzen, die gewachsenen Bindungen stabilisieren, müssen sie die Kündigung in Kauf nehmen und in der traditionellen Arbeitsweise ehrenamtlich und ohne fachliche Begleitung weiterleben. Beenden sie jedoch das Pflegeverhältnis, weil die neuen Konditionen für sie untragbar sind, wird moralischer Rufmord betrieben. Die Unterstellung, sie würden das Kind nur wegen des Geldes betreuen, ist nicht auszurotten. Bei einer Erzieherin im Heim mit Schichtsystem wird diese Frage niemals gestellt.

Öffentliche Erziehung im privaten Raum zu leisten, ist in der herkömmlichen Denkweise nach wie vor keine „Arbeit" und damit auch in der Fachlichkeit trotz Qualifikation entwertet. Drüber hinaus gelten Pflegeeltern als kompetente Fachkräfte oft als unbequeme Partner für die anderen Professionen im Hilfeplanverfahren.

Insofern lässt das deutsche System beruflicher Qualifikationen insbesondere im pädagogischen Bereich eine Anerkennung des speziellen Berufsbildes schwierig werden. Es wird noch ein langer Weg sein, bis das Aschenputtel seinen Prinzen findet.

Literatur

Bundesministerium für Familie, Senioren, Frauen und Jugend (Hg.) (2002): Elfter Kinder- und Jugendbericht. Bericht über die Lebenssituation junger Menschen und die Leistungen der Kinder- und Jugendhilfe in Deutschland – Stand Februar 2002. Berlin

Claudia Bier-Fleiter

Jugendliche Mütter und ihre Kinder in einer Einrichtung der Jugendhilfe – Zwischenbericht zu Ergebnissen und Perspektiven einer Langzeitstudie

Während des Zeitraums der Jahre 1998 bis 2000 ist innerhalb der Gruppe der Jugendlichen die Anzahl minderjähriger Mütter in Deutschland entgegen geläufiger Annahmen gestiegen. Mehr als siebentausend Mädchen unter achtzehn Jahren brachten im Jahre 2000 ein Kind zur Welt. Zwischen dem achtzehnten und zwanzigsten Lebensjahr waren es bereits siebzehntausend (BZgA 2001, S. 3). Dieses Phänomen auf mangelnde Aufklärung über Sexualität und Verhütung zurückzuführen, ergibt einen Sinn, wenn man berücksichtigt, dass Mädchen heute durchschnittlich mit zwölf Jahren und immer häufiger bereits im Grundschulalter mit neun Jahren geschlechtsreif sind. Gleichwohl ist dieser Erklärungsansatz meiner Einschätzung nach nicht hinreichend. Stattdessen muss sich der Blick auf psychosoziale Konfliktkonstellationen richten, die nicht primär als Folge, sondern als Ursache früher Schwangerschaften zu verstehen sind.

Stand der Forschung

Gemessen an dem Ausmaß des skizzierten Problemfeldes lässt sich der gegenwärtige Forschungsstand in Deutschland als vernachlässigt bezeichnen. Nur wenige methodisch abgesicherte Untersuchungen befassen sich mit dem Forschungsbereich der Einrichtungen für Mutter und Kind im Rahmen der Jugendhilfe. Im Wesentlichen lassen sich zwei Forschungsschwerpunkte erkennen: zielgruppenbezogene und institutionsbezogene Untersuchungen. Zu ersteren gehört die Studie von Gerhild Eisenhauer-Hartung aus dem Jahre 1972, die anhand einer Aktenanalyse und einer Befragung minderjähriger Mütter in zwei Mutter-Kind-Heimen die Thematik unehelicher Mutterschaft erforschte (Eisenhauer-Hartung 1972). Bodo Kester untersuchte 1979 anhand einer schriftlichen Erhebung Heime für Mutter und Kind in der BRD und legte dabei den Schwerpunkt auf deren institutionelle Entwicklung. Bei einer Rücklaufquote der Fragebögen von 50% ergab sich allerdings eine eher schmale Datenbasis (vgl. Kester 1979). In den Jahren 1980/81 erforschte Claudia Bier-Fleiter das Schwangerschaftserleben jugendlicher Mütter aus einem Mutter-Kind-Heim anhand der Methode des leitfadengestützten narrativ-biographischen Interviews (Bier-Fleiter 1985a). Im Rahmen einer von der DFG geförderten Langzeitstudie wurde 1986/87 die gleiche Gruppe sechs Jahre später erneut befragt (Bier-Fleiter/Grossmann 1989). Wolf Rainer Wendt (1981) ging in seiner im Auftrag des Bundesministeriums für Jugend, Familie und Gesundheit erstellten Expertise der Frage nach, ob Einrichtungen für Mutter und Kind eine Alternative zum Schwangerschaftsabbruch darstellen können. Wie Kester führte er eine schriftliche Erhebung durch. Die Rücklaufquote der Fragebögen betrug knapp 70% (Wendt 1981). In den Jahren 1986-89 wurde im Auftrag des Bundesministeriums für Jugend, Familie, Frauen und Gesundheit unter der Leitung von Dieter Höltershinken unter Mitarbeit von Martina Hecker, Elsa Kappen und Renate Klees des Instituts für Sozialpädagogik der Universität Dortmund ein Forschungsprojekt über „Möglichkeiten und Grenzen der Lebenshilfe für besonders sozial gefährdete Mädchen und Frauen" durchgeführt. Ziel dieser Untersuchung war es,

„die gegenwärtige Situation von Mutter-Kind-Einrichtungen und die Situation ihrer Bewohnerinnen im Hinblick auf die zukünftige Planung von Hilfen für Schwangere bzw. Mädchen und Frauen mit Kindern, die sich in einer Notsituation befinden, zu erfassen" (BMJFFG 1990, S. 9).

1993 erschien die Untersuchung von Renate Klees-Möller, die in dem oben aufgeführten Forschungsprojekt mitgearbeitet hat. Sie beschäftigte sich mit Einrichtungen für Mutter und Kind als einem bisher wenig beleuchteten Bereich der Jugendhilfe aus historischer und aus aktueller Sicht (Klees-Möller 1993). Nach 1993 sind in Deutschland meiner Kenntnis nach keine weiteren Forschungsarbeiten zu den genannten Schwerpunktbereichen veröffentlicht worden.

Ergiebiger stellt sich die Situation in den USA dar, wo zahlreiche Einzeluntersuchungen über jugendliche Mütter und über eine Vielzahl sozialpädagogischer Maßnahmen und Programme erschienen sind. Dies erklärt sich u. a. aus dem Umstand, dass die Rate der Schwangerschaften bei Jugendlichen unter zwanzig Jahren insbesondere innerhalb der schwarzen Bevölkerung in den USA wesentlich höher liegt als in den westlichen Industrienationen. *„Teenage-mothers"* arbeiten häufiger in schlecht bezahlten Jobs oder sind eher arbeitslos als Mütter, die ihr erstes Kind zu einem späteren Zeitpunkt zur Welt bringen. In diesem Zusammenhang fällt auf, dass vor allem weiße jugendliche Mütter in den USA den Schulbesuch nicht wegen ihrer Schwangerschaft abbrechen, sondern bereits vor Eintritt der Schwangerschaft Schwierigkeiten in der Schule aufweisen. Die Forschung zeigt, dass eine Korrelation zwischen niedrigem Bildungsniveau und früher Mutterschaft besteht. Unterstützende Maßnahmen während der Schwangerschaft reichen nicht aus, um Defizite in Bildung und Ausbildung auszugleichen.

Dem mageren Forschungsstand in Deutschland entspricht, dass – abgesehen von den genannten Untersuchungen von Bier-Fleiter (1985a) und Bier-Fleiter/Grossmann (1989) – keine Langzeituntersuchungen existieren, die sich mit der Zielgruppe jugendlicher Schwangeren sowie Müttern und ihren Kindern befassen. Auch aus dem angloamerikanischen Sprachraum sind mir keine Untersuchungen mit diesem Schwerpunkt bekannt. Einige Langzeituntersuchungen in Deutschland berühren sich lediglich in bestimmten Bereichen wie Prostitution und Delinquenz mit dem in Rede stehenden Forschungsgebiet. Zu nennen ist z. B. eine Longitudinalstudie aus dem Jahre 1988 von Lieselotte Pongratz. In dieser Studie wurden im Jahre 1963 Aspekte des Lebensweges von einhundertvierzig Kindern der Jahrgänge 1953/54 zunächst über einen Zeitraum von null bis sieben bzw. neun Jahren erhoben, deren Mütter Prostituierte waren. Die Nachuntersuchung im Jahre 1980 erfasste einen Zeitraum vom siebten/neunten bis zum vierundzwanzigsten/sechsundzwanzigsten Lebensjahr der Befragten. Forschungsaspekte bildeten Schullaufbahn, Ausbildung und Beruf, Partnerschaft, Ehe, Kinder, sozioökonomische Bedingungen der Lebenssituation, soziale Beziehungen und Sozialverhalten sowie die Analyse von Stigmatisierungsprozessen in ihren Auswirkungen auf den Lebenslauf (Pongratz 1988). Des Weiteren ist die sozialstatistische Untersuchung derselben Autorin zusammen mit Peter Jürgensen aus dem Jahre 1990 anzuführen, bei der es sich um eine Nachuntersuchung vormals delinquenter Kinder im Erwachsenenalter handelt (Pongratz/Jürgensen 1990). Ferner liegt eine Längsschnittuntersuchung aus dem Bereich der kriminologischen Forschung aus dem Jahre 1993 von Robert Mischkowitz über kriminelle Karrieren und deren Abbruch vor (Mischkowitz 1993).

Es wurde festgestellt, dass nicht nur die Forschungslage zum genannten Schwerpunkt insgesamt als dürftig zu bezeichnen ist, sondern auch hinsichtlich der zielgruppenbezogenen Forschung. Außer der oben erwähnten Studie von Eisenhauer-Hartung (1972), die den Schwerpunkt der Thematik der unehelichen Mutterschaft minderjähriger Mütter in den Blick nahm, beziehen sich die weiteren institutionsbezogenen Forschungsarbeiten, sofern sie die Zielgruppe der Bewohnerinnen der Einrichtungen für Mutter und Kind beschreiben, auf die Untersuchungen von Bier-Fleiter (1985a) und Bier-Fleiter/Grossmann (1989). Diese stellen die einzigen mir bekannten Untersuchungen im Rahmen einer Langzeitstudie dar. Auf Ergebnisse von Langzeitstudien ist auch und gerade die sozialpädagogische Forschung angewiesen. Das, was Gertrud Beck und Gerold Scholz (1997) für die Langzeitbeobachtung feststellen, gilt auch für Langzeitstudien im Allgemeinen:

„Es geht nicht um eine Ansammlung von (Konflikt-)Fällen, sondern um das Erkennen und Nacherzählen von Entwicklungen. Die Fallmethode löst sich (...) von der Vorstellung, gewissermaßen ‚Wesensaussagen' über Personen und Institutionen treffen zu wollen und zu können. Diese schon immer problematische Annahme wird hier aufgelöst in eine Beschreibung von Veränderungen, der Bedingungen, unter denen bestimmte Veränderungen beobachtbar waren – und zumindest spekulativ – einer Reflexion darüber, welches die Bedingungen der Möglichkeit für bestimmte Veränderungen sind" (Beck/Scholz 1997, S. 683).

Im Folgenden werde ich die Fragestellungen und die Methode der ersten und zweiten Untersuchung im Rahmen der Langzeitstudie darstellen, die Ergebnisse beider Untersuchungen zusammenfassen und im Anschluss Forschungsperspektiven des dritten Teils der geplanten Langzeitstudie aufzeigen.

Meine im Jahre 1980/81 begonnene Untersuchung des Sozialisationsverlaufes jugendlicher Mütter, die alleinstehend waren und die Zeit der Schwangerschaft und Geburt in einem Mütter- und Kleinkinderheim einer deutschen Großstadt verbrachten, gehört zu den zielgruppenbezogenen Forschungsarbeiten dieses Sachgebiets. Ein Jahrgang der im Heim aufgenommenen Schwangeren wurde mit der Methode des leitfadengestützten narrativ-biographischen Einzelinterviews befragt. Die am häufigsten vertretenen Altersgruppen waren fünfzehn- bis siebzehnjährige ledige Mütter, gefolgt von achtzehn- bis zwanzigjährigen. Die Mehrzahl von ihnen war in Teil- und Stieffamilien aufgewachsen und hatte vor Aufnahme in das Mütter- und Kleinkinderheim in Erziehungsheimen und Pflegefamilien gelebt. Die Befragung wurde im Rahmen eines von der DFG geförderten Forschungsprojektes unter Leitung von Wilma Grossmann sechs Jahre später wiederholt. Zum Zeitpunkt der zweiten Untersuchung lebte keine der befragten Frauen mehr im Heim, ihre Kinder waren mittlerweile im schulpflichtigen Alter. Die dritte Untersuchung der Langzeitstudie wird die Befragung derselben Frauen zwanzig Jahre nach der Geburt ihres Kindes im Mütter- und Kleinkinderheim fortführen. Erstmals werden nun auch die mittlerweile volljährigen Kinder interviewt.

Erste Untersuchung der Langzeitstudie in den Jahren 1980/81

Da in den Jahren 1980/81 nur geringe Kenntnisse über die Untersuchungsgruppe vorlagen, ging es zunächst darum, die Grundlagenforschung weiterzuführen. Hierbei wurden drei Untersuchungsschwerpunkte verfolgt:

(1) Die familialen und außerfamilialen Sozialisationseinflüsse vor Eintritt der Schwangerschaft, die zur Aufnahme in das Mütter- und Kleinkinderheim geführt hatten;
(2) die Auswirkungen dieser Einflüsse auf das Erleben und den Verlauf der Schwangerschaft und der Mutter-Kind-Beziehung unter dem Aspekt der durch das soziale Umfeld bedingten Konfliktkonstellationen; die Erlebnisänderungen während der Schwangerschaftsphasen und die individuellen Lösungsversuche;
(3) der Stellenwert des Aufenthaltes im Mütter- und Kleinkinderheim im Zusammenhang mit der individuellen Konfliktlage.

Mein Untersuchungsansatz im Jahre 1980 ging davon aus, dass die Erforschung des Schwangerschaftserlebens unter sozialpädagogischen Gesichtspunkten die individuelle Verarbeitung gesellschaftlicher Bedingungen und deren Verarbeitung im Einzelnen, d. h. der Betroffenen, zeigen muss. Alfred Lorenzers Ansatz im Umgang mit narrativ-biographischen Texten bildete die Grundlage für das angewandte hermeneutisch-interpretierende Verfahren, das sich der Methode des leitfadengestützten narrativ-biographischen Interviews bedient (Lorenzer 1979). Sein Untersuchungsansatz geht von einer Verknüpfung der subjektiven und objektiven Ebenen aus. Die individuelle Bedeutung der Lebensumstände der Befragten wird mit der gesellschaftlichen Wirklichkeit in Beziehung gesetzt:

„Es ist eben nicht so, dass das individuelle Schicksal ein privates ist. So wie die Sozialisation des einzelnen nicht familial beziehungslos in den Panoramen der Kulturen sich in der Schwebe befindet, sondern ihren sozialen Ort in der sozialen Ordnung der jeweiligen Gesellschaft hat, so ist das individuell Private der einzelnen Lebensgeschichte *immer* auch Exempel kollektiv gruppenspezifischer, überindividueller Lösungsversuche gesellschaftlich zugefügter Sozialisierung im Brennpunkt individuell besonderer Lebenssituation" (Lorenzer 1979, S. 138).

Die wissenschaftliche Bezugnahme auf individuelle Lebensgeschichten, die Mitte der siebziger Jahre eine Renaissance erlebte, ist inzwischen zu einem zentralen Forschungsgebiet innerhalb der Sozialwissenschaften, im besonderen der Jugendforschung, geworden. Der Blick auf Lebenslauf und Biographie ermöglicht es, auf der Individualebene dem Prozessverlauf der Herausbildung sozialer Lebensmuster und Institutionalisierungsprozesse gerecht zu werden und die Herausbildung der Individualität als zentralen Bestandteil gesellschaftlicher Institutionalisierung zu verstehen. Seit den vergangenen zwanzig Jahren hat sich dieser Ansatz zu einem weitverzweigten Spektrum entwickelt. Einer disziplinären und interdisziplinären Ausdifferenzierung des Forschungsbezuges zu Biographie und biographischen Dokumenten entspricht eine terminologische Vielfalt wie Biographieanalyse, *live-event*-Forschung, soziobiographische Methode, Einzelfallanalyse. Zwar ist bei der angedeuteten Fülle unterschiedlicher Methoden ein einstimmiges wissenschaftliches Urteil nicht zu erwarten, wie Fuchs bereits im Jahre 1982 feststellte:

„Es gibt keine biographische Forschungsmethode in den Sozial- und Erziehungswissenschaften im Sinne eines von allen Forschern geteilten Kanons von Forschungspraktiken" (Fuchs 1984, S. 11).

Doch haben aktuelle methodologische Forschungen die Vorzüge des gewählten Ansatzes bestätigt (Kraul/Marotzki 2002; Krüger/Marotzki 1995; Flick 2000).

Die empirische Grundlage der ersten Untersuchung ist eine Vollerhebung. Meine Fallzahl (n=17) umfasste alle im Mutter-Kind-Heim lebenden

Schwangeren, mit Ausnahme zweier Türkinnen, die kaum Deutsch sprachen
– ich selbst spreche nicht türkisch. Das Kriterium der Erreichbarkeit der Befragten wurde somit erfüllt. Hinsichtlich der Gruppe, auf die ich mich bezog, bestehen bestimmte Vorannahmen, die das Spektrum der zu behandelnden Fragestellungen auf den anvisierten Problembereich eingrenzten. Es handelte sich ausschließlich um Mütter, die ihre Kinder in einem Mutter-Kind-Heim zur Welt gebracht haben und um deren Kinder. Zugleich war die Zahl der Befragten groß genug, um eine repräsentative Darstellung der unterschiedlichen Positionen zu gewährleisten. Dies ist eine wichtige Voraussetzung für eine Übertragung der Ergebnisse der Studie, auch in Hinblick auf die Diskussionen im Bereich der Jugendhilfe. Die Anzahl der Stichproben bei qualitativen Untersuchungen beträgt, wie Hans Merkens (1997) ausführt, in der Regel zwischen einem und hundert Fällen. Hinzufügen möchte ich, dass er die Notwendigkeit betont, der Stichprobenproblematik größere Aufmerksamkeit zu widmen, insbesondere wenn es darum geht, generalisierbare Erkenntnisse zu gewinnen (vgl. Merkens 1997, S. 104).

Die Durchführung meiner Untersuchung wäre ohne das Einverständnis des damaligen Jugendamtsleiters, des Leiters und der stellvertretenden Heimleiterin des Mütter- und Kleinkinderheims nicht möglich gewesen. Letztere unterstützten meine Forschung in hohem Maße. Eine weitere wesentliche Vorbedingung für das Gelingen meiner Untersuchung stellte der Umstand dar, dass ich zum damaligen Zeitpunkt selbst eine junge Mutter war. Zu Beginn meines ersten Zusammentreffens mit den jugendlichen Müttern, die mich teils mit Interesse, teils mit Misstrauen betrachteten, lautete die erste Frage, die mir gestellt wurde, ob auch ich ein Kind habe. Indem ich diese bejahte, war die erste Barriere überwunden: eine Frau entgegnete, dass ich dann wohl wisse, wie das sei mit so einem kleinen Kind und eine andere Bewohnerin fügte hinzu, dass ich meinen Sohn ruhig mitbringen solle, wenn ich nun öfter käme. Meine anfängliche Vorüberlegung während des Stadiums der Konzeption der empirischen Untersuchung enthielt die Erwartung, dass es mir im Einzelgespräch nicht gelingen würde, die Befragten an die zu untersuchenden Gesichtspunkte heranzuführen oder sie zu einem Gespräch hierüber zu motivieren, setzte ich sie doch einer Befragungssituation aus, die sie mit der Enttäuschung über das Verhalten des Vaters ihres Kindes, die häufig ablehnende Reaktion ihrer Herkunftsfamilie auf die Schwangerschaft – mir bereits bekannte häufige Gründe, die zu ihrem Aufenthalt im Mütter- und Kleinkinderheim geführt hatten – konfrontierten. Mein anfängliches Vorhaben, gegebenenfalls auf die Methode der Gruppendiskussion auszuweichen, die trotz ihrer methodischen Mängel durch die Möglichkeit der assoziativen Gesprächsführung Einsichten versprach, stellte ich zurück.

Um Veränderungen, die für die im Umbruch befindliche Lebenssituation der Befragten nach Eintritt der Schwangerschaft zu erwarten waren, erfassen zu können, wurde ein Gespräch unmittelbar nach der Heimaufnahme und ein weiteres kurz vor der bevorstehenden Geburt geführt. Alle Interviews wurden auf Tonband aufgenommenen. Um den Nachvollzug der Interpretationen zu erleichtern und die Transparenz zu erhöhen, wurden die Darstellungen der Befragten exemplarisch durch Zitate belegt.

Bezogen auf die drei Untersuchungsschwerpunkte wurden folgende Auswertungskategorien an das Interviewmaterial angelegt: Familiale und außerfamiliale Sozialisation, Aufklärung und Empfängnisverhütung, Einstellung zum Schwangerschaftsabbruch, Erstreaktion auf die Schwangerschaft, Bedeutung der Partnerbeziehung und der Herkunftsfamilie im Schwangerschaftserleben, Entwicklung des Schwangerschaftserlebens unter Berücksichtigung des sozialen Umfeldes, Einfluss des Aufenthaltes im Mütter- und Kleinkinderheim auf das Erleben der Schwangeren und Zukunftsperspektiven nach Auszug aus dem Heim unter dem Gesichtspunkt sozialpädagogischer Ansatzpunkte.

Von den siebzehn Fällen wurden fünf exemplarisch dargestellt und interpretiert. Sie zeichneten sich besonders deutlich durch phasenspezifische Formen der Ambivalenz aus: das Erleben der Schwangerschaft und die Entscheidung für ein Leben mit oder ohne Kind standen im Widerspruch zueinander. Im ersten Fall wurde das bewusste Schwangerschaftserleben von dem Wunsch beherrscht, das Kind abtreiben zu lassen, doch es kam nicht zu einem Schwangerschaftsabbruch. Im zweiten Fall bestand ein deutlich geäußerter Kinderwunsch. Kontrastierend dazu lag eine massiv feindliche Haltung dem Kinde gegenüber vor. Im dritten Fall entschied sich die Befragte bereits während der Schwangerschaft, ihr Kind zur Adoption freizugeben, obwohl eine deutlich positive Einstellung dem Kind gegenüber bestand. Im vierten Fall wurde eine Freigabe zur Adoption abgelehnt, obwohl eine massiv feindliche Haltung dem Kinde gegenüber vorlag. Im fünften Fall harmonierten die Art der Konfliktlösung und die innerpsychischen Tendenzen.

Das interpretative Vorgehen dieser fünf Fälle vollzog sich in folgenden Schritten:

Lebensbeschreibung vor Eintritt der Schwangerschaft, Lebensbeschreibung nach Eintritt der Schwangerschaft, Interviewsituation, interpretativer Nachvollzug der Lebensgeschichte vor Eintritt der Schwangerschaft und Darstellung des Schwangerschaftserlebens.

Die anschließende thematische Auswertung aller siebzehn Fälle verfolgte das Ziel, von den Falldarstellungen zu Verallgemeinerungen über die Gruppe der Befragten hinaus zu gelangen, um Strukturen der individuellen Verarbeitung sichtbar zu machen und den Zusammenhang zwischen Sozialisationsverlauf, Schwangerschaftserleben und Fähigkeit zur Konfliktlösung herauszufinden. Besonders wichtig scheint mir in diesem Zusammenhang die in den Interviews sichtbar gewordene Ambivalenz der jungen Mütter zu sein, die bei der Beurteilung der Freigabe des Kindes zur Adoption gesehen werden muss.

Zweite Untersuchung der Langzeitstudie in den Jahren 1985/86

Für die Jugendhilfe ist es von weitreichender Bedeutung, Auskunft darüber zu erhalten, wie sich die während einer akuten Notsituation gewährte Hilfe und Unterstützung langfristig auswirken. Zweifelsfrei hatte die Mutter-Kind-Einrichtung zu einer vorübergehenden Stabilisierung der jugendlichen Mütter beigetragen, aber es bestanden aufgrund der Untersuchungsergebnisse erhebliche Zweifel daran, ob die jungen Mütter imstande sein würden, nach dem Verlassen des Mutter-Kind-Heimes selbständig zu leben und ihr Kind aufzuziehen. Da es jedoch keine einschlägigen Forschungen gab, sollte diesen Fragen in der zweiten Untersuchung nachgegangen werden (vgl. Grossmann/Bier-Fleiter 1987).

Um die Vergleichbarkeit der Untersuchungsergebnisse zu gewährleisten, wurde die Methode des Leitfadengestützten narrativ-biographischen Einzelinterviews beibehalten. Anders als in der ersten Untersuchung führte ich mit den Befragten lediglich ein Interview durch, da nun die Notwendigkeit eines zusätzlichen, zeitlich versetzten Forschungsschwerpunktes entfiel. Dies war in der ersten Untersuchung notwendig, um Veränderungen in der im Umbruch befindlichen Lebenssituation der Befragten nach Eintritt der Schwangerschaft erfassen zu können.

Bei qualitativen Forschungen spielt die Persönlichkeit der Interviewerin eine wichtige Rolle. Ich war den Frauen bereits aus der ersten Untersuchung bekannt und hatte nach Beendigung der ersten Untersuchung den Kontakt zu den jungen Frauen und ihren Kindern nicht abreißen lassen. Das Wiederauffinden der Frauen gestaltete sich nicht einfach, da sie nach dem Auszug aus dem Mütter- und Kleinkinderheim über das gesamte Bundesgebiet verteilt lebten. Den Befragten wurde die Wahl des Ortes und des Zeitpunkts für das Interview überlassen. Als Ort der Befragung wählten alle Frauen die eigene Wohnung bzw. Unterkunft. Die Durchführung der Interviews im Lebensfeld der Befragten bot den Vorteil, dass durch die „teilnehmende Beobachtung", sozusagen als „Nebenprodukt", Eindrücke über die Wohnsituation und den Lebensstil gewonnen werden konnten. Erschwerend jedoch kam hinzu, dass die Lebensumstände der Frauen Einfluss auf die Voraussetzungen hatten, unter denen sie befragt wurden. So gelang es in einem Falle nicht, mit der Befragten alleine zu sprechen, da ihr Partner auf seiner Anwesenheit bestand. In einem weiteren Falle fürchtete die Frau, dass ihr Partner hinzukommen könnte. Das Misstrauen der jeweiligen Partner beeinflusste so – anders als bei der Erstbefragung der Frauen im Mütter- und Kleinkinderheim – direkt oder indirekt den Inhalt und den Verlauf des Gespräches.

Von den siebzehn Frauen der Erstuntersuchung konnten dreizehn befragt werden. Zwei waren inzwischen verstorben, zwei weitere Frauen konnten nicht befragt werden, da sie in Übersee lebten. Im Gegensatz zur ersten Untersuchung, bei der alle Interviews im Mütter- und Kleinkinderheim durchgeführt worden waren, und alle Befragten sich mit einer Tonbandaufnahme einverstanden erklärt hatten, waren bei der zweiten Untersuchung neun Befragte mit einer Tonbandaufnahme einverstanden. Vier verweigerten ein Aufnahme aus den oben genannten Gründen. Von den Gesprächen mit diesen Frauen wurden als Grundlage der Auswertung Gedächtnisprotokolle angefertigt.

Nicht alle Frauen lebten noch mit ihrem mittlerweile sechs Jahre alten Kind zusammen: ein Teil hatte sich gleich nach der Geburt ihres Kindes bzw. zu einem späteren Zeitpunkt für eine Adoption oder für eine dauerhafte Fremdunterbringung bei den Großeltern entschieden. Derartige Faktoren beeinflussen die Voraussetzungen einer Langzeituntersuchung, in der es darauf ankommt, die Variablen und Gruppierungen des Untersuchungsfeldes möglichst konstant zu halten. Sie sind jedoch nicht nur als unvermeidbare Größen zu betrachten, die die Methode betreffen, sondern stellen – wie im Falle der misstrauischen Männer – neu hinzugekommene Voraussetzungen dar, die in der Erhebung selbst genannt und bei der Entwicklung entsprechender sozialpädagogischer Konzepte berücksichtigt werden müssen.

Meine Rolle als Interviewerin gestaltete sich in der zweiten Untersuchung zunehmend komplexer: Mein wissenschaftliches Interesse bestand darin, die Frauen zu befragen. Da einige Frauen hiermit die Chance verbanden, Rat und Hilfe zu erlangen, konnte ich ihr Interesse nur realisieren, indem ich mich auch auf eine helfende Beziehung zu den Frauen einließ. Bei der Erstuntersuchung hatten die Mitarbeiterinnen des Heimes diese Rolle übernommen. Diese helfende Beziehung, die für die Interviewerin in wissenschaftlicher und persönlicher Hinsicht durchaus nicht unproblematisch war, ermöglichte es jedoch auch, die Schwierigkeiten der Frauen und ihre Sicht der Dinge besser zu verstehen. Auch hier lag eine situationsbedingte – instrumentelle – Veränderung gegenüber der Rolle der Interviewerin in der Erstuntersuchung vor, die im Rahmen der Erhebung reflektiert werden musste.

Die zweite Untersuchung ging folgenden Fragen nach:

(1) Wie bewältigten die Frauen den Alltag und wie sicherten sie ihre Existenz, nachdem sie den schützenden Raum des Mutter-Kind-Heimes verlassen hatten? Konnten sie eine Familie aufbauen?

Die mittlerweile volljährigen Frauen äußerten sich zu ihrer Rolle als Mutter, Hausfrau und Erwerbstätige. Neben der Erhebung ihrer Ausbildungs-, Arbeits- und Wohnsituation wurde die Organisation des Erziehungsalltags der Frauen, die mit ihrem Kind zusammenlebten, retrospektiv nachvollzogen. Besondere Berücksichtigung fanden hierbei, wie auch bei der ersten Untersuchung, Probleme des sozialen Umfeldes, der Herkunftsfamilie und der Partnerbeziehung.

(2) Wie entwickelte sich die Mutter-Kind-Beziehung? Haben die jungen Mütter ihre Ambivalenz bzw. die Ablehnung des Kindes überwunden? Gelang es ihnen, eine stabile Beziehung zu ihrem Kind aufzubauen?

Bei der Frage nach der Bedeutung des Kindes für die Frauen und ihrem Bild von Mutterschaft wurden die Gründe für ein Leben mit dem Kind bzw. für Adoption oder Fremdunterbringung als Konfliktlösung angesichts der psychosozialen Notlagen untersucht. Im Falle des Zusammenlebens mit dem Kind galt das Forschungsinteresse der Frage, welche Rolle dieses innerhalb der Familienstruktur einnahm. Im Falle der Adoption bzw. Fremdunterbringung gaben die Einzelinterviews Aufschluss über ein in der Öffentlichkeit und in der sozialpädagogischen Fachdiskussion wenig beachtetes Problem, nämlich wie die jungen Frauen mit der Abgabe des Kindes und dem Verzicht fertig wurden.

(3) Welche Konsequenzen ergeben sich aus den Untersuchungsergebnissen für sozialpädagogische Konzepte und ist das Hilfsangebot des Mutter-Kind-Heimes, das sich auf die Zeitspanne von Schwangerschaft und Geburt bezieht, angemessen und ausreichend?

Um eine Antwort auf die Frage zu finden, in welcher Weise der Aufenthalt in einem Mütter- und Kleinkinderheim eine Hilfe sein kann, wurde untersucht, wie die Frauen die Organisation des Erziehungsalltags im Heim beurteilten, wie sie die Beziehungen der Heimbewohnerinnen untereinander sahen und das Verhalten der Sozialarbeiterinnen sowie das Beratungs-, Hilfs- und Bildungsangebot einschätzten. Ausgangspunkt war die Annahme, dass sozialpädagogische Konzepte für eine situationsgerechte Planung von Hilfen für Schwangere und Mütter in aus Verwahrlosung resultierenden Konfliktkonstellationen nur dann eine weitreichende Lebenshilfe bieten, wenn man sich gemeinsam mit den Betroffenen auf Lösungen besinnt, die jene auch als solche begreifen und die ihre Wünsche, Hoffnungen und Erwartungen berücksichtigen.

Ergebnisse der ersten und zweiten Untersuchung der Langzeitstudie

Die erste Untersuchung hatte gezeigt, dass der unbewusste Wunsch der Befragten nach einem Kind so stark war, dass sie trotz äußerer Schwierigkeiten weder eine Schwangerschaft verhinderten noch einen Schwangerschaftsabbruch herbeiführten. Der Kinderwunsch stellte sich als ein Lösungsversuch dar, der sie aus ihrer schwierigen Lage herausführen sollte. Obwohl die Befragten sehr wohl über Empfängnisverhütung informiert waren, zeigt es sich, dass in vielen Fällen kontrazeptive Maßnahmen abgelehnt bzw. nicht mehr angewandt wurden. Die Schwangerschaft war somit nicht allein auf einen Mangel an Informationen zurückzuführen. Die Wahrnehmung der Schwangerschaft wurde so lange hinausgezögert, bis es zu einem Abbruch zu spät war, bzw. in den Fällen, in denen dieser noch möglich war, mit dem Hinweis auf moralische Prinzipien abgelehnt. Die wirklichen Gründe für die Schwangerschaft und die Verhinderung der Abtreibung war den Frauen aber meist nicht bewusst. Häufig wurden äußere Umstände für das Geschehen verantwortlich gemacht (vgl. Bier-Fleiter, 1985b). Die erste und zweite Untersuchung ergaben, dass die Lebensbedingungen, unter denen die Befragten aufwuchsen, als extrem ungünstig für die Persönlichkeitsentwicklung betrachtet werden können. Bei der überwiegenden Mehrzahl fiel auf, dass die familiale Sozialisation durch einen Mangel an verlässlichen Beziehungen und an Geborgenheit gekennzeichnet war. Die Frauen wuchsen in phasenweise wechselnden Teil- und Stieffamilien auf, da sich die Eltern früh getrennt hatten. Die Befragten mussten Leistungen erbringen und Aufgaben übernehmen, die sie überforderten: die Geschwister betreuen, den Haushalt regeln, das Haushaltsgeld einteilen, d. h. Eltern- und Partnerfunktionen übernehmen und so früh erwachsen werden. In der Pubertät flüchteten zwei Drittel der Befragten aus dem „Elternhaus". Keine der Frauen, so das Ergebnis der ersten und zweiten Untersuchung, ist dorthin zurückgekehrt, von gelegentlichen Besuchen abgesehen. Die Herkunftsfamilie war froh, den „Problemfall" an Einrichtungen der Jugendhilfe abgeben zu können. Eine Befragte wurde in demselben Mütter- und Kleinkinderheim geboren, in dem sie selbst später ihr Kind zur Welt bringen sollte. Dass von den Herkunftsfamilien nichts unternommen wurde, sie zurückzugewinnen, kränkte die Befragten, wie die zweite Untersuchung bestätigte. In vielen Fällen erfolgte ein Aufenthalt in Erziehungsheimen, der jedoch nicht zu einer Überwindung der Defizite an Betreuung und stabiler Bindung führte. Versuche, selbstständig zu leben, scheiterten an der nicht erlernten Fähigkeit, mit sich selbst zurechtzukommen. Da Ich-Stärke und Selbstbewusstsein vorrangig aus Abgrenzung, Verneinung und Verweigerung resultierten, machte sich in den Frauen ein Gefühl der Verlassenheit breit, sobald sie auf sich selbst gestellt waren. Sie besaßen nicht die nötige Ausdauer, Schule und Berufsausbildung fortzusetzen. Gleichwohl setzten sie, was ihre weitere Existenzsicherung betraf, so das Ergebnis der zweiten Untersuchung, auf die in der Herkunftsfamilie erworbenen Überlebensstrategien. Anders wäre die Bewältigung des Alltags, der einer Anhäufung von Katastrophen gleichkam, in die sie immer wieder hineinstolperten, nicht denkbar gewesen. Zusammenfassend lässt sich sagen, dass ein Vergleich beider Untersuchungen folgendes ergab: Die Lebensbedingungen der jungen Mütter und die ihrer Herkunftsfamilien sind nahezu unverändert geblieben und das Generationsschicksal hat sich weitgehend reproduziert.

Forschungsperspektiven der dritten Untersuchung im Rahmen der Langzeitstudie

In der dritten Untersuchung im Rahmen der Langzeitstudie sollen die Lebensschicksale der Frauen, die mit ihren Kindern zusammenlebten und der Frauen, die ihr Kind zur Adoption freigaben oder einer dauerhaften Fremdbetreuung überließen, weiter verfolgt werden. Neu kommt der generationenübergreifende Aspekt hinzu, denn erstmals besteht die Möglichkeit, die inzwischen volljährigen Kinder zu befragen. Die Bedingungen ihres Aufwachsens bei der Mutter, bei Adoptiveltern oder in Pflegefamilien und die Auswirkungen auf ihre psychosoziale Entwicklung sollen Aufschluss über die Frage nach Wiederholung und Differenz des Generationsschicksals geben. Die in der ersten und zweiten Untersuchung angewandte Methode des biographisch-narrativen Einzelinterviews wird aus Gründen der Vergleichbarkeit beibehalten.

Befragung der Mütter

Die zu befragenden Mütter unterscheiden sich durch folgende Merkmale: Mütter, die mit ihrem Kind zusammenleben, ihr Kind einer dauerhaften Fremdbetreuung überließen oder ihr Kind zur Adoption freigaben.

Es sollen drei Untersuchungsschwerpunkte verfolgt werden:

(1) Die Bewältigung der Existenzsicherung vor dem Hintergrund der familialen und außerfamilialen Sozialisation

Allen Befragten war der Wunsch eigen, ihr Leben einmal „anders" und „besser" zu gestalten als ihre Mütter. Ob dies gelang, welche Entwicklungsprozesse die Befragten während der vergangenen vierzehn Jahre durchliefen, ist Gegenstand des ersten Forschungsschwerpunktes der dritten Untersuchung. Des Weiteren sollen die Entwicklung der Ausbildungs-, Arbeits- und Einkommenssituation der Frauen sowie ihre Wohnsituation Gegenstand der Erhebung sein. Da in dem Zeitraum zwischen der ersten und zweiten Untersuchung ein Teil der Frauen eine Ausbildung begonnen hatte, ist die Frage nach dem Ausbildungsabschluss sowie nach ihrer Erwerbstätigkeit von Bedeutung. Damals zeigte sich, dass die Ausbildung wieder abgebrochen wurde, wenn z. B. ein Heiratskandidat zur Verfügung stand, vor allem, wenn er versprach, die Familie finanziell zu versorgen. Das Scheitern von Beziehungen hielt die Frauen in der Regel nicht davon ab, neue Beziehungen einzugehen, auch wenn dies schwerwiegende Folgen für ihre Existenzsicherung nach sich zog. Sie hatten von ihren Eltern und in ihrem sozialen Umfeld nicht erfahren, wie man sein Leben selbstständig gestalten und führen kann.

In der geplanten Untersuchung soll ebenfalls die Organisation des Erziehungsalltags derjenigen Frauen, die mit ihrem Kind zusammenleben, nachvollzogen werden. Besondere Berücksichtigung finden, wie schon bei der ersten und zweiten Untersuchung, die weitere Entwicklung der Beziehung zur Herkunftsfamilie, zu den Partnern, zum sozialen Umfeld sowie die Perspektiven für die Zukunft. Da wir es mit drei Gruppen von Befragten zu tun haben, sollen die genannten Aspekte für jede Gruppe erforscht und miteinander verglichen werden.

(2) Die weitere Entwicklung der Mutter-Kind-Beziehung im Zusammenhang mit der Frage, ob sich die in der Schwangerschaft entstandenen Gefühle und Einstellungen der Mutter zu ihrem Kind fortsetzten oder durch die Erfahrungen mit dem Kind modifiziert wurden

Im Hinblick auf die Mutter-Kind-Beziehung steht bei der Gruppe der Befragten, die mit ihrem Kind zusammenlebten, die Frage im Vordergrund, welche Beweggründe sie gehabt hatten, sich positiv zur Mutterschaft zu stellen. Die Zweituntersuchung ergab, dass es meist Menschen des sozialen Umfeldes waren, die ihnen, in einigen Fällen bereits in Kindheit und Jugend, ein Mindestmaß an Zuwendung hatten zukommen lassen. Dies waren z. B. der Adoptivvater, die Großmutter, eine „Nenn-Oma" aus der Nachbarschaft, eine Lehrerin gewesen. Zum anderen heirateten die Befragten Männer, die ihnen als Partner und Väter der Kinder zur Seite standen. Heute, vierzehn Jahre später, stellt sich die Frage, wie sich der weitere Lebensweg mit dem Kind vollzogen hat. Hierbei ist es wichtig zu erforschen, welche Rolle dieses Kind innerhalb der Familienstruktur eingenommen hat. Im Falle der Adoption steht die in der Öffentlichkeit und in der sozialpädagogischen Fachdiskussion wenig beachtete Frage im Vordergrund, wie die Frauen mit Abgabe und Verzicht umgehen. Noch immer gilt die möglichst frühe Adoption eines Kindes, dessen Mutter nicht in der Lage ist, es selbst zu erziehen, als der bestmögliche Weg, dem Kindeswohl zu dienen. Die Jugendämter sehen sich dabei als Anwalt des Kindes, und ihre Aufmerksamkeit richtet sich in der Regel darauf, dem Kind optimale Entwicklungschancen zu bieten. Auch die Zweituntersuchung der abgebenden Mütter kam zu dem Resultat, dass sich die Beratung in erster Linie auf das Kindeswohl bezog, während den Müttern kaum Beratung, Zuwendung und keine oder nur unzureichende Hilfen zur Verarbeitung ihres Verlustes, ihrer Schuldgefühle und ihrer Trauer zuteil wurden. Alle Frauen, die ihr Kind zur Adoption freigaben, beklagten sich darüber, dass diese Entscheidung von ihrer Umgebung missbilligt wurde. Sie befanden sich selbst noch in der Adoleszenz und fühlten sich überfordert und erlebten die ausschließliche Konzentration der sozialen Arbeit auf das Kindeswohl als extreme Vernachlässigung ihrer Bedürfnisse und Interessen. Bei der Frage nach Gemeinsamkeiten zwischen den abgebenden Müttern wurde festgestellt, dass alle Befragten ihre eigene Mutter massiv ablehnten – eine

Haltung, die sich bis zur Feindseligkeit steigerte, welche sich in dieser extremen Form bei den übrigen Frauen nicht beobachten ließ. Zugleich fielen übersteigerte, idealisierte und unrealistische Erwartungen an sich selbst als werdende Mutter und an das Kind auf, die sehr bald zu nachhaltigen Enttäuschungen führten, sowohl im Hinblick auf die eigene Unfähigkeit, eine „gute" Mutter zu sein, als auch auf das Kind, das eigene Ansprüche stellte, anstatt Erwartungen zu erfüllen. Die Freigabe zur Adoption schien vor diesem Hintergrund ein nachvollziehbarer Schritt zu sein. Innerhalb dieses Forschungsschwerpunktes ist es wichtig zu erfahren, wie die Befragten über den Zeitraum weiterer vierzehn Jahre mit dem Verzicht fertig wurden. Spannend ist die Frage, ob sie heute wieder Kontakt zu ihrem zur Adoption freigegebenen Kind haben, und wie sie ihre damalige Entscheidung einschätzen.

Die Frauen, die ihr Kind einer dauerhaften Fremdbetreuung überließen, haben sich faktisch von ihrem Kind getrennt. Da diese Trennung jedoch nicht so endgültig wie die Adoptionsfreigabe war, spielten sie immer wieder mit dem Gedanken, ihr Kind wieder bei sich aufzunehmen. Wie die Zweituntersuchung ergab, geschah dies in keinem Falle. Bei der Frage, ob es zwischen diesen Frauen Gemeinsamkeiten gibt, die sich von denen unterscheiden, die ihr Kind zur Adoption freigegeben hatten, wurde folgendes festgestellt: Auffallend war, dass alle Frauen eine im Verhältnis gesehen relativ gute Beziehung zu ihrer Mutter hatten, im Gegensatz zu jenen Frauen, die ihre Kinder zur Adoption freigaben. Sie lehnten die Adoptionsfreigabe auch deshalb ab, weil ihre Mütter dies missbilligt hätten. Allerdings führte die Mutterbindung auch dazu, dass die Befragten nicht in Lage waren, selbstständig Entscheidungen zu treffen. Sie blieben in kindlicher Abhängigkeit von der Mutter. Alle Frauen, die ihr Kind einer dauerhaften Fremdbetreuung überließen, zeigten Verwahrlosungstendenzen und hatten im Hinblick auf ihre eigenen Lebenspläne höchst unrealistische Erwartungen: sie wollten frei von Verpflichtungen sein und möglichst ausgiebig ihren Vergnügungen nachgehen. Einschränkungen konnten sie nur schwer ertragen, so dass sie auch nicht in der Lage waren, die Anstrengungen einer regelmäßigen Arbeit oder Ausbildung auf sich zunehmen. Auffallend war ihre Lethargie und Antriebsschwäche, die dazu beitrug, dass sie vieles auf sich zukommen ließen. So entsprangen ihre Entscheidungen nicht bewusst angestellten Überlegungen, sondern folgten spontanen Einfällen und Bedürfnissen, wobei sie von außen kommenden Einflüssen kaum etwas entgegenzusetzen hatten. Sie gerieten immer wieder in die Abhängigkeit von Männern, von denen sie in erster Linie erwarteten, versorgt zu werden.

In diesem Zusammenhang ist es wichtig zu erforschen, ob sie heute wieder Kontakt zu ihrem Kind haben, wie sie ihre damalige Entscheidung einschätzen und ob sie in dem vergangenen Zeitraum von vierzehn Jahren den Gedanken, ihr Kind wieder bei sich aufzunehmen, realisiert haben. Hierbei interessiert insbesondere die Frage, aufgrund welcher Einflüsse und Bedingungen dies dann geschah.

(3) Der Stellenwert des Aufenthaltes im Mütter- und Kleinkinderheim im Zusammenhang mit der individuellen Konfliktlage und die Konsequenzen für sozialpädagogische Konzepte

Seit der Diskussion um den § 218 machen Heime für Mutter und Kind es sich zur Aufgabe, eine Alternative zum Schwangerschaftsabbruch zu bieten und Hilfe bei der Annahme des ungeplanten und häufig auch unerwünschten Kindes zu leisten. Gleichzeitig übernehmen sie als Einrichtungen der Jugendhilfe Bildungs-, Orientierungs- und Erziehungsaufgaben. Die geplante Untersuchung verfolgt deshalb auch das Ziel, einen Beitrag zur Erforschung lebensweltorientierter Jugendhilfe zu leisten.

Die Ergebnisse der ersten und zweiten Untersuchung zeigten, dass die Sicherung der materiellen Rahmenbedingungen zwar eine notwendige Hilfe für die Befragten darstellte, dass aber sozialpädagogische Konzepte, die sich nur auf die Zeitspanne von Schwangerschaft und Geburt beziehen, zu kurz griffen. Die schwerwiegendsten Probleme für die Frauen begannen, als es darauf ankam, das Leben mit dem Kind zu bewältigen und für beide positiv zu gestalten.

Nur wenige der Frauen hatten zum Zeitpunkt ihres Aufenthaltes eine Ausbildung begonnen. In der regressiven Phase der Schwangerschaft und den ersten Monaten nach der Geburt des Kindes war eine Auseinandersetzung mit der Doppelrolle als Mutter und Auszubildende verfrüht. Erst nach ihrem Auszug aus dem Heim wurde die Beschäftigung mit dieser Frage realistisch und hätte unter Umständen von ihnen akzeptiert werden können. Doch ein Nachbetreuungskonzept und die Möglichkeit, in einer dem Heim angeschlossenen betreuten Wohngruppe zu leben, waren zum damaligen Zeitpunkt nicht vorhanden. Da zudem die Möglichkeiten auf dem Arbeitsmarkt wenig attraktiv waren, lehnten sie auch die Rolle der erwerbstätigen Frau für sich ab. Die zweite Untersuchung zeigte ferner, dass der Wechsel vom behüteten Aufenthalt im Heim in die eigene Wohnung für die Frauen eine Überforderung darstellte, der sie langfristig nicht gewachsen waren. Vor dem Hintergrund latenter Drogen-, Alkohol- und Tablettensucht, akuter Prostitutionsgefährdung und psychischer Instabilität stellte ein eigenverantwortliches Leben gemeinsam mit dem Kind in einer Atmosphäre der Isolation, der räumlichen Enge und des permanenten Existenzkampfes an der Armutsgrenze eine kaum zu leistende Aufgabe dar, die nicht zuletzt durch Kindesmisshandlung und Kindesvernachlässigung sichtbare Zeichen setzte. Die langfristige Abhängigkeit von der Kontrolle der Sozialadministration sowie die empfundene Diskriminierung durch Bildungs- und Rechtsinstitutionen erzeugten Passivität bis hin zu Resignation und taten ein übriges, die Entwicklung von Selbstständigkeit zu verhindern. Vor diesem Hintergrund steht die Frage im Mittelpunkt, wie die Befragten retrospektiv ihren damaligen Aufenthalt im Mütter- und Kleinkinderheim erlebten. Von den Ergebnissen dieses Forschungsschwerpunktes sind wichtige Hinweise für die Gestaltung von Beratungs- und Unterstützungskonzepten im Bereich konzeptioneller Weiterentwicklungen der Mutter-Kind-Heime zu erwarten.

Die Befragung der volljährigen Kinder

Es werden drei Untersuchungsschwerpunkte verfolgt:

(1) Die Bedingungen des Aufwachsens vor dem Hintergrund der familialen und außerfamilialen Sozialisation der Mutter

Alle Kinder hatten jugendliche, alleinstehende, obdachlos gewordene Mütter, wovon die jüngste zum Zeitpunkt der Geburt fünfzehn Jahre alt war. Von den befragten Kindern ist bekannt, dass sie in schwierige Lebensverhältnisse hineingeboren wurden. Doch nicht alle Kinder wuchsen dort auch auf. Von den siebzehn Kindern unserer Untersuchungsgruppe wurden sechs zur Adoption freigegeben: zwei davon nach dem Tod der Mutter wenige Wochen bzw. ein halbes Jahr nach der Geburt, zwei gleich nach der Geburt, ein Kind im Alter von fünf Monaten und eines im Alter von elf Monaten. Von den übrigen elf Kindern lebten sechs im Haushalt der Mutter und fünf wuchsen in einer dauerhaften Fremdbetreuung auf. So unterschiedlich die Bedingungen waren, unter denen die nunmehr zwanzigjährigen Jugendlichen aufwuchsen, so unterschiedlich wird auch ihre psychosoziale Entwicklung gewesen sein. Wie bereits bei ihren Müttern, so werden auch bei allen befragten Jugendlichen die familialen und außerfamilialen Sozialisationseinflüsse erhoben. Hierzu gehören die Erfahrungen in der Kindheit, der Eintritt in die Schule und die Schullaufbahn, die Ausbildung und der erlernte Beruf. Einen weiteren Schwerpunkt bilden die sozialen Beziehungen und Kontakte zur Gleichaltrigengruppe in Kindheit und Jugend. Besondere Aufmerksamkeit gilt der Frage, welche Beziehung die Kinder zu ihrem leiblichen Vater, zum Stiefvater, zu Freunden und Partnern der Mutter haben. Generell wenig erforscht sind die Beziehung von leiblichen Geschwistern, Stief- und Halbgeschwistern untereinander. Da die Forschung auf diesem Gebiet mit den Veränderungen der Familienbeziehungen nicht Schritt gehalten hat, sind hier neue Ergebnisse zu erwarten. In die Untersuchung einbezogen werden soll ebenfalls die Beziehung der Befragten zu ihren Großeltern, insbesondere den Großmüttern. Vor dem Hintergrund fehlender Vergleichsuntersuchungen geht es bei diesem Untersuchungsschwerpunkt, wie bereits während der ersten Untersuchung, zu einem großen Teil um Grundlagenforschung.

(2) Die Entwicklung der Mutter-Kind-Beziehung im Zusammenhang mütterlicher Konfliktlagen

Von allen Müttern der befragten Kinder haben wir Kenntnis über Schwangerschaftserleben und -verlauf vor dem Hintergrund der damaligen Lebenssituation. Es wurde festgestellt, dass durch die erheblichen mütterlichen Erwartungen ein kindgemäßer Austausch von Geben und Nehmen nicht stattfinden konnte. Damit entfielen Bedingungen, die zum Erwerb einer durch Empathie und Autonomie gekennzeichneten emotionalen Struktur in der Mutter-Kind-Beziehung notwendig sind. Nun sollen die Kinder selbst zu Wort kommen und sich zu ihrer Beziehung zur Mutter und ihren Erfahrungen in der Familie äußern. Daraus lassen sich Schlüsse hinsichtlich ihrer Rolle innerhalb der Familienstruktur ziehen. Dieser Aspekt ist unter dem Gesichtspunkt von geschlechts- und übertragungsspezifischen Prozessen von besonderem Interesse. Die Befragung soll auch darüber Auskunft geben, wie die mittlerweile zwanzig Jahre alten Jugendlichen die ungelösten oder ungeklärten Beziehungen zwischen den getrennten Eltern erlebt haben.

(3) Erwartungen an die Zukunft

Wie die beiden vorangegangenen Untersuchungen zeigten, wollten die Mütter der befragten Jugendlichen im Leben vieles „anders" und „besser" machen als ihre Mütter. Dies gilt insgesamt für die drei genannten Gruppen. Das Resultat der Untersuchungen war jedoch gewesen, dass sich in den meisten Fällen das Generationsschicksal wiederholt hatte – zumindest für die befragten Mütter. Die beantragte dritte Untersuchung will dieser Frage im Hinblick auf die zwanzigjährigen Kinder nachgehen. Welche Erwartungen setzen sie in die Zukunft? Welches Bild von Partnerschaft, Ehe und eigener Elternschaft haben sie? Dabei wird es vor allem darauf ankommen, anhand der verschiedenen Sozialisationsverläufe – Aufwachsen in der Herkunftsfamilie, in der Pflegefamilie, bei Adoptiveltern – Auskunft darüber zu erlangen, ob sich auch in dieser Generation das Schicksal der Mütter wiederholt oder ob sich neue, zukunftsweisende Perspektiven eröffnet haben und der Zwang zur Wiederholung des Generationsschicksals durchbrochen ist.

Relevanz der Langzeitstudie für familiale Maßnahmen im Rahmen der Jugendhilfe

Die Untersuchung von Generationenbeziehungen gewinnt in den Erziehungswissenschaften wieder zunehmend an Bedeutung. Dies gilt auch für Studien, die das erzieherische Verhältnis zwischen Eltern und Kindern betreffen (Liebau/Wulf 1996; Liebau 1997; Ecarius 1998) und in Form von empirischen Erhebungen (Ecarius 2002; Ecarius 1996) vorgenommen sind. Der dritte Teil der Langzeituntersuchung verspricht Erkenntnisse über das Generationenverhältnis von Eltern und Kindern, wobei das Aufwachsen in Heimen, bei Pflege- und Adoptiveltern mit berücksichtigt wird und Kinder betrifft, die inzwischen das Alter erreicht haben, in dem sich ihre Mütter zum Zeitpunkt der Erstuntersuchung befanden. Die Frage nach den Mustern der sozialen Reproduktion und ihrer Differenzen gewinnt vor diesem Hintergrund besonderes Gewicht. Ich verspreche mir von der dritten Untersuchung der Langzeitstudie Resultate im Hinblick auf familiale Maßnahmen im Rahmen der Jugendhilfe. Ein Großteil der in der ersten Untersuchung befragten jugendlichen Mütter hatte bereits vor Eintritt in das Mutter-Kind-Heim in Kinder- und Jugendheimen gelebt. Eine der befragten Mütter brachte, wie bereits erwähnt, ihr Kind in jenem Mutter-Kind-Heim zur Welt, in dem sie selbst geboren wurde. Maßnahmen der Jugendhilfe erfolgten, so das Ergebnis der zweiten Untersuchung, auch nach dem Auszug aus dem Mutter-Kind-Heim. Es ist zu erwarten, dass ein Teil der nun zu befragenden Kinder ebenfalls in solche eingebunden sind.

Für Jugendliche, die von Maßnahmen der Jugendhilfe betroffen sind, stellt dies in der Regel einen bedeutsamen biographischen Einschnitt dar. Im Hinblick auf die Kinder der befragten Mütter verfolgt die dritte Untersuchung die Frage, wie diese Maßnahmen im Nachhinein erlebt werden und in welchem Maße sie produktive Entwicklungsmöglichkeiten eröffnen. Neben der Analyse von Integrationsproblemen im Rahmen institutioneller Ersatzerziehung und von Beziehungskonstellationen zwischen Jugendlichen und Sozialpädagogen/-arbeitern/Erziehern zielt die dritte Untersuchung auf grundsätzliche Fragen der Handlungspraxis im Berufsfeld Jugendhilfe. In vielen Fällen vollziehen sich Maßnahmen der Jugendhilfe nicht nach dem professionellen Ablaufmuster eines diagnostischen Zugangs zum Problemzusammenhang, bei dem unter Berücksichtigung des Einzelfalls eine Entscheidungsgrundlage für die Intervention geschaffen wird. Häufig wird eine sofortige Unterbringung eines Kindes bzw. Jugendlichen außerhalb der Familie als notwendig erachtet, ohne dass die für eine umfassende Beurteilung des Einzelfalls und die Angemessenheit der Maßnahme ausreichend legitimierbaren Kriterien vorliegen. Maßnahmen der Jugendhilfe zeigen hierbei nicht selten eine Tendenz zur Bestandserhaltung einmal getroffener Entscheidungen. Ziel der generationenübergreifenden Untersuchung der beantragten Langzeitstudie ist es, Erkenntnisse zu erbringen, die einer allgemeinen Infragestellung und erneuten Überprüfbarkeit nicht ausreichend legitimierter Entscheidungen zugute kommen können. Ob und in welchem Grad es Maßnahmen der Jugendhilfe und Institutionen der öffentlichen Erziehung gelingt, ein kompensatorisches Milieu zum Elternhaus zu entwickeln, hängt weitgehend von der

Kenntnis langfristiger Sozialisationsverläufe ab. Hierüber können Langzeitstudien Auskunft geben.

Literatur

(Aden-) Grossmann, Wilma/Bier-Fleiter, Claudia (1987): Zur Lebenssituation von Müttern und ihren Kindern nach dem Aufenthalt in einem Mutter-Kind-Heim. In: Forschung Frankfurt. Wissenschaftsmagazin der Johann Wolfgang Goethe-Universität, 5. Jg. (1987), Heft 4, S. 41-42

Beck, Gertrud/Scholz, Gerold (1997): Fallstudien in der Lehrerausbildung. In: Friebertshäuser, Barbara/Prengel, Annedore (Hg.): Handbuch Qualitative Forschungsmethoden in der Erziehungswissenschaft. Weinheim, München, S. 678-692

Bier-Fleiter, Claudia (1985a): Konflikte in der Schwangerschaft. Eine empirische Untersuchung über das Schwangerschaftserleben werdender Mütter in einem Mütter- und Kleinkinderheim. Erschienen in der Reihe: „Beiträge zur frühkindlichen Erziehung" der Johann Wolfgang Goethe-Universität, Institut für Sozialpädagogik und Erwachsenenbildung. Bd. 3, hrsg. v.: Grossmann, Wilma/Kallert, Heide. Frankfurt a. M. (2. Auflage 1992)

Bier-Fleiter, Claudia (1985b): Schwangerschaftserleben bei Heimmüttern. In: Jürgensen, Ortrun/Richter, Dietmar (Hg.): Psychosomatische Probleme in der Gynäkologie und Geburtshilfe 1984. Berlin, Heidelberg, New York, Tokyo, S. 117-124

Bier-Fleiter, Claudia (1995b): Schwangerschaftserleben bei Heimmüttern. In: Neue Praxis, 15. Jg. (1995), Heft 6, S. 535-538

Bier-Fleiter, Claudia/(Aden-) Grossmann, Wilma (1989): Mutterschaft in der Adoleszenz. Biographien jugendlicher Mütter. Erscheinen in der Reihe: „Beiträge zur frühkindlichen Erziehung" der Johann Wolfgang Goethe-Universität, Institut für Sozialpädagogik und Erwachsenenbildung. Bd. 4, hrsg. v.: Grossmann, Wilma/Kallert, Heide. Frankfurt a. M.

BMJFFG (Hg.) (1990): Möglichkeiten und Grenzen der Lebenshilfe für besonders sozial gefährdete Mädchen und Frauen (Schwangere und Mütter mit Kindern in Mutter-Kind-Einrichtungen). Schriftenreihe des Bundesministers für Jugend, Familie, Frauen und Gesundheit, Bd. 251. Stuttgart, Berlin, Köln

Bundeszentrale für gesundheitliche Aufklärung (BZgA) (2001): Forum. Heft 1. Köln

Ecarius, Jutta (1996): Individualisierung und soziale Reproduktion im Lebenslauf. Konzepte der Lebenslaufforschung. Opladen

Ecarius, Jutta (Hg.) (1998): Was will die jüngere mit der älteren Generation? Generationsbeziehungen und Generationenverhältnisse in der Erziehungswissenschaft. Opladen

Ecarius, Jutta (2002): Familienerziehung im historischen Wandel. Eine qualitative Studie über Erziehung und Erziehungserfahrungen von drei Generationen. Opladen

Eisenhauer-Hartung, Gerhild (1972): Die Situation unverheirateter Mütter in der Bundesrepublik Deutschland unter besonderer Berücksichtigung in Heimen lebender minderjähriger Mütter. Fulda

Flick, Uwe (1996): Qualitative Forschung. Theorie, Methoden, Anwendung in Psychologie und Sozialwissenschaften. 2. Auflage. Reinbek bei Hamburg

Fuchs, Werner (1984): Biographische Forschung. Eine Einführung in Praxis und Methoden. Opladen

Kester, Bodo (1979): Heime für Mutter und Kind in der BRD. Empirische Befunde und theoretische Aspekte zur Situation und Entwicklung stationärer Hilfen für alleinstehende Mütter und deren Kinder. Lauterbach

Klees-Möller, Renate (1993): Soziale Arbeit mit jungen Müttern. Zur historischen Entwicklung und gegenwärtigen Situation von Mutter-Kind-Einrichtungen. Dortmunder Beiträge zur Pädagogik, Bd. 11. Bochum

Kraul, Margret/Marotzki, Winfried (2002): Biographische Arbeit. Opladen

Krüger, Heinz-Hermann/Marotzki, Winfried (Hg.) (1995): Erziehungswissenschaftliche Biographieforschung. Opladen

Liebau, Eckart (Hg.) (1997): Das Generationenverhältnis. Über das Zusammenleben von Familie und Gesellschaft. Weinheim, München

Liebau, Eckart/Wulf, Christoph (Hg.) (1996): Generation. Versuche über eine pädagogisch-anthropologische Grundbedingung. Weinheim

Lorenzer, Alfred (1979): Die Analyse der subjektiven Struktur von Lebensläufen und das gesellschaftlich Objektive. In: Baacke, Dieter/Schulze, Theodor (Hg.): Aus Geschichten lernen. Zur Einübung pädagogischen Verstehens. München, S. 129-145

Merkens, Hans (1997): Stichproben bei qualitativen Studien. In: Friebertshäuser, Barbara/Pregel, Annedore (Hg.): Handbuch Qualitative Forschungsmethoden in der Erziehungswissenschaft. Weinheim, München, S. 97-106

Mischkowitz, Robert (1993): Kriminelle Karrieren und ihr Abbruch. Empirische Ergebnisse einer kriminologischen Langzeituntersuchung als Beitrag zur „Age Crime debate". Bonn

Pongratz, Lieselotte/Jürgensen, Peter (1990): Kinderdelinquenz und kriminelle Karrieren. Eine statistische Nachuntersuchung delinquenter Kinder im Erwachsenenalter. Pfaffenweiler

Pongratz, Lieselotte (1988): Herkunft und Lebenslauf. Längsschnittuntersuchung über Aufwuchsbedingungen und Entwicklung von Kindern randständiger Mütter. Weinheim, München

Wendt, Wolf Rainer (1981): Mutter und Kind im Heim. In: Bundesminister für Jugend, Familie und Gesundheit (Hg.): Materialien zum Bericht der Kommission zur Auswertung der Erfahrungen mit dem reformierten § 218, StGB. Bd. 1. Schriftenreihe des BMJFG, Bd. 92/2. Stuttgart

Barbara Rendtorff

Frühe Kindheit und Geschlecht

Thematisierungen von Geschlecht im Kontext der Kindheits- und der Kinderforschung bewegen sich ganz überwiegend auf einer phänomenologischen Ebene und/oder auf der Ebene der Beschreibung quantitativer Vergleiche: Jungen spielen *mehr* draußen als Mädchen, Mädchen haben eine *bessere* Feinmotorik, eine *größere* Sprachkompetenz usw.

Dies ist m. E. nicht nur eine bedauerliche Verkürzung, sondern eine Perspektivenbeschränkung von weitreichendem Ausmaß. Denn ein solcher Blickwinkel macht in zweierlei Hinsicht Probleme: Er fixiert die BeobachterInnen auf das unterscheidende Vergleichen und verstellt so den Blick für Ähnlichkeiten und mögliche andere Zusammenhänge, und er kann aus sich heraus keinerlei Erklärungen oder Erkenntnisse über Hintergründe und Bedeutung der gefundenen Unterschiede hervorbringen und neigt deshalb dazu, diese als selbstsprechende Fakten zu behandeln – was letztlich immer zu einer konservativen Sichtweise führt. Wie Annedore Prengel in ihren perspektivitätstheoretischen Überlegungen aufzeigt (Prengel 2000, S. 90) eröffnet jede „Hinsicht" eine spezielle „Ansicht", und eine Betrachtung hinsichtlich quantitativer Dimensionen lässt uns anderer, grundlegender Dimensionen nicht ansichtig werden. Es erscheint also notwendig, einen Schritt zurückzutreten, um eine durch den Abstand weiträumigere Perspektive zu gewinnen und die Frage nach der Bedeutung von Geschlecht erneut und anders in den Blick zu nehmen.

M. E. wäre ein erster Gewinn einer solchen Distanznahme, dass sich Geschlecht erkennen lässt als ein auf vielerlei Weise, subtil oder deutlich, strukturierend wirkendes Element: es durchzieht Beziehungsthemen, verläuft quer zu Hierarchien, fungiert als gesellschaftliches Ordnungsmuster. Das veranlasst mich, Geschlecht weit hinter geschlechtstypischen Besonderheiten einzelner Personen oder Positionen, als ein strukturierendes Element der symbolischen Ordnung aufzufassen, die unsere Kultur und unser Denken prägt, dem folglich eine fundierende Funktion zukommt in Bezug auf Unterscheidung, Differenz und Zusammengehörigkeit.

Wenn wir also in einem solchen Ansatz Geschlecht nicht vorrangig als eine Personvariable betrachten, sondern als Element einer dadurch angezeigten symbolischen Struktur, ergeben sich zunächst zwei große Fragenkomplexe, die es zu klären gilt: Wir müssten beschreiben können, worin diese Struktur besteht, und plausibel machen können, warum Geschlecht darin ein bedeutsamer Exponent ist, und wir müssten den Zusammenhang dieser Struktur mit der Morphologie des geschlechtlichen Körpers verstehen, und zwar sowohl strukturell wie im Verlauf der lebensgeschichtlichen Entwicklung der Individuen, insbesondere der kleinen Kinder.

Vom Körper und seinen Wirkungen zu sprechen ist allerdings durch zwei historische Barrieren erschwert. Zum einen ist die pädagogische Denk-Tradition von Pestalozzi und Campe, von Humboldt über Nohl, Spranger, Weniger usw. stets von einer Denktradition getragen, die einen weiblichen und einen männlichen Charakter, ein weibliches und ein männliches ‚Prinzip' in direkter Verbindung zur anatomisch-biologischen Ausstattung beschrieben hat, als Interpretation von Körperformen und Fortpflanzungsfunktionen. So wird etwa regelmäßig eine größere Emotionalität, Kreatürlichkeit und Naturnähe der Frauen angenommen, diese wird auf die passiv-empfangende Orientierung ihres Körpers und ihrer Körperfunktionen zurückgeführt und daraus ihr Platz im Haus und bei den Kindern und folglich ihre untergeordnete gesellschaftliche Stellung abgeleitet. Die größere Entscheidungskompetenz und Außenorientierung der Männer wurde entsprechend mit der aggressiv-aktiven Komponente der Zeugungsfunktion in Verbindung gebracht und daraus ihre führend-aktive gesellschaftliche Stellung extrapoliert. Eine Thematisierung des geschlechtlichen Körpers, der es nicht gelingt, diese Traditionslinie zu verlassen, würde also geradewegs wieder zu der oben kritisierten quantitativ-vergleichenden Sicht hinführen.

In direkter Zurückweisung solcher Auffassungen haben Frauenbewegung und Frauenforschung argumentiert, dass diese Verknüpfung von biologischer Gegebenheit mit Charaktermerkmalen willkürlich vorgenommen sei und nur der Absicherung der gesellschaftlichen Position von Frauen dienen solle. Um ihren Anspruch auf gleichberechtigte Akzeptanz zu unterstützen und die Willkürlichkeit der Konstruktion von Geschlechtscharakteren zu unterstreichen, hielt sie es für nötig, die Geschlechtlichkeit des Körpers als mögliche Bezugsgröße grundsätzlich auszuschließen. Heute scheinen deshalb Verweise auf den (biologischen) geschlechtlichen Körper tendenziell altmodisch, reaktionär oder esoterisch und haben Mühe, überhaupt unvoreingenommen betrachtet zu werden.

Auf einer entwicklungspsychologischen Ebene betrachtet ist die frühe Kindheit allerdings die Zeit der psychischen Strukturierungen, die dem Verhältnis zum geschlechtlichen Körper eine erste, fundierende Färbung geben. Einflüsse von Eltern, Medien und Lebenserfahrungen werden hier nicht v. a. kognitiv wirksam, sondern über Positionierungen in Bezug auf Erwartungen, an sich selbst und an andere, die sich in den leiblichen Beziehungen mitteilen und von da aus Körperbild und Selbstbild des kleinen Kindes beeinflussen. Das beginnt schon mit der Art und Weise, wie Eltern auf das Singen, Greinen oder Schreien des Säuglings antworten: Ob sie schnell, besorgt, schuldbewusst usw. reagieren, positioniert das Baby in Bezug auf den von ihm geäußerten Anspruch.

Mit dem Ausdruck „Anspruch" ist schon angezeigt, dass es im Schrei des kleinen Säuglings um mehr und um anderes geht als nur darum, gesättigt und gewärmt zu werden: der Anspruch des Säuglings ist ein „Liebesanspruch" (vgl. Rendtorff 1996, S. 98f.), sofern die Liebe diejenige Beziehungsform ist, in der die Zuwendung nicht in einem ökonomischen Modus von Gerechtigkeit berechnet wird. Sein Begehren zielt auf Anerkennung, anerkannt zu werden als begehrender Mensch. Insofern ist die Unbedingtheit, mit der er seinen Anspruch vorbringt, ein Zeichen für seine Angewiesenheit nicht nur in einem physischen Sinne. Die Antwort der Erwachsenen auf den Schrei des Babys, verstanden als Antwort auf seinen unbedingten Liebesanspruch, positioniert es also in Bezug auf das, was es erwarten kann und gibt auch seinem Körpererleben eine spezielle Färbung.

Da wir in einer zweigeschlechtlich codierten Welt leben, in der Beziehungen zu oder zwischen Menschen nicht geschlechtsneutral sein können und insbesondere der nackte Körper (auch der eines Babys, weil er mit Phantasien umgeben ist) nicht ohne Bewusstsein seiner Geschlechtlichkeit existiert, hat diese Positionierung und das davon gefärbte Körperbild immer auch eine geschlechtliche Dimension. Die Assoziationsfelder und Erwartungen, die die geschlechtlichen Körper umgeben, strukturieren die Wahrnehmung der Körper schon von Anfang an. So wissen wir z. B. aus so genannten „Baby-x-Versuchen", dass erwachsene Probanden ein Baby in geschlechtstypischer Weise wahrnehmen: als zart, niedlich und ängstlich, wenn es ihnen als Mädchen vorgestellt wurde, als aktiv, neugierig, kräftig usw., wenn sie meinen, es sei ein Junge. Folglich wird auch die Art der Berührungen, der Stimulierungen, des körperlichen Umgangs mit dem Kind, ja sogar die Vorstellung, was es gerne mag und was seiner ‚Art' entspricht – all das wird von den geschlechtstypischen Bildern im kulturellen Kontext seiner Herkunft durchtränkt sein: in unserem Kulturkreis also den Jungen gegenüber zu einer Aktivität und Externalisierung fördernden Haltung führen, gegenüber den Mädchen zu einer Vorstellung von Weichheit, Anschmiegsamkeit oder der Erwartung vorsichtigen Explorierens.

Insofern haben also Eltern doch einen nachhaltigen Einfluss auf die Entwicklung ihrer Kinder (auch wenn das konjunkturell wechselnd immer wieder bestritten wird) – und zwar nicht so sehr als direktes Vorbild, auch nicht wegen ihrer gezielten Erziehungsmaßnahmen, sondern sofern sie ihr Kind positionieren, in Verbindung bringen mit geschlechtlich getönten Bildern. Der argentinische Kinderanalytiker Ricardo Rodulfo nennt diese strukturierenden Bilder „Über-Ich-Signifikanten" (Rodulfo 1996, S. 63ff.): Sie/sie beinhalten die Erwartungen der Eltern, die aus dem Familienroman (also den Geschichten, in denen sich die Familie selbst aufbewahrt und sich ein Bild von sich macht), der Vorgeschichte der Eltern, ihren Beziehungen zu und Erinnerungen an Familienangehörige usw.. Die Über-Ich-Signifikanten geben also gewissermaßen eine Richtung vor, der sich die subjektive Seite des Kindes mehr oder weniger eng anschließt bzw. widersetzt. Und natürlich sind diese Vorstellungskomplexe alle von dem kulturellen Gedächtnis der Gesellschaft in Bezug auf die Geschlechterpositionen unterfüttert.

Bis hierhin ist der geschlechtstypisierende Einfluss der Erwachsenen also v. a. auf einer subtilen Ebene wirksam gewesen: in der Art, wie das Kind gehalten und angeblickt und wie sein Körper berührt und über ihn gesprochen wird, in der Art, wie es stimuliert, angeregt, motiviert, herausgefordert usw. wird – die elterlichen Interpretationen haben sich gewissermaßen um den ganzen Körper herumgelegt, ihn insgesamt überzogen. Diese Habitualisierung bekommt in dem Moment gewissermaßen einen ‚Sinn' zugewiesen, wo mit dem Interesse an den Genitalien auch die Kategorisierung als „Junge" oder als „Mädchen" ausdrücklich wird, wo das Gesamt der elterlichen Behandlung fokussiert wird und einen ‚Namen' erhält.

Dass das Genitale ein ‚besonderer' Ort am Körper ist, wird Kindern auf zweierlei Weise deutlich: erstens dadurch, dass Erwachsene diese Körperregion auf eine ‚besondere' Weise berühren (oder eben: nicht berühren), darüber sprechen (oder vor allem: nicht davon sprechen), sie also mit einer besonderen Bedeutung ausstatten. Und zweitens sind sie ja Ort und Ausgangspunkt ganz besonderer und intensiver Körpersensationen – und

„erst die Sensationen am eigenen Genitale und die damit verbundenen Affekte führen zu einer kognitiven Bedeutsamkeit, d. h. einem Interesse an der optischen oder taktilen Wahrnehmung des Genitales bei anderen Kindern und bei Erwachsenen beider Geschlechter" (Moré 1997, S. 316).

Und hier ist es eine anatomische Spezifität der beiden unterschiedlich geformten Körper, dass Jungen mehr mit der „Sichtbarkeit des Genitales" experimentieren und darin auch Antworten der Erwachsenen finden, und Mädchen sich „ihre Genitalität stärker über Empfindungen" erschließen (Schuhrke 1997, S. 122), sich über den Leib angenehme Gefühle verschaffen, wie durch Schaukeln, Rollen, rhythmische Bewegungen usw..

Insofern liegt in der Beschaffenheit der Genitalien schon ein Unterschied, an den sich die Bedeutungen gewissermaßen anheften, die sich dann ihrerseits strukturierend auswirken. Die Phantasien des kleinen Mädchens sind bspw. viel stärker auf das Körperinnere als den Ort erregender Gefühle und, imaginär, vor allem als den Ort zukünftiger Babys gerichtet – und deshalb auf die Frage, wie das, was da herauskommen soll, denn hineingekommen ist. Das Herein und Heraus ist an dieser speziellen Körperöffnung besonders unbegreiflich, zumal diese über keine erkennbare Funktion des Verschließens oder Beherrschens verfügt (wie etwa am Anus der Sphinkter, der Schließmuskel, am Mund die Lippen). Manche Autorinnen betonen folglich in Bezug auf das Mädchen besonders ihre (reale und phantasierte) Verletzlichkeit (vgl. Bernstein 1993). Ich gebe aber zu bedenken, dass aus dem *Bild* des männlichen Genitales (und dem Bild von Männlichkeit insgesamt) seine Weichheit, Verletzlichkeit und Unbeherrschbarkeit ausgeblendet werden. Das

Verhalten dieses Körpergliedes ist dem kleinen Jungen durchaus unerklärlich und auch nur partiell von ihm beherrschbar. So wie das Genitale des Mädchens auf die Vagina reduziert wird und die Vulva in ihrer Vielgestaltigkeit (die äußeren Genitalien: Schamhügel, kleine und große Schamlippen, Klitoris und Scheidenvorhof) meist unerwähnt bleibt (also ‚verschwinden'), so wird das des Jungen auf den Penis reduziert, während Hoden und Skrotum ebenso wenig erwähnt werden. Auf der allgemeinen Folie männlicher Habitualisierung wird dann dieses so beschränkte Genitale mit Kraft und Stärke assoziiert, mit Autonomie und Begrenztheit, was

„seine Schlaffheit als bedrohlich und unmännlich erscheinen lässt, wie insbesondere in der Gleichsetzung von Impotenz mit Verweichlichung und Verweiblichung zum Ausdruck kommt" (Moré 1997, S, 329).

Das Genitale des Mädchens wird auf das Aufnehmen (das ‚Herein') verdichtet, auf die Aspekte von Höhlung und Beherbergen, und seine aktiven Aspekte gehen verloren. Dadurch wird dann der Aspekt der Verletzlichkeit unterstrichen und als Bestandteil des Bildes von Weiblichkeit bestätigt. Die Genitalien beider Kinder werden also durch eine reduzierende Wahrnehmung auf einen scheinbaren Gegensatz fokussiert: außen – innen, fest – weich, stark – verletzlich. Die frühere Feststellung von Zulliger, dass sich die Ängste von Jungen häufiger um Körperbeschädigung und Verlassenwerden drehen, die von Mädchen aber um Einbrecher (Zulliger 1989, S. 81f.), wäre von hier aus plausibel: die zu verteidigende äußere Stärke verursacht Angst und Körperbesorgnis bei Jungen, während Mädchen mit der Thematik beschäftigt sind, wie sie Ein- oder Zugänge sichern und selbst über sie verfügen können.

Wir können also annehmen, dass bestimme typische Verhaltensweisen von Jungen im Kindergartenalter – z. B. wenn sie bis an die Zähne bewaffnet herumrennen – aus dieser Konfliktstruktur folgen, dass sie einerseits glauben, stark sein zu müssen, andererseits aber ihnen nicht geholfen wird, die Ängste über die Verletzlichkeit ihres Genitales (und das heißt ganz allgemein: ihre körperliche Verletzlichkeit) zu bewältigen, weil die Verletzlichkeit durch die Forderung nach Stärke beantwortet und überlagert wird, statt sie als Befindlichkeit des kleinen Jungen ernst zu nehmen und ihm schutzbietend darauf zu antworten. Dazu passt auch gut der Hinweis auf das Ergebnis der Untersuchung „Mommy and I are One", in der Männer stärkere „Wünsche nach Auflösung von Ich-Grenzen und Sehnsüchte nach erlebter Ganzheit" zeigten als Frauen (Silverman/Weinberger 1985, zitiert bei Herzog 1997, S. 372).

Für die Mädchen hat die Analytikerin Harriet E. Lerner schon vor Jahren darauf hingewiesen, dass bei fehlender Benennung der Genitalien (wenn Eltern überhaupt kein Wort dafür verwenden, sondern nur z. B. „untenrum") bzw. ihrer „Fehlbenennung" (wenn Eltern sie z. B. als „Po" oder „Vorderpopo" bezeichnen) diese als Nicht-Penis (d. h.: als ein Nichts/das Nichts eines Penis) aufgefasst werden, was zu einer psychischen Verwirrung führen und die intellektuelle Entwicklung des kleinen Mädchens nachhaltig schwächen kann (vgl. Lerner 1980; Moré 1997; Rendtorff 1996). Entsprechend der Geschichte und Struktur unserer Denktradition verstärken also die Antworten und das Handeln der betreuenden Erwachsenen die reduzierenden, verdichteten Interpretationen der geschlechtlichen Körper und erzeugen so immer wieder ihre eigene Glaubwürdigkeit. Und das berührt nicht nur das je individuelle Erleben des eigenen Körpers – wenn sich etwa kleine Jungen daran gewöhnen, ihren Körper als Körperpanzer zu imaginieren und Mädchen sich zunehmend als gefährdet und verletzbar empfinden –, sondern auch die Wahrnehmung des andersgeschlechtlichen Körpers und folglich auch der Personen, die mit dem jeweiligen Geschlecht ausgestattet sind.

Insgesamt wird über die strukturierende Wirkung des Handelns von Eltern – aufgrund der starken Betonung der empirisch-entwicklungspsychologischen Aspekte in der Literatur – wenig nachgedacht. Die pädagogische, die soziologische und die Ratgeberliteratur sind konzentriert auf die potentiell schädigenden und potentiell fördernden Aspekte des Elternhandelns und ihren möglichen Beitrag zu einer Erfolg versprechenden Entwicklung des Kindes. Nur die Psychoanalyse blickt genauer auf die psychisch strukturierenden Funktionen von Vater und Mutter und dem Dreieck Vater-Mutter-Kind. Doch unterliegt (wie könnte es anders sein) sowohl der sozialwissenschaftlich-pädagogischen wie auch der konventionellen psychoanalytischen Perspektive eine unhinterfragte Aufteilung von Aufgaben, Zuständigkeiten und Typiken auf die mütterliche bzw. väterliche Position. Zentrale Momente dieser Auffassung sind kulturtypisch: für die Vorstellung des Vaters seine Verantwortung nach außen (Geld, Schutz, materielle Sorge), seine Verantwortung für die symbolische Ordnung, d. h. konkret für das Wort, die Regeln („So lange Du die Füße unter meinen Tisch steckst ..."), die Strafe („Warte nur, bis der Papa heimkommt!"). Mütter werden dagegen kulturtypisch vor allem reduziert auf ihre nährende Funktion, sind damit selbst überverleiblicht und zuständig für das unmittelbar Kreatürliche, Körperliche des Kindes. Deshalb „bleiben" sie, werden als verharrend konzeptualisiert (und die Mutter „weinet sehr", wenn Hänschen das Haus verlässt), als beständig („Mütter sind für ihre Kinder da, egal was passiert") und eher subjektiv-emotional als regelgeleitet (die Forderungen der Gesellschaft, vermittelt durch den Vater, werden durch „mütterliche Zärtlichkeit" abgemildert [vgl. Schütze 1991]). Der „ferne Vater" (vgl. Aigner 2001) und die „gute Mutter" sind die tragenden Säulen des bürgerlichen Weltbildes in Mitteleuropa, wobei die Aufgaben der Mutter vor allem auf die körperlichen und die emotionalen Befindlichkeiten des Kindes bezogen sind, die Aufgaben des Vaters auf seine Positionierung in der äußeren Welt. Auch in der pädagogischen Literaturtradition findet man diese Aufteilung überall – dem Stolz des Vaters auf die Leistungen des Sohnes entspricht die bedingungslose Liebe der Mutter, die den missratenen Sohn „heimlich noch immer unterstützt und an ihn glaubt" (Nohl 1959, S. 135).

Auch in der Vorstellungswelt des Kindes werden diese Bilder von Mutter und Vater wirksam, und wenn es sich selbst als künftigen Papa oder spätere Mama imaginiert, schlagen sie sich auf seine Selbstwahrnehmung nieder, beeinflussen seine Spielwelt und seine Selbstentwürfe im Rollenspiel. Es überrascht daher nicht, dass die geschlechtstypische und geschlechtstypisierende (also geschlechtstypische Orientierungen befördernde und hervorbringende) Gegenüberstellung von (angeblich typisch männlicher) Externalisierung und Aktivität vs. (angeblich typisch weiblicher) Beziehungsbetonung erkennbar das Spielgeschehen von Kindern kennzeichnet.

Diese Beziehungsbetonung, die das gesellschaftliche Bild von Weiblichkeit fundiert, führt nun bei kleinen Mädchen zu einer speziellen Problematik hinsichtlich Autonomie und Selbständigkeit – und da diese die Basis für Neugier und aktive Wissensaneignung sind, muss dieser Aspekt für die Erziehungswissenschaft von besonderem Interesse sein. Ihre Autonomiewünsche lassen das kleine Mädchen von der Mutter wegstreben, aber ihre Unsicherheit in Bezug auf ihr Körperinneres macht sie angewiesen auf die Mutter, sie braucht sie, damit sie ihr versichern kann, dass ihr Körper intakt und gut geraten ist.

Kleine Jungen werden in gesellschaftlich-geschlechtstypischer Wahrnehmung dagegen überschätzt in ihrer Unabhängigkeit und Stärke. Ihre Verpflichtung auf eine aktive, tendenziell überlegene Position verstärkt ihre Tendenz, Angewiesenheit (auch ihre eigene Angewiesenheit) als unmännlich aufzufassen, so dass sie ihre Wünsche nach Anlehnung und Schutz abwehren und sich selbst versagen müssen. Und je größer diese Wünsche sind, desto beunruhigender werden sie ihnen vorkommen, und desto härter müssen sie sich dagegen wappnen.

Wenn wir diese Problematik als Ausdruck eines strukturellen Problems betrachten, so zeigt sich deutlich, wie die Zuordnung zu den Aufgabenbereichen der Männer und der Frauen organisiert ist. Die weibliche Seite des in unserer Kulturtradition als binär, als wesenhaft unterschiedlich (oppositionell oder einander ergänzend) konzipierten Geschlechterpaars ist organisiert um mütterliche Attribute. Diese wiederum sind fast ausschließlich um Aspekte von Kreatürlichkeit gebildet, und zwar auf drei unterschiedlichen Ebenen. Da ist erstens der gesamte Bereich körperlicher Versorgung, und zwar konkret: Kinderversorgung, Altenbetreuung, Krankenpflege, wie auch im verallgemeinerten Sinne als Verantwortlichkeit von Frauen-Müttern für familiale und nachbarschaftliche Unterstützungen, Spenden-, Sammel- und Hilfsaktionen usw. „Der Mann lebt für das Werk, die Frau wirkt für das Leben", heißt es bei Eduard Spranger (Himmelstein 1994, S 230ff.).

Zweitens ergibt sich aus dieser Zuordnung eine Spaltung in Erziehungs- und Bildungsaufgaben: eine Verpflichtung von Frauen auf die Beschäftigung mit den kleinen (noch im kreatürlich-körperlichen Sinne bedürftigen, auf Zuwendung angewiesenen) Kindern, während die Verantwortung der Männer (Väter, Lehrer, Meister) eher auf die älteren Kinder und deren Bildungsgeschichte zielt. Diese Aufteilung zieht sich durch die gesamte pädagogische Theorietradition – sie lässt sich beispielhaft etwa bei Herman Nohl nachvollziehen, wenn er z. B. die Mütterlichkeit als „Wesensfunktion der Frau" beschreibt und damit eine „instinktgemäße" Zuwendung von Frauen zu Kleinkindern ableitet, während Vater und Erzieher sich durch Zurückhaltung und „Distanz zu seiner Sache und zum Zögling" auszeichnen (vgl. Rendtorff 2000, S. 717f.).

Drittens finden wir überall eine durch die Literatur und das kulturelle Gedächtnis gestützte, zugleich begründende und sich selbst verifizierende Denkfigur: aus der Tatsache, dass die Zuordnung von Aufgaben und ihre scheinbar natur- oder wesenhafte Begründung so funktioniert, wird rückgeschlossen, dass diese Zuordnung angemessen sei; dies wiederum gibt allen möglichen gesellschaftlichen und politischen Instanzen das überzeugende Recht, daraus ihre Schlüsse abzuleiten. So wurde im neunzehnten Jahrhundert die mangelnde Fähigkeit von Frauen zu abstraktem Denken und politischem Weitblick abgeleitet, die ihnen das Wahlrecht verschloss; so wurde auch die schlechtere Ausbildung und geringere Bezahlung von Kindergärtnerinnen und Grundschullehrerinnen begründet: Da die „kindertümliche Lehrform" der Natur der Frau entspreche, so etwa Erich Weniger 1946, sollten Erzieherin, Grundschullehrerin und Jugendpflegerin im sozialpädagogischen Seminar ausgebildet werden, die Volkslehrer aber an Pädagogischen Hochschulen, und durch Gehaltskürzungen bei den ersteren könnten dann auch die Lehrer-Gehälter aufgebessert werden (Strotmann 1997, S. 137f.).

Nicht zuletzt hat auch die Denkfigur der „Geistigen Mütterlichkeit", wichtiger Baustein in den Debatten der Frauenbewegung und der Sozialpädagogik um die vorige Jahrhundertwende, in erheblichem Umfang dazu beigetragen, dass diese Zuordnungen nicht nur organisatorisch und politisch funktionierten, sondern auch von den Beteiligten als angemessene Form empfunden wurde. Wenn etwa Henriette Schrader-Breymann die Frauen zu „Müttern der Menschheit" erklärte (vgl. Sandkühler/Schmidt 1999, S. 244) oder Helene Lange argumentierte, dass die „Bedingtheit durch die Mutterschaft" erst die „weibliche Eigenart" hervorbringe (Lange 1964, S. 15) dann ist zum einen der Schluss, dass eine geschlechtliche gesellschaftliche Arbeitsteilung „wesensgemäß" sei (ebd., S. 17), überzeugend. Und wir erkennen zudem von hier aus, dass die Verbindung Mutter (Frau) + Kleinkind beide nicht nur in die Nähe einer gewissermaßen archaischen, rohen (noch nicht sittlich entwickelten) Natur rückt, sondern auch, dass dieser Zuordnung zur Natur ein Rettungswunsch innewohnt. Zwar sind Sittlichkeit, Gesellschaft, Wissenschaft, Politik und Arbeit die Elemente, die für kulturellen, wirtschaftlichen und zivilisatorischen Fortschritt sorgen sollen (und an diesen haben bis in die jüngste Vergangenheit hinein Frauen (und Kinder) nicht teil), aber zugleich birgt die Naturnähe von Kindern und Müttern zumindest für das Denken des frühen 20. Jahrhunderts eine Nähe zum ‚ursprünglich Guten'. Das Argument, dass Frauen vom ‚Leben draußen' nichts verstehen würden, hat auch die andere Seite, dass sie deshalb von den ‚schmutzigen Geschäften' des Alltags unberührt seien und eine Art ‚ursprüngliche Menschlichkeit' bewahren würden. Im Bild der guten Mutter mit ihrer unanfechtbaren bedingungslosen Mutterliebe, das auch bei Nohl stark betont wird, ist diese Sehnsucht enthalten – doch zugleich, das ist unbestritten, ist diese ‚Weltferne' die Basis für den Ausschluss von Frauen aus dem öffentlichen Staats- und Arbeitsleben. Und auch wenn diese Trennung heute so nicht mehr zutrifft, müssen wir doch davon ausgehen, dass diese lange und starke Tradition in den Bildern von Weiblichkeit und Männlichkeit, in den Positionen und Bildern von Mutter und Vater noch weiterlebt, wenn auch als stark abgeschwächter Subtext.

Wenn nun Frauen in die Institution eintreten, als Kindergärtnerinnen oder Lehrerinnen, ergibt sich folglich ein strukturelles Problem. In der beschriebenen Denktradition folgt ihre Beschäftigung mit den Kindern aus einer wesensmäßigen Eignung – sie erscheint also als Folge ihrer Geschlechtlichkeit und insofern als Aspekt ihrer Person. Dieser ist, wie vorne gesehen, um Mütterlichkeit organisiert, d. h. um den Aspekt der nicht-berechnenden Mutterliebe. Die Fähigkeit zur Kindererziehung, -bildung und -betreuung wird also in der bürgerlichen Denktradition als eine Tätigkeit gedacht, die Frauen nicht lernen müssen, weil sich, so wieder Nohl, dieses „Ideal ganz von selbst im lebendigen Verkehr mit Frauen" entwickelt, „wie das kleine Mädchen zu Haus schon mit der Puppe spielt und mit dem Kinderwagen herumfährt." Die Einschätzung, „worin der Mensch sowieso stark ist, brauche ich ihn nicht zu steigern", führt also direkt in das Dilemma, dass der mütterlichen Qualifikation zur Erziehung und der Bildung kleiner Kinder kein instrumenteller Wert zukommt, weil sie nicht erlernt werden muss, sondern „mit dem Ethos des Berufs sich ganz von selbst einstellt" (Nohl 1938, S. 134), und auch nicht erlernt werden soll, weil sie als verdichtete, mit Sehnsucht ausgestattete Figur mütterlicher, nicht-berechnender Liebe der Natur zugeordnet bleiben soll (um ihre Funktion als Trägerin von Heilswünschen erfüllen zu können) – insofern ist es völlig logisch, dass diese Tätigkeiten schlecht bezahlt werden müssen: die geringe Entlohnung soll gewissermaßen ausdrücken, dass das ‚Eigentliche' sowieso unbezahlbar ist.

Sobald die Tätigkeit aber nun unter eine Professionslogik gerät und unter professionellen Aspekten betrachtet wird, verbunden mit Ansprüchen, Forderungen, Kontrollen usw., gerät die persönliche Dimension der Arbeit mit der professionellen in einen starken Widerspruch: Eine Tätigkeit kann nicht zugleich als ‚unbedingte' auf Liebe und Mütterlichkeit gegründete Tätigkeit aus der Logik und Ökonomie der Berechnung herausgehoben sein und ihr andererseits doch unterliegen. Das Dilemma wird bekanntlich so gelöst, dass diejenigen Aspekte an der Erziehungsarbeit von Eltern und Erzieherinnen, die dem öffentlichen (dem väterlich-männlichen), dem Bildungsaspekt nahe kommen, am ehesten in das Professionsdenken überführt werden können: die Vermittlung von instrumentellen und motorischen Fertigkeiten, die Förderung des Sprachvermögens usw.. Diejenigen Aspekte, die der ‚Mutterliebe' nahe kommen, die also erstens unberechenbar bleiben (um das tröstliche Phantasma der grenzenlosen, nicht berechnenden Liebe der Mutter aufzubewahren) und zweitens als tendenziell ‚wesensgemäß', also nicht eigentlich erlernbar erscheinen, werden dagegen als ein unbemessbarer ‚Überschuss' behandelt und verbleiben nach wie vor bei der Person selbst. Ein „guter" Lehrer oder Vater, eine „gute" Mutter oder Erzieherin zu sein – das hat in der Einschätzung von Studierenden, Eltern usw. überraschend wenig mit Wissen und Können, mit pädagogischer und Selbst-Reflexion zu tun, sondern scheint als eine nicht näher bezeichenbare persönlich-private Qualität aufgefasst zu werden, die jemand entweder „hat" oder eben nicht. Das hieße zum einen, dass die Vorstellung naturhafter, biologisch begründeter (geistiger) Mütterlichkeit der Frauen und der Eignungsmangel von Männern für dieses Tätigkeitsfeld im Kern unbestritten bleiben. Zweitens bleibt es von hier aus strukturell schwierig, Erziehungstätigkeiten als Profession zu begreifen, und drittens bleibt, wenn diese Thematik nicht bearbeitet wird, die widersprüchliche Spannung zwischen Person und Profession unüberwindbar.

Im Zusammenleben mit und der Betreuung von kleinen Kindern, im Tätigkeitsfeld von Erzieherinnen und Eltern, wiederholen und kreuzen sich nun die Zuordnungen, die dieser Teilung zugrunde liegen, immer wieder aufs Neue. Wenn wir die geschlechtstypisierenden Betreuungshandlungen von Erwachsenen gegenüber kleinen Mädchen und kleinen Jungen auf diesen Punkt hin betrachten, so können wir unschwer viele Aspekte erkennen, die geeignet sind, diese Struktur ebenso zu verdecken wie weiterzutragen. Dieser Sachverhalt ist aber so gut wie gar nicht zum Gegenstand der Selbstreflexion der Disziplin, der erziehungswissenschaftlichen Theoriebildung, geworden.

In Bezug auf pädagogisches Handeln geraten folglich zwei Ebenen in den Blick. Die eine ist leicht zu erkennen: Sie betrifft die expliziten und subtilen Weisen, Geschlechtszugehörigkeit zu thematisieren und mit bestimmten Bildern zu verknüpfen. Das viel zitierte „Ein Junge weint doch nicht" ist leicht zu unterlassen und noch so manche andere Zuschreibung in der täglichen Rede oder dem Alltagshandeln: So berichtete etwa eine studentische Praktikantin, dass in dem von ihr besuchten Kindergarten die Mädchen direkt vor dem Mittagessen in die Bauecke geschickt wurden, weil sie, so die Erzieherinnen ganz offen, leichter zum Aufräumen zu bewegen seien als die Jungen.

Die andere Ebene, die der strukturellen Wirkungen, verlangt eine genaue Kenntnis der Zusammenhänge. So wird bspw. die vorne skizzierte Autonomie-Problematik von Mädchen und Frauen, wenn man ihre Dynamik nicht kennt, immer wieder so beantwortet werden, wie es den durch diese Struktur selbst erzeugten Bedürfnissen der Frauen entspricht: nämlich indem sie die kleinen Mädchen in ihrer Ähnlichkeit zu den erwachsenen Frauen bestätigen, diese betonen (durchaus auch eigennützig, wie vorne gesehen) und dadurch die Mädchen weiterhin auf den Beziehungsaspekt festlegen, auf die Verpflichtung, nun ihrerseits gegenüber den erwachsenen Frauen jenen „Überschuss" zu erbringen, der, wie gesehen, ja gerade Ausdruck einer biologischen Auffassung von Weiblichkeit ist. Sie müssen so nicht zuletzt den Mangel auf der Ebene der Profession (Anerkennung, Entlohnung usw.) ausgleichen, indem sie mit ihrer eigenen kindlichen Nähe und Zuwendung dafür bezahlen. So sorgen sie gewissermaßen selbst wieder dafür, dass ihre eigene Beziehungsverpflichtung gefestigt wird und weiterhin als persönlich-privater Aspekt erscheint.

Will die Erziehungswissenschaft nicht ignorant bleiben und die Geschlechterordnung mit ihren Aufteilungen und Zuschreibungen undiskutiert weiterschreiben, so muss sie also nicht zuletzt auch die Frage erörtern, worin jene von jeher als „mütterlich" deklarierten (aber vielleicht doch eher sozialpädagogischen) Kompetenzen genau bestehen, ob und wie sie erlernbar sind und von allen, die mit Kindern leben und/oder arbeiten wollen, erworben werden können – nicht zuletzt um Mädchen und Frauen von der Verpflichtung auf diese Aspekte zu entlasten, und von der alleinigen Verantwortung dafür, diese auch weiterhin im Interesse Aller zu bewahren.

Literatur

Aigner, Josef Christian (2001): Der ferne Vater. Gießen
Bernstein, Doris (1993): Weibliche genitale Ängste und Konflikte und die typischen Formen ihrer Bewältigung. In: PSYCHE 6/1993, S. 530-559; wieder abgedruckt in: Mitscherlich, Margarete/Rohde-Dachser, Christa (Hg.) (1996): Psychoanalytische Diskurse über die Weiblichkeit von Freud bis heute. Stuttgart
Herzog, Walter et al. (1997): Partnerschaft und Elternschaft. Modernisierung der Familie. Bern
Himmelstein, Klaus (1994): Zur Konstruktion des Geschlechterverhältnisses in der pädagogischen Theorie Eduard Sprangers. In: Geschlechterverhältnisse und die Pädagogik, Jahrbuch für Pädagogik, S. 225-246
Lange, Helene (1964): Intellektuelle Grenzlinien zwischen Mann und Frau. In: Frauenbewegung und Frauenbildung. Klinkhardts Pädagogische Quellentexte. Bad Heilbrunn
Lerner, Harriet E. (1980): Elterliche Fehlbenennungen der weiblichen Genitalien als Faktor der Erzeugung von ‚Penisneid' und Lernhemmungen. In: PSYCHE 34/1980, S. 1092-1104. Vgl. auch Moré, Angela (1997): a. a. O.; vgl. auch Rendtorff, Barbara (1996): a. a. O., Kap. 3 „Kleine Mädchen"

Moré, Angela (1997): Die Bedeutung der Genitalien in der Entwicklung von (Körper)Selbstbild und Wirklichkeitssinn. In: Forum der Psychoanalyse 13/1997, S. 312-337
Nohl, Herman (1959): Charakter und Schicksal. Eine pädagogische Menschenkunde (1938). Frankfurt a. M.
Prengel, Annedore (2000): Perspektivenwechsel für eine Pädagogik der Vielfalt. In: Plebuch-Tiefenbacher, Lore et al. (Hg.): Geschlechterfrage in der Schule. Wie wird (Zwei)Geschlechtlichkeit gelebt? Weinheim, S. 87-100
Rendtorff, B. (1996): Geschlecht und Symbolische Kastration. Über Körper, Matrix, Tod und Wissen. Königstein
Rendtorff, Barbara (2000): Pädagogischer Bezug und Geschlechterverhältnis. In: Pädagogische Rundschau 6/2000, S. 703-722
Rodulfo, Ricardo (1996): Kinder – gibt es die? Die lange Geburt des Subjekts. Freiburg
Sandkühler, Thomas/Schmidt, Hans-Günther (1991): ‚Geistige Mütterlichkeit' als nationaler Mythos im Deutschen Kaiserreich. In: Link, Jürgen/Wülfing, Wolf (Hg.): Nationale Mythen und Symbole in der 2. Hälfte des 19. Jahrhunderts. Strukturen und Funktionen von Konzepten nationaler Identität. Stuttgart, S. 237-255
Schuhrke, Bettina (1991): Körperentdecken und psychosexuelle Entwicklung. Regensburg
Schuhrke, Bettina (1997): Genitalentdecken im 2. Lebensjahr. In: Zeitschrift für Sexualforschung 2/1997, S. 106-126
Schütze, Yvonne (1991): Die gute Mutter. Zur Geschichte des normativen Musters „Mutterliebe". Bielefeld
Strotmann, Rainer (1997): Zur Konzeption und Tradierung der männlichen Geschlechterrolle in der Erziehungswissenschaft. Frankfurt a. M.
Zulliger, Hans (1989): Die Angst unserer Kinder. Frankfurt a. M.

Micha Brumlik

Geschlecht und Leiblichkeit in früher Kindheit. Eine anthropologische Perspektive

Die abendländische Tradition verstand Erziehungsprozesse von allem Anfang an in einem engen und zugleich weiterführenden Verhältnis zur Natur. „Die Natur und die Erziehung" so ein Zeitgenosse des Sokrates, der Atomist Demokrit „kommen einander gleich. Denn auch die Erziehung formt den Menschen um, und indem sie umformt, schafft sie Natur" (Mansfeld 1987, S. 603). Diese Überlegung verdichtet sich bei Platon und Aristoteles in dem Gedanken, dass insbesondere menschliche Gewohnheiten zu Natur werden, mehr noch, dass am Ende – so der hellenistisch-jüdische Philosoph Philo – andauernde Gewohnheit stärker sei als Natur. Spätestens in der lateinischen Klassik, bei Cicero, wird dann der Begriff einer anderen, einer zweiten Natur explizit artikuliert: *„consuetudine quasi alteram quandam naturam effici"* – „daß durch Gewohnheit gewissermaßen eine andere Natur hervorgebracht wird" (Cicero, zitiert nach Ritter/Gründer 1984, S. 484). Da tote Gegenstände keine Gewohnheiten ausbilden, kann sich das, was hier als „andere Natur" bezeichnet wird, sinnvoller Weise nur auf lebende Organismen, zu denen auch die Angehörigen der menschlichen Gattung zählen, beziehen. Freilich fällt auf, das Cicero noch zögert, in der zitierten Passage aus seiner Schrift über die höchsten Güter spricht er von einer „gewissermaßen anderen Natur" und trifft damit eine Unterscheidung.

Beinahe zweitausend Jahre später nimmt der Begründer der modernen Pädagogik, Jean Jacques Rousseau, diesen Gedanken auf, wenn er in seinem Diskurs über die Ungleichheit der Menschen aus dem Jahr 1755 schreibt:

„Ich sehe in jedem Tier nur eine kunstreiche Maschine, der die Natur Sinne gegeben hat, um sich selbst wieder aufzuziehen und bis zu einem gewissen Grad gegen alles zu schützen, was sie zerstören oder in Unordnung bringen könnte. Genau das gleiche stelle ich an der menschlichen Maschine fest, nur mit dem Unterschied, daß bei den Bewegungen der Tiere die Natur alles tut, während der Mensch bei den seinen mithilft[1], insofern sein Wille frei ist" (Rousseau 1971, S. 105). (...) „Jenes wählt oder verwirft mit Instinkt, dieser durch einen Akt der Freiheit, woraus sich ergibt, daß das Tier nicht den ihm vorgeschriebenen Gesetzen entgehen kann, selbst wenn es zu seinem Vorteil wäre, und daß der Mensch sich oft zu seinem Schaden davon entfernt" (ebd., S. 107).

Die Frage nach dem Verhältnis von Sprache, Kognition und Geschlecht ist für die pädagogische und sozialisationstheoretische Frage nach dem Verhält-

---

1 Im französischen Originaltext steht für das hier mit „mithilft" übersetzte Verb *„concourt"*, das vielleicht genauer mit „mitwirkt" zu übersetzen wäre.

nis einer vorgegebenen und vorfindlichen, in Jahrmillionen evolutionär entstanden und spätestens vor einhunderttausend Jahren in ihrer Entwicklung abgeschlossenen organisch-physiologischen ersten Natur des Menschen und einer frühestens seit vorgeschichtlicher Zeit, also seit etwa fünfzehntausend Jahren datierbaren zweiten, kultürlichen Natur von zentraler Bedeutung.

Im Unterschied zu zugeschriebenen und erworbenen Eigenschaften wie Nationalität, Religion, Ethnizität, im Unterschied auch zu Berufs- und Sozialrollen nämlich verweisen die Kategorien von Weiblichkeit und Männlichkeit, von Kindheit, Jugend und Alter auf ein organisches Substrat, das Eigengesetzlichkeiten zu folgen scheint, die zwar beeinflussbar, aber nicht beliebig konstruierbar zu sein scheinen. Im Gegensatz dazu hat der radikale Feminismus in herrschaftskritischer Absicht behauptet, das das organische Substrat einer binären Sexualität alles andere als natürlich sei, das es sich vielmehr auch und gerade bei der leiblich codierten Geschlechtsidentität von Männern und Frauen, von Jungen und Mädchen um macht- und diskursvermittelte Zuschreibungen handele, die in performativen Akten – *doing gender* – je und je vollzogen werden. Judith Butler, die diese Überlegungen bis an ihr Ende vorangetrieben hat, fragt sich dementsprechend und beinahe selbst verwundert:

„Wenn der Körper kein „Seiendes" ist, sondern eine variable Begrenzung, eine Oberfläche, deren Durchlässigkeit politisch reguliert ist, eine Bezeichnungspraxis in einem kulturellen Feld der Geschlechter-Hierarchie und der Zwangsheterosexualität – welche Sprache bleibt dann noch, um diese leibliche Inszenierung – die Geschlechtsidentität, die ihre innere Bedeutung auf ihrer Oberfläche darstellt – zu verstehen" (Butler 1991, S. 204).

Das Verhältnis von binär codierter, dimorpher menschlicher Leiblichkeit, Zeugung, Elternschaft und Erziehung erwähnt Butler, die sich vor allem für sexualpolitische Fragen homosexueller Männer und Frauen interessiert, in ihrem Buch über das „Unbehagen der Geschlechter" nicht. Vielmehr kann man dieses Buch als einen Versuch lesen, die zweieinhalbjahrtausende alte Lehre von der Differenz zweier Naturen restlos einzuebnen und die erste Natur – analog dem kantischen Ding an sich – in der Welt kultureller Erscheinungen restlos aufgehen zu lassen. Freilich hat Butler diese radikale Position später revoziert, in ihren nun zunehmends auf Freud ausgerichteten Studien zum „Subjekt der Unterwerfung" räumt sie ein, dass es nicht genüge, zu sagen, dass die Geschlechtszugehörigkeit etwas Performiertes sei, nein:

„Ganz eindeutig gibt es Funktionsweisen des Geschlechts, die sich in dem, was als Geschlechtszugehörigkeit performiert wird, nicht „zeigen" und es wäre ein Fehler, die psychische Bedeutung des Geschlechts auf dessen buchstäbliche Performanz zu reduzieren. Die Psychoanalyse – so beschließt Butler diesen Gedanken – beharrt darauf, daß die Undurchsichtigkeit des Unbewußten der Veräußerlichung der Psyche Grenzen setzt" (Butler 2001a, S. 136).

Butler, die sich schließlich in ihren Studien zur sophokleischen Antigone mit dem menschlichen Inzesttabu auseinandersetzt, zitiert dort zustimmend Levi

Strauss Arbeiten zu den universellen Regeln der Verwandtschaft, deren Sinn sie so resümiert:

„Überdies werden durch die Anwendung dieser Regeln biologische Beziehungen in kulturelle transformiert, obgleich die Regeln keiner bestimmten Kultur zuzuordnen sind. Keine bestimmte Kultur kann ohne sie entstehen, aber sie lassen sich auf keine der Kulturen zurückführen, die ihnen ihre Entstehung verdanken" (Butler 2001b, S. 41).

Demnach erweist sich das Inzesttabu als Bedingung der Möglichkeit jeder Kultur. Das Inzesttabu aber setzt die vier basalen Positionen aller menschlichen Vergesellschaftung, nämlich Alters-und Geschlechtspositionen voraus, die sich somit als nicht-kulturell erweisen und – wie Butler mit Freud und Melanie Klein weiß – auch ohne Performanz psychisch wirken. Indem nun eingestanden wird, das in und mit dem Inzesttabu biologische in kulturelle Beziehungen transformiert werden, muss jedoch die Frage nach dem Wesen dieser biologischen Beziehungen mindestens gestellt werden.

Die Antworten auf die Frage, warum die Gattung Mensch wie alle Primaten und Wirbeltiere durch geschlechtlichen Dimorphismus und eine notwendig generationale Fortpflanzung geprägt ist, lassen sich mit sozialwissenschaftlichen Mitteln nicht mehr erbringen, sondern erfordern naturwissenschaftliche Erklärungen, die nach Lage der Dinge konkurrenz- und alternativenlos einzig und alleine die Evolutionsbiologie anzubieten hat. Demgemäß erweisen sich sowohl anatomische Phänotypen im Sinne einer Morphologie der körperlichen Gestalt als auch wesentliche – keineswegs alle – Kompetenzen des Verhaltens als Ergebnis eines über extrem lange Zeiträume unwillentlichen und ungeplanten Passungsprozesses derart, das sich bestimmte genetische Eigenschaften in je vorfindlichen Umwelten, in ökologischen Nischen, als überlebensfähig erwiesen haben. So gesehen entfalten Evolutions- und Soziobiologie lediglich, was bereits Rousseau (a. a. O., S. 105) vor zweihundertfünfzig Jahren festgestellt hat:

„Ich sehe in jedem Tier nur eine kunstreiche Maschine, der die Natur Sinne gegeben hat, um sich selbst wieder aufzuziehen und bis zu einem gewissen Grad gegen alles zu schützen, was sie zerstören oder in Unordnung bringen könnte. Genau das gleiche stelle ich an der menschlichen Maschine fest, nur mit dem Unterschied, das bei den Bewegungen der Tiere die Natur alles tut, während der Mensch bei den seinen mithilft, insofern sein Wille frei ist."

Hiermit stellt Rousseau fest, das der freie Wille des Menschen jene Steuerungsgröße ist, die den genetisch vorgegebenen Möglichkeiten in Grenzen Form und Richtung geben kann und – wie wir nach den Erkenntnissen der philosophischen Anthropologie – etwa bei Arnold Gehlen – auch geben muss: Der Mensch als das nicht festgestellte Wesen, als jenes Mängelwesen, das vor allem durch das Fehlen rigider Instinktsteuerung ausgezeichnet ist, ist um seines Überlebens willen darauf angewiesen, den Mangel an instinktiver Steuerung durch die zweite Natur von erlernten Gewohnheiten zu ersetzen.

Der Begriff des Lernens, ein Grundbegriff jeder Pädagogik, ist freilich umso schwieriger festzustellen, je geläufiger sein Gebrauch ist. Die frühe behavioristische Definition jedenfalls, wonach als „Lernen" jede an einem lebenden Organismus durch Konditionierung oder Sanktionierung erwirkte dauerhafte Verhaltensänderung gilt, wird heute nicht mehr geteilt. Im Rahmen des psychologischen Konstruktivismus gilt menschliches Lernen heute als zentralnervös vermitteltes Produkt von sensueller Informationsaufnahme, Performanz vorgegebener Wahrnehmungsmuster und motorischer Handlungsschemata sowie emotionaler Bewertungen und motivationaler Bereitschaften. Angehörige der Gattung Mensch sind entsprechend ihrer organismischen Ausstattung gar nicht in der Lage, Lernen zu vermeiden. Damit ist freilich noch nichts darüber gesagt, ob Lernprozesse jeweils erfolgreich sind. Menschen oder Menschengruppen können auch das Falsche lernen, genauer gesagt Verhaltensweisen oder Handlungsbereitschaften ausbilden, die den selbstgesetzten normativen Kriterien oder Überlebensprinzipien zuwiderlaufen.

Wie ist in diesem Kontext das Verhältnis von genetischen und durch Lernen erworbenen Verhaltens- und Handlungskompetenzen zu beurteilen? Angeborene Verhaltensprogramme hier und erlernte Handlungspotentiale dort unterscheiden sich durch ihre Bezugsgrößen sowie ihre zeitlichen Dimensionen. Der Sitz angeborener Verhaltensprogramme ist das durch direkte Verhaltensänderungen nicht änderbare Erbgut, der Genotyp, während der Sitz erlernter Handlungsdispositionen der je individuelle Organismus, der Phänotyp ist. Zudem gilt: Erlerntes kann wieder verlernt werden, während genetisch angelegte Verhaltensprogramme zwar aktiviert oder unterbunden, aber nicht verlernt werden können. Als zeitlicher Modus der durch Mutation, Variation und Selektion ausgelösten Änderungen des Genotyps lässt sich die „Trägheit" bezeichnen, als Modus von durch Lernen ausgelösten Änderungen des Phänotyps die „Flexibilität".

Man kann sich also, wenn man will, die Prozesse von Sozialisation, Erziehung und Bildung dann auch als jenen Prozess vorstellen, in dem sich der durch biologische oder andere Zeugung im Keimplasma entstandene Genotyp der Gattung *homo sapiens* zum je individuierten Phänotyp entwickelt.

Im Rahmen von Überlegungen zum Verhältnis von Lernen, Geschlecht und Kognition ist nun davon auszugehen, das der anfangs benannte – über das Inzesttabu vermittelte – Sprung von der Natur in die Kultur seinerseits das Ergebnis von kollektiven Lernprozessen ist, die wesentlich durch die evolutionär herausgebildete, genotypische Differenz und das Zusammenspiel von männlichen und weiblichen Angehörigen der Gattung Mensch geformt wurden. So hat Günter Dux die These aufgestellt, das der phylogenetische Enkulturationsprozess der Gattung aus der Ontogenese herausgeführt werden müsse: Bereits phylogenetisch, so Günter Dux, habe die Anbindung von Kindern an die Mutter es ersteren ermöglicht, den kulturellen Entwicklungsprozess in Gang zu setzen (vgl. Dux 1994, S. 36f.). Wenn mithin das Mutter-Kind-Verhältnis jene soziale Beziehung ist, aus der heraus die Menschwerdung der Angehörigen der Gattung *homo sapiens* einzig zu erklären ist, so setzt dies genetisch erworbene, evolutionär erfolgreiche Handlungsbereitschaften voraus, die jedenfalls bei den Müttern, also bei Angehörigen des weiblichen Geschlechts, im Rahmen der üblichen Normalverteilung von Eigenschaften bereits vor jeder kulturellen Einwirkung vorliegen müssen und mithin als „natürlich" anzusehen sind. Diese phylogenetische Spekulation lässt sich immerhin durch eine Fülle ontogenetischer Beobachtungen erhärten. Doris Bischof-Köhler referiert eine Studie von Haviland und Malatesta:

„Bereits von den ersten Lebenstagen an lassen Mädchen sich leichter vom Anblick eines Gesichts gefangen nehmen und drehen häufiger den Kopf in die Richtung der menschlichen Stimme. Sie suchen öfter als Jungen Blickkontakt und halten diesen länger aufrecht, eine Eigenart, die über alle Altersklassen bis ins Erwachsenenalter konstant bleibt. Jungen dagegen wenden den Blick häufiger ab. Hierzu findet sich eine Parallele im Ausdruck von Emotionen. An sich unterscheiden sich die Geschlechter in dieser Hinsicht in den ersten Lebensmonaten nicht: Beide äußern gleichermaßen die gesamte Palette von Gefühlen. Die einzige Ausnahme bildet wiederum ein für die soziale Interaktion zentrales Signal, der Ausdruck des Interesses. Es ist häufiger bei Mädchen zu beobachten. Es zeigt sich also deutlich, daß Mädchen bereits vom ersten Lebenstag an höhere Kontaktbereitschaft und größere Nähe signalisieren. Sie erwecken somit den Eindruck, in diesem Bereich besonders kompetent zu sein, genau, wie es sich dann im Stereotyp niederschlägt" (Bischof-Köhler 2001, S. 99).

An dieser Stelle ist nicht weiter zu belegen, das sich vergleichbar deutliche, nur genetisch erklärbare Differenzen, auch in den Dimensionen von Raumwahrnehmung, Verbalisierungsfähigkeit und Aggressionsbereitschaft nachweisen lassen. In einem ähnlichen Ausmaß, in dem Frauen und Mädchen Männern beim Verbalisieren und beim Textverstehen überlegen sind, übertreffen Männer Frauen bei der Aggressionsbereitschaft. Pointiert ließe sich sagen: Wenn Ernst Cassirer mit seiner im „Essay on man" vertretenen Auffassung recht hat, das sich die Angehörigen der Gattung *homo sapiens* von allen anderen Gattungen dadurch unterscheiden, dass sie zu einem komplexen und reflexiven Symbolgebrauch fähig sind, dann ist die Eigenschaft bei den weiblichen Angehörigen dieser Spezies anlagebedingt deutlich stärker ausgeprägt.

Der Streit über ein nicht durch Lernen vorgegebenes Substrat nicht nur des anatomischen Dimorphismus, sondern auch bestimmter unterschiedener Verhaltensdispositionen bei Männern und Frauen nach Maßgabe der Normalverteilung ist wissenschaftlich mehr oder minder zugunsten der Anlagehypothese entschieden. Die unterschiedlichen Eigenschaften von Männern und Frauen, von Jungen und Mädchen selbst werden ja nicht bestritten – umstritten ist allenfalls, wie diese Differenzen zu erklären sind. Im Zuge dieser Auseinandersetzung hat der radikale Konstruktivismus Zug um Zug seine Positionen revidieren müssen. Er zog seine Attraktivität ohnehin nicht aus einer im Grunde streng behavioristischen Position, sondern aus seiner legitimen und normativ unbestreitbaren Kritik an den auf die biologischen Unterschiede bezogenen willkürlichen Wertsetzungen und den sie legitimierenden Herrschaftsstrukturen. Beides – natürliche geschlechtliche Differenzen hier und kultürliche Bewertungen dieser Differenzen dort ist jedoch logisch und systematisch voneinander unabhängig. Mehr noch: Indem der radikale Konstruktivismus Differenz und Wertsetzung gleichsetzt, bestätigt er eben die Position, die er doch kritisieren möchte. Tatsächlich vertragen sich jedoch eine evolutionsbiologisch argumentierende Theorie differenter Verhaltenspotentiale auf das beste und schlüssigste mit einem moderaten Konstruktivismus, mehr noch: sind beide aufeinander angewiesen: Ohne ein vorgegebenes, in seinen Spielräumen nicht beliebig verformbares Substrat personaler Verhaltensmöglichkeiten im Bereich der Ontogenese wäre der Aufbau individuell realisierter Sinn- und Handlungsstrukturen nicht möglich: Ordnung und Struktur erfordern nicht überschreitbare Limitationen. Umgekehrt wäre ohne bemessene, durch Lernen ermöglichte Variationen bei der Ausbildung von Verhaltenspotentialen jene Form individuierter, sich selbst zugänglicher Personalität nicht denkbar, die zu den Eigenschaften der Gattung gehört und ihr jenes unverzichtbare, handlungsleitende Konstrukt von „Freiheit" verleihen, auf das jede Form sozialen Handelns, das mehr sein soll, als nur Verhalten notwendig verwiesen ist.

Jürgen Habermas hat in diesem Zusammenhang auf das seiner Meinung nach nicht einfach komplementäre Widerspiel einer kausal argumentierenden Evolutionstheorie der Ausstattung des menschlichen Organismus hier und einer – wie er sagt – „Hermeneutik der Naturgeschichte" dort hingewiesen. Eine „Hermeneutik der Naturgeschichte" verbindet „den Zugang zu den in der Lebenswelten verkörperten Strukturen des Geistes mit der biologischen Erklärung ihrer Genese" (Habermas 1999, S. 30).

Auf dieser Linie unternimmt auch der neuere Differenzfeminismus den Versuch, die Frage nach dem organischen oder sozialen Substrat menschlichen Verhaltens gleichsam einzuklammern:

„Mein Punkt ist einfach der" so Linda Fisher „daß die sexuelle Differenz fundamental ist für die gelebte Erfahrung, wie wir sie kennen, was auch immer ihr Ursprung ist; daß die Differenz in sozialer, kultureller und psychologischer Hinsicht bedeutsam ist – daher wird die Frage nach dem biologischen Geschlecht des Babys zur wichtigsten" (Fisher 2001, S. 228).

Damit schließt sich der Kreis: Rousseaus Rede von der Mithilfe der menschlichen Freiheit bei der Aufrechterhaltung der menschlichen Maschine bezieht sich systematisch auf jenen Übergang von Natur zu Kultur, von erster zu zweiter Natur, der sich nicht nur vor Millionen Jahren phylogenetisch ereignet hat, sondern der sich in menschlichen Lebensläufen in der Ontogenese bei jeder Geburt mehr oder minder gelungen vollzieht: in ihrer Erwartung und in den frühesten sozialen Handlungen, die zum Teil noch instinktgesteuert zwischen Mutter und Kind verlaufen, entsteht jene über reziproke Identifikation gestützte symbolische Ordnung basaler, vorsprachlicher Anerkennungsverhältnisse, innerhalb derer das Ensemble dessen entsteht, was sich als Handlungskompetenz bezeichnen lässt. Diese Handlungskompetenz ist die Handlungskompetenz individuierter Menschen, von Personen, die sich ihr organisches Substrat von Anfang an in Interaktionsbeziehungen und im Rahmen symbolischer Ordnungen anzueignen hatten. Diese Aneignungsprozesse entsprechen dem, was oben nach Maßgabe der konstruktivistischen Psychologie als „Lernen" bezeichnet wurde: nämlich das zentralnervös vermittelte Produkt von sensueller Informationsaufnahme, Performanz vorgegebener Wahrnehmungsmuster und motorischer Handlungsschemata sowie emotionaler Bewertungen und motivationaler Bereitschaften. Die Aktivierung und Entwicklung dieser Potentiale auch in ihren einzelnen Dimensionen ist indes auf die ersten Interaktionen mit einer primären Bezugsperson, in aller Regel der biologischen Mutter, verwiesen. Die Aneignung des organischen Substrats in Interaktionen und einer je vorfindlichen, aber durchaus änderbaren symbolischen Ordnung mündet jedoch nicht in einer abstrakten, sondern in einer „geschlechteten" Individualität: da menschliche Individualität ohne Leiblichkeit nicht vorstellbar ist, eben in einem weiblichen oder einem männlichen Leib. Und so – wie menschliches Leben nur leibgebunden erfahrbar ist, ist es auch nur geschlechtlich erfahrbar. Es war Adriana Cavarero, die von der Tatsache gesprochen hat, „die alle menschlichen Wesen kennzeichnet (die ja immer als ein Mann oder eine Frau zur Welt kommen)", und die eine angemessene Darstellung im Rahmen der symbolischen Ordnung fordert, „in der es zwei Subjekte mit verschiedener Geschlechtsidentität gibt, die beide in der Lage sind, sich auf autonome Weise Gestalten mit eigenem Antlitz zu geben" (Cavarero 1992, S. 12).

Literatur

Bischof-Köhler, Doris (2001): Von Natur aus anders. Die Psychologie der Geschlechtsunterschiede. Stuttgart
Butler, Judith (1991): Das Unbehagen der Geschlechter. Frankfurt a. M.
Butler, Judith (2001a): Psyche der Macht. Das Subjekt der Unterwerfung. Frankfurt
Butler, Judith (2001b): Antigones Verlangen: Verwandtschaft zwischen Leben und Tod. Frankfurt a. M.
Cavarero, Adriana (1992): Plato zum Trotz. Weibliche Gestalten der antiken Philosophie. Berlin
Dux, Guenther (1994): Warum wir lieben. Frankfurt a. M.

Fisher, Linda (2001): Der fundamentale Charakter der sexuelle Differenz. In: Waniek, Eva/Soller, Silvia (Hg.): Verhandlungen des Geschlechts. Zur Konstruktivismusdebatte in der Gender-Theorie. Wien
Habermas, Jürgen (1999): Wahrheit und Rechtfertigung. Philosophische Aufsätze. Frankfurt a. M.
Mansfeld, Jaap (1987): Die Vorsokratiker. Auswahl, Übersetzung und Erläuterung. Stuttgart
Ritter, Joachim/Gründer, Karlfried (Hg.) (1984): Historisches Wörterbuch der Philosophie. Band 6. Darmstadt
Rousseau, Jean J. (1971): Über den Ursprung der Ungleichheit unter den Menschen. In: Ders.: Schriften zur Kulturkritik. Hamburg

Horst Rumpf

Verschüttete Weltbeziehungen?
Über „schräge" Kinderaufmerksamkeiten mit Gewicht

Was gewöhnen wir ihm ab, unserem Nachwuchs, wenn wir über viele Jahre bemüht sind, ihn „zum (Über-) Leben in der wirklichen Welt auszustatten", wie manche Erziehungsfachleute sich auszudrücken beliebten, nicht gerade sehr bescheiden.
Dazu drei unscheinbare Fallgeschichten, wie sie tausendfach vorkommen:

(1) *Vierköpfige Familie, beim Abendessen. Es gibt Rosenkohl. Am Ende sind noch vier "Rosenkohl-Röschen" übrig in der Schüssel, alle sind mit dem Essen fertig, die Reste drohen sozusagen abgetragen zu werden. Da sagt der Jüngste (sieben Jahre alt): „Jeder soll jetzt noch eins essen, dann sind sie nicht umsonst gewachsen."*

Es ist ihm offenbar nicht gleichgültig, ob die Rosenkohl-Röschen weggeworfen werden. Sie haben einen gewissen Anspruch darauf, ernstgenommen zu werden. Sie sind schließlich gewachsen. Und das hat doch etwas zu bedeuten, man kann nicht so tun, als könne man mit dem Gewachsenen machen, was man will, es beispielsweise fortwerfen, wenn's einem nicht mehr in den Kram passt. Weil man nichts mehr damit anfangen kann, obwohl man es sich zum Gebrauch zugerichtet hat. Es könnte dann vergeblich gewachsen sein, und so absurd darf es doch nicht zugehen in der Welt. Zu handeln, als gebe es sinnloses Wachsen – das ist nicht akzeptabel. Was uns zugewachsen ist, ist nicht gleichgültig. Es erhebt Ansprüche, es will ernstgenommen werden, nicht achtlos abgestoßen, wenn es seine Schuldigkeit getan hat. Das Essen tut ihm gewissermaßen die Ehre an, die ihm und seinem Gewachsensein gebührt. Es wird angemessen respektiert, wenn Menschen es sich einverleiben, davon leben. Das Wegwerfen wäre respektlos und undankbar. Etwas pathetisch gesprochen. Es wäre dem Imperativ, der in dem Gewachsenen vernehmbar wird, nicht angemessen, soll man sagen: nicht gehorsam? Die Einübung in den Verschleisskonsum ist noch fern, so scheint es jedenfalls. Die sinnliche Welt des Wahrgenommenen ist nicht verblasst zum Registrieren von Tatbeständen, die einem nichts sagen, und nichts bedeuten. Und mit denen man infolgedessen machen kann, wonach einem der Sinn steht. Ohne pädagogischen Drill, ohne Ermahnungen und Vorschriften können sich Spuren solcher Weltzuwendung einstellen. Eine Nähe zu Dingen, eine Identifikation mit ihnen, die sich mit dem Aufbau der die Welt auf Distanz bringenden kognitiven Operationen zu verlieren scheint.

Derselbe Bub steht vor dem Herd, betrachtet durch die Glasscheibe ein Hähnchen im Backofen und meditiert: „Das arme, arme Hähnchen ..."

(2) *Wolf Eckart Failing erzählt in einem Aufsatz (mit dem Untertitel „Bildung als Kunst der Wahrnehmung") von einer Episode mit seinem seinerzeit fünfjährigen Sohn:*

„Urlaub im katholischen Teil Graubündens. Wir wanderten viel, kamen an vielen Bildstöckerln und Wegkreuzen vorbei, besuchten viele der eindrücklich kargen Dorfkirchen mit ihren burlesken, oft drastischen Votivbildern und Skulpturen. Einmal saßen wir einige Momente in einer solchen Kirche – vertieft in die grob gemalten Bilder der Stationen von Jesu Passionsweg. Und plötzlich drängte aus dem Jungen heraus, was offensichtlich lange gegärt hatte. Leise, aber nachdrücklich raunte er seinem Vater und Theologen zu. „Warum hängt hier immer ein Mensch herum?! Immer ist in Kirchen Blut! Warum, Papa?" Dem Papa verschlug es erst einmal die Sprache ... Aber das alles (scil. das sich einstellende theologische Wissen „über das stellvertretende Leiden und die Valenz des Kreuzes für die grundlegende Gotteserfahrung") verblasste vor der erschrockenen und bohrenden Frage eines Kindes nach einer Religion vergossenen Blutes und offenkundiger Gewalttätigkeit" (Failing 1998, S. 9).

Das Kind, in einem Pfarrhaushalt großgeworden, hatte mit Gewissheit viele Erinnerungen über den ehrfürchtigen Umgang mit Bildern und Skulpturen des Gekreuzigten. Durch Rituale waren sie eingewurzelt, die Sprache hatte diese Wahrnehmungen und von ihnen ausgelöste Empfindungen überformt – und so war der äußerste Respekt in Blick und Gebärde eine wohl kaum mehr bewusste Grundhaltung gegenüber dem, was in christlichen Kirchen allgegenwärtig ist: Abbildungen eines brutal getöteten Menschen auf seinem Leidens- und Todesweg, Blutspuren, Verletzungen, Leichenblässe an den markanten Punkten des Raums.

Was passiert in den Sekunden, von denen Failing berichtet? Züge des Inhalts dieser Darstellungen rebellieren in der Wahrnehmung gegen die inzwischen eingefleischten Deutungen und Wertschätzungen. Etwas Entsetzliches wird empfunden, diese Empfindungen explodieren gewissermaßen, die eingelernten Konstruktionen, die die Wahrnehmung artikulieren und normativ fernsteuern – sie kommen ins Wanken. Wieso wird blutige Gewalttat, die doch sonst so nachhaltig kritisiert wird, wo immer sie in der Welt auftritt – wieso wird sie ausgerechnet in Kirchenräumen so verherrlicht? Kein Wunder, dass es dem pädagogisch sensiblen Theologen und Vater zunächst die Sprache verschlug.

Versteht sich: seit es christliche Erziehung und Unterweisung gibt, stehen unzählige Abwehr-, Erklärungs- und Dämpfungsmaßnahmen bereit, um den Brand zu löschen, der hier auszubrechen droht. Manche Künstler, Grünewald etwa oder auch Beuys (mit seiner Kreuzigung in der Stuttgarter Staatsgalerie, bestehend aus trivialen Gegenständen, wie etwa einer verrotteten Flasche, einem Papierfetzen mit einem roten Kreuz drauf und einem Strick) haben ja offensichtlich mit dem Entsetzen paktiert, das die offizielle religiöse Wahrnehmung unter der Decke hält. Und das in dieser Kinderwahrnehmung aufflammt. Der das Gewöhnliche nicht nur auffällig, sondern unerträglich wird. Und das eine Sprache sucht, um sich mitzuteilen. Etwas wird mit Ausdrücken beschrieben, die sonst für diesen Gegenstand tabu sind. Am Kreuz hängt ein qualvoll getöteter, fast nackter Mann, Gewalttat und Blut wird gefeiert. Was die offizielle Wahrnehmungsregulation nicht an sich heranlässt, wird virulent, einige Augenblicke jedenfalls.

(3) *Ein Schulkind, der neunjährige Jakob R. hat mit seiner Klasse und der Lehrerin einige Schultage lang offenbar sich mit dem abgegeben, was die Uhr misst, mit der Zeit also. Und am Ende schreibt und malt er auf Papier, was ihm wichtig geworden ist. Auf einem weißen Kalenderblatt, am unteren Rand sind Januar und Februar tabellarisch mit Wochentagen und Ziffern vermerkt, hat er zwei Zifferblätter gemalt. Das eine Zifferblatt zeigt punkt zwei Uhr, das andere zehn vor Zwei, ein schwächer markierter Sekundenzeiger ist auf beiden zu erkennen. In einer ellipsenförmigen Umrandung steht zudem „18:05" Dazu folgender Text, zeilenmäßig entsprechend gegliedert:*

„Zeit
Die Uhren zeigen die Zeit an.
Die Zeit ist schön.
Jede Sekunde wird man älter.
Die Zeit ist schön.
Nach dem Tag kommt die Nacht. Sie rennt oder schleicht.
Die Zeit ist schön.
Man kann die Zeit nicht anhalten"

Neben die Zeile „Sie rennt oder schleicht" hat Jakob noch ein Zifferblatt gemalt, das so eingeschwärzt ist, dass darauf keine Zeichen mehr zu erkennen sind.

Weder zyklisch noch linear ist diese Zeitempfindung, um eine gebräuchliche Unterscheidung heranzuziehen. Das Nacheinander ist jedenfalls nichts, was anonym leer dreht, wie eine Maschine. Es ist viel eher physiognomisch und belebt. Die Zeit ist noch ein Jemand, mit einem Gesicht (sie ist schön), mit unterschiedlichen Gebärden der Bewegung – sie rennt oder schleicht. Und im Unterschied zu Bewegungen von Menschen, Tieren oder Dingen kann man sie nicht anhalten. – Das Nacheinander wird respektvoll und dankbar erlebt – weder als Druck, der einen zur Hast zwingt noch als Fluch, der einem das Leben, die Gegenwart raubt. Sie scheint eher zu schenken als zu nehmen: „Jede Sekunde wird man älter".

Sind das jetzt allesamt kindliche, d. h. vorwissenschaftliche, nicht rationale Zeitempfindungen und -wahrnehmungen – anzusiedeln im Reich mythologischer Vorstellungen, die im Aeon der Wissenschaften obsolet, schädlich, lebensstörend geworden sind? Besteht Lernen demnach in ihrer Überwindung, um nicht zu sagen Ausrottung? Weil für einen modernen Menschen

Zeit eben nichts antlitzhaft Dramatisches mehr haben kann, wenn er Realist ist (und sich nicht in Phantasien verliert oder ergötzt). Wer kann aber schon sicher sagen, welche Wahrnehmungsunterströmungen „heute" realistisch sind ... Wer kann schon sicher sagen, welche Arten von Wahrnehmung eine realistische Erziehung zu kultivieren und welche sie auszurotten hat?

Immerhin können die Formulierungen des Neunjährigen erinnern an die Zeitqualität, die Hugo von Hofmannsthal seine Marschallin (in „Der Rosenkavalier") gewärtigen lässt:

„Manchmal hör ich sie fließen – unaufhaltsam./Manchmal steh ich auf mitten in der Nacht/und lass die Uhren alle, alle stehn./Allein man muss sich auch vor ihr nicht fürchten./Auch sie ist ein Geschöpf des Vaters, der uns alle erschaffen hat" (Der Rosenkavalier, Erster Aufzug).

Es ist wert, bemerkt zu werden, dass sich im Umkreis zeitgenössischer Künstler und Schriftsteller Äußerungen finden, die die hier angepeilten Formen der Weltwahrnehmung von Kindern wie ein kostbares Gut und wie eine vom Verschwinden bedrohte Erfahrungsform ernstnehmen – und nicht als Manifestation von Unreife, die sich im Zug der kognitiven Entwicklung eh in Nichts auflöst. Unter lebhafter Assistenz der Erziehungsbeauftragten.

So schreibt Katharina Fritsch, die 1956 in Essen geborene Plastikerin, der Alltagsdinge in visionäre Zuständlichkeiten und Fremdheiten geraten, im Katalog „Leiblicher Logos", Staatsgalerie Stuttgart Frühjahr 1995 („14 Künstlerinnen aus Deutschland"):

„Ja, dieses Hängen an Dingen, das Sammeln von Dingen, das hat so eine süßlich-sentimentale Note, die ich überhaupt nicht meine. Wovon ich rede, das ist der Moment vor der Sprache. Denn als Kind kann man Dinge nicht bannen mit Sprache. Du siehst Dinge zum ersten Mal und du weißt als Kind nicht das Wort dafür. Und das ist ein Zustand, den ich wiederfinde in diesem Moment der Vision; daß etwas nicht sprachlich da ist, sondern als Bild, und daß es dadurch nicht in einen sozialen oder anderen Kontext gesetzt werden kann, sondern daß das Phänomen an sich dasteht (...). Sonst käme nicht der Punkt des Sichwunderns zustande."

Man könnte einwenden, die oben zitierten Kinderäußerungen seien ja nun aber sprachlicher Art, könnten also nicht von Fritsch gemeint sein. Es gibt nun aber gewiss Grade und Arten der Durchlässigkeit von sprachlichen Artikulationen für vorsprachliche Weltberührungen. Und es spricht viel dafür, dass in den zitierten Äußerungen die Erschütterung nachzittert, die durch die primäre Empfindung und Wahrnehmung einer sinnlichen Gegebenheit ausgelöst wurde. Denn darin bestand ja der Zerfall der konventionellen Wahrnehmung, die von eingefleischten Begriffen, Erklärungen, Wertungen durchdrungen und entschärft worden ist. Die künstlerische Tätigkeit, so Fritsch, sucht auf ihre Art etwas von dieser nicht strangulierten Wahrnehmung präsent und frisch zu halten. Kriterium der Gemeinsamkeit solcher künstlerischer Aufmerksamkeit mit den zitierten Kinderwahrnehmungen ist der Zustand des Sichwunderns. Das nicht als Startblock für seine Überwindung in den sogenannten Problemlöseprozessen figuriert, sondern das im Gegenteil Endphase eines Krebsgangs ist, der sich von der Routineeinordnung abstößt. Es ist die These, dass künstlerische Gestaltungen auf eine Art Wiederbelebung dieser Weltzuwendung setzen.

Eine sehr verwandte Äußerung findet sich in einem Interview mit dem Schriftsteller Wilhelm Genazino (über Photographie):

„Interviewer: Ihr Augenmerk fällt immer wieder auch auf Fotos, auf denen Kinder abgebildet sind. Könnte man sagen, dass es dabei Verlebendigungen eigener Erinnerungen gibt? Öffnen Bilder von Kindern der lange vor uns Geborenen oder von Kindern der nach uns Geborenen stets den Weg in die eigene Kindheit?

Genazino: Ja. Mein Interesse an der Kindheit ist natürlich eminent, und zwar deswegen, weil die Kinder ein Vermögen haben, das später verloren geht. Das ist das Sehvermögen. Ich spreche hier von dem noch nicht versprachlichten Sehvermögen. Noch bevor es anfängt zu sprechen, hat jedes Kind eine riesige Welt-Blick-Geschichte für sich hervorgebracht. Es hat unzählige Gegenstände angeschaut, bevor es die Dinge mit Sprache anschaut. Und ich bilde mir ein, es gibt Fotos, die dieses erstaunliche Verhältnis abbilden.

Interviewer: Das Kind andächtig vor den Dingen, ohne zu wissen, welches Wort das Ding eigentlich erfasst. Ist es so gemeint?

Genazino: Ja. Man kann nun als Erwachsener sehen, wie ein abgebildetes Kind ohne Sprache in die Welt schaut. Auf dem Umweg erinnert man sich seines eigenen, noch nicht versprachlichten „In-die-Welt-Sehens". Das klingt vielleicht kompliziert, aber man muss sich diese Potenzen vor Augen führen, dass das Kind, was später nie wieder geschieht, die Welt ohne Sprache sieht und dass es diese Weltkenntnis auch ausdrückt, d. h. diese Verwunderung, das Erstaunen, diesen Ausdruck von Schmerz und von Trauer, diesen raschen Wechsel von Freude zu Schmerz und umgekehrt. Und das alles nur auf Grund der Anschauung von Bildern. Es genügen winzige Vorgänge, ein Fahrrad kippt um, die Puppe fällt auf den Boden, und das Kind fängt an zu weinen. Ein Anblick genügt, um einen ganz heftigen Gefühlsausbruch bei einem Kind hervorzurufen. Wenn das Kind sprechen kann, kann es denken: Ach, das Fahrrad ist umgefallen, na schön, mehr ist dazu nicht zu sagen" (Genazino 2001, S. 23).

Dazu wäre wohl zu bemerken, dass es beim Übergang von einem vorsprachlichen Überwältigtwerden durch eine unbekannte Welt zu der im Medium von Grammatik, Begriffen, Sätzen geordneten und auf Distanz gebrachten Welt Zwischen- und Übergangsphasen gibt. Genazinos eigene faszinierende Beschreibungen und Deutungen von Alltagsfotos (Genazino 2000) machen bewusst, wie durchlässig fotografierte Gesichter, Szenen, Gebärden für Unbekanntes sind, nämlich für die vorsprachlichen Betroffenheiten der beteiligten Personen. Und seine hochsensible Sprache spürt diese Betroffenheiten auf. Sie ist insofern auf einer reflektierten Stufe verwandt mit der Sprache der oben zitierten Kinderäußerungen. In denen das nachzittert von der Erschütterung durch sinnliche Gegebenheiten, was nach Genazino wie nach Fritsch sein Erdbebenzentrum gewissermaßen in der vorsprachlichen Weltbeziehung hat. Und was momentweise die Routinen der Einordnung in gesellschaftlich akzeptierte und geforderte sprachliche Ordnungen außer Kraft setzt.

Was die genannten Künstler – Genazino und Fritsch – wittern und auf ihre Art zu fassen suchen, ist auch ein zentrales Thema der Menschenforschung. Dazu zwei Autoren, die sich mit den Folgen der sprachlichen Durcharbeitung von Erfahrungen befassen.

Der Säuglingsforscher Daniel L. Stern überschreibt in seinem Buch „Die Lebenserfahrung des Säuglings" ein Kapitel „Das Empfinden eines verbalen Selbst". Einige Sätze daraus:

„Im zweiten Lebensjahr des Kindes taucht die Sprache auf, und im Laufe dieses Prozesses wird die Empfindung des Selbst und des Anderen um neue Attribute bereichert. Das Selbst und der Andere verfügen nun über ihre je eigene, persönliche Weltkenntnis, und ein neues Medium des Austausches, durch das sie gemeinsame Bedeutungen hervorbringen können. Eine neue organisierende subjektive Perspektive zeichnet sich ab und eröffnet einen neuen Bereich der Bezogenheit (...). Auf den ersten Blick scheint die Sprache für die Erweiterung des interpersonalen Erlebens von uneingeschränktem Vorteil zu sein (...). Das Kind schließlich kann mit Hilfe der Sprache beginnen, sein eigenes Leben narrativ zu konstruieren. Tatsächlich aber ist die Sprache ein zweischneidiges Schwert. Es gibt auch Bereiche unseres Erlebens, die wir mit anderen Menschen weniger leicht teilen können und die uns selbst nicht unmittelbar zugänglich sind, weil die Sprache sich dem entgegenstellt. Sie treibt einen Keil zwischen zwei simultane Formen interpersonalen Erlebens: die Form, wie Interpersonalität gelebt, und die Form, wie sie sprachlich dargestellt wird (...). Und in dem Maße, in dem das Geschehen im verbalen Bereich als wirkliches Geschehen betrachtet wird, unterliegt das Erleben in den anderen Bereichen einer Entfremdung. (Sie können zu „niederen" Erlebensbereichen herabsinken). Die Sprache bewirkt also eine Spaltung im Selbsterleben (...) (Stern 1998, S. 231f.).

Die Spaltung betrifft nicht nur das interpersonale Erleben, sondern auch die Umwelt der Dinge, der Geschehnisse, der Landschaft. Das sprachlich Formulierbare hebt sich ab von dem nicht Formulierbaren – der außer- und vorsprachlichen antlitzhaft-dramatischen Anmutung der Welt. Genazino wie Fritsch verfechten in den zitierten Äußerungen die These, dass in Gesten, Bildern, symbolischen Gestaltungen diese frühen, vor der sprachlichen Aufordnung der Welt liegenden Erfahrungen virulent werden und zum Zug kommen können, kostbare Ressource gegen die Übermacht der sprachlich dingfest gemachten Tatsachenwelt. Und sie finden in dem Säuglingsforscher Stern einen vielleicht unverhofften Verbündeten. Allerdings muss sich die Frage anschließen, ob es nicht auch Spielarten von Sprachgebrauch gibt, die den Spalt nicht stabilisieren, sondern ihn zu überwinden suchen – den Spalt zwischen dem vorsprachlichen Betroffensein und der distanzierenden Einordnung. Und sprachliche Äußerungen von der Art der oben zitierten drei Kinderäußerungen scheinen eine Sprache zu realisieren, welche sich eine gewisse Durchlässigkeit für die primären physiognomisch-dramatischen Anmutungen der Welt erhalten hat – oder aber sie schöpferisch neu der Sprache abgewinnt. Der normale Fortgang des Aufwachsens in der westlichen Zivilisation scheint dann freilich eine Sprache und eine Weltbeziehung monopolartig durchzusetzen, die das Vorsprachliche abtrennt, verwahrlosen oder „zu niederen Erlebensbereichen" herabsinken lässt.

Der andere Autor, der zur Aufhellung der zitierten Kinderäußerungen beitragen kann, ist der phänomenologische Psychologe Erwin Straus. Eine zentrale These seines wichtigen Buches „Vom Sinn der Sinne" kritisiert die verbreitete Vorstellung, Empfindungen seien nichts als Rohmaterialien für distanziert organisierende Wahrnehmungen und also Vorstufen der Erkenntnis von Zusammenhängen:

„Wollen wir es versuchen, den Gegensatz (scil. von Wahrnehmen und Empfinden) an einzelnen Phänomenen aufzuzeigen, so ist es der von Sehen und Ansehen, von einem Blick des Einverständnisses und einem beobachtenden Blick, vom liebkosenden Streicheln und ärztlichem Palpieren. Arzt und Kranker begegnen sich in der Wahrnehmungswelt, nicht im landschaftlichen Dasein der sympathetischen Beziehungen" (Straus 1978, S. 349).

Das liebkosende Streicheln entbindet gewissermaßen vorsprachlich Einmaliges, es entbindet besondere Erregtheiten mit überwältigendem Charakter: das Draußen wird drinnen gespürt, „sympathetisch" schwingt die Empfindung in dem Empfundenen. Abgrenzungen werden gegenstandslos. Der Blick des Einverständnisses bedarf nicht der Worte – das Sehen fasst auf, was dem Abstand schaffenden „Ansehen" so nicht gegeben sein kann. Empfindungen haben verschmelzenden Charakter. Wahrnehmung hat nach Straus den Charakter, dass sie sinnliche Eindrücke bestimmt, d. h. isoliert, abgrenzt, festlegt. Als solche ist sie Vorstufe begrifflich-sprachlicher Erkenntnis. An anderer Stelle unterscheidet Straus „empfindendes Sehen" von „wahrnehmendem Sehen" – bezüglich der verwendeten Sprache bedeutet das den Unterschied zwischen dem Wort als "sympathetischem Mittel des Ausdrucks" und dem Wort „als Träger von Bedeutungen":

„Im empfindenden Sehen war das Etwas nur jetzt, hier für mich da, momentan, im Durchgang. Nun aber, nach dem Übergang zur Wahrnehmungswelt wird dieses Für-mich-dasein als ein Moment des allgemeinen Geschehens gefaßt" (Straus 1978, S. 333).

So nachhaltig Straus für eine strikte Unterscheidung der Art, wie Welt empfunden und wie sie wahrgenommen wird, plädiert – und so nachhaltig er die distanziert formulierende Sprache der Wahrnehmung zuordnet – auch er kann nicht übergehen, dass es auch Arten des Sprechens gibt, die durchlässig für Empfindungen sind. Es gibt das „Wort als Ausdrucksmittel". Freilich ist ihm diese Sprache prinzipiell kein Zulieferant für allgemeine Bedeutungen. Sie ist sympathetisch durchpulst.

Es liegt zutage, dass die zitierten Kinderäußerungen auch ausgeprägte Wahrnehmungen transportieren: Der Bub, der die Rosenkohl-Röschen sympathetisch betrachtet, in Sorge, sie könnten umsonst gewachsen sein – sieht sie ohne Zweifel auch an als Objekte distanzierter Wahrnehmung. Der Junge, der aufgeschreckt den toten Mann am Kreuz als Symptom einer Bluttat erschrocken gewahrt, ist natürlich imstande, die auf Bildern abgebildeten Objekte wahrnehmend zu identifizieren. Der Neunjährige, der in starker Sympathie den Fluss der Zeit spürt und schier poetisch ausdrückt, „kann", wie seine

Zeichnung zeigt, die Uhr – er ist also der Zeitwahrnehmung durchaus fähig. Aber alle drei haben die Wahrnehmung nicht von der Empfindung isoliert. Sie sind imstande, die in der Wahrnehmung auf Distanz gebrachten Züge der Gegebenheiten gewissermaßen im Krebsgang zu revitalisieren. Das Empfinden durchzittert das Wahrnehmen – und beides dringt in die sprachliche Formulierung ein.

Viele pädagogische Interventionen in der westlichen Zivilisation zielen auf die Abtrennung der Wahrnehmungen von Empfindungen. Sprache und Denken sollen von den Erschütterungen durch Hier- und Jetzt-Gefühle unbehelligt bleiben. Welche Schwierigkeiten und Verwirrungen dabei entstehen können, dafür mag eine autobiographische Erinnerung von Carl J. Burckhardt exemplarisch stehen. Er beschreibt Vorbereitungen auf die Schule, wie sie der Großvater dem Sechsjährigen angedeihen ließ:

„Bei schönem Wetter musste ich zwei Stunden lang lernen, und wenn es kalt wurde, der Regen andauerte, wurde ich sogar von meinem Großvater während vier Stunden unterrichtet (...). Wir saßen, der alte Mann am schmalen Ende des grün eingelegten Tisches aus Zitronenholz, ich an der Breitseite zu seiner Rechten. Vor sich hatte mein Lehrer den Deckel einer Pappschachtel, und in diesem Deckel lagen eine kleine handvoll Kieselsteine. Er nahm einen Stein heraus und legte ihn auf den Tisch. „Was ist das?" fragte er. Der Stein lag in einem gebrochenen Sonnenstrahl (...). „Er ist schön" sagte ich. „Warum ist er so rot?" Aber das wollte der alte Herr nicht hören. „Nein", sagte er, „nimm dich zusammen, was ist das?" Nun nahm er einen zweiten Kieselstein. Dieser war blaßgrau wie die Forellen am Sonntagessen. „Er ist von dort, wo die Forellen wohnen", sagte ich. Darauf der Großvater: „Jetzt erzähl mir keine Märchen, du sollst zählen lernen"; und rasch auf den roten weisend: „Das ist EIN Stein." Dann hob er den grauen und legte ihn neben den anderen: „und das sind zwei Steine. Das ist der erste, und das ist der zweite." „Warum ist der graue nur der zweite?" fragte ich. Ich konnte vom Wesen nicht loskommen" (Burckhardt 1977, S. 36).

Man möchte, die Formulierung leicht korrigierend, meinen: Er konnte von der Erscheinung und von ihrer Empfindungsqualität nicht loskommen. Was der Großvater nicht ohne Grund allerdings für die Voraussetzung des Schullernens halten mochte.

Was können diese Erwägungen zu Kinderaufmerksamkeiten bringen?

Die Vorstellungen über das „richtige" Lernen, die „normale" Entwicklung vom Kind zum Erwachsenen sind in der westlichen Zivilisation linear und zielfixiert: es geht in einer Art Einbahnstrasse von kindlich-anfängerhafter Unreife, vom Stammeln, Phantasieren, Taumeln und Grübeln, von sinnlich-affektiven Verfangenheiten hin zu der distanzierten Welt- und Selbstbeherrschung. Kurz: es geht um das Aufwachen zur sogenannten Realität. Und die Pädagogen haben den Weckdienst inne. Norbert Elias hat griffig formuliert, wie dabei die internen Verhältnisse zwischen Trieb und Affekt einerseits und begrifflich distanzierter Rationalität anderseits sich verändern:

„Im Laufe dieses Prozesses (scil. sowohl des individuellen wie des kollektiven Zivilisierungsprozesses) wird, um es schlagwortartig zu sagen, das Bewußtsein weniger triebdurchlässig und die Triebe weniger bewußtseinsdurchlässig" (Elias, 1979, S. 390; vgl. auch Rumpf 1994, S. 12ff.).

Und es hat allen Anschein, dass sich in der westlichen Zivilisation aus vielen Gründen bei der pädagogischen Betreuung dieser Vorgänge eine Art Arbeitsteilung zwischen den Geschlechtern eingeschlichen hat – die Lebensphase, in der das Bewusstsein, das Denken und Sprechen, das Bewegungsrepertoire noch von Gefühlen, Trieben, Verschmelzungsphantasien durchdrungen ist oder sein darf – für die Betreuung dieser Lebensphase ist *grosso modo* das weibliche Geschlecht zuständig. Die Durchsetzung der rational distanzierten Realitätsbewältigung in die Köpfe und Körper des Nachwuchses, die fällt in den Kompetenzbereich der Männer. Wobei Ausnahmen die Regel bestätigen. Und diese stillschweigende Norm scheint ja auch die pädagogischen Professionen nachhaltig infiltriert zu haben – mitsamt den inhaltlichen Disziplinen, die diesen Professionen zugeordnet sind.

Es geht weit über den Rahmen dieser Skizze hinaus, diesen historisch-gesellschaftlichen Zusammenhang zu analysieren und zu problematisieren. Nur auf eine neuralgische Stelle möchte ich das Augenmerk gerichtet haben: Die Vorstellung, dass die schrägen Kinderaufmerksamkeiten stufenweise auszulöschen oder auszurotten sind, wenn man zum realitätstüchtigen Erwachsenen wird, diese Vorstellung verdient Kritik. Es könnte sein, dass da den Gewinnen an Weltbeherrschung Verluste an Weltberührung entsprechen. Es könnte sein, dass sich mit der Ausdünnung der kindlich-physiognomischen Welterfahrung die Erfahrung von Wirklichkeit überhaupt verliert. Und es gibt in Kunst und Kulturarbeit vielerlei Suchbewegungen, die den Krebsgang aufzuspüren suchen – in Gegenrichtung zur Einbahnstraße. Es geht dabei nicht um Infantilisierung, nicht um das Kind als Messias. Es geht um den reflektierten und bewussten Zweifel an einer Monokultur des Lernens. Simone Weil, die große Mystikerin, die über Jahre auch Fabrikarbeiterin war, hat für das, was dem modernen Menschen abgeht, den Ausdruck „Enracinement" geprägt, „Einwurzelung". In dem gleichnamigen Buch steht, dem Sinn nach: Wir könnten verschwinden, ohne da gewesen zu sein (Weil 1956).

Kinderaufmerksamkeiten können uns da mehr lehren als unsere Schulweisheit sich träumen lässt: die Welt nicht nur neutrales Material zur Bewältigung, sondern ein Gegenüber, das heischt vernommen zu werden. Mit einem Blick, fast als sähe man sie zum ersten Mal.

Literatur

Burckhardt, Carl Jacob (1977): Memorabilien. Erinnerungen und Begegnungen. München

Elias, Norbert (1979): Über den Prozess der Zivilisation. Bd. II., 6. Auflage. Frankfurt a. M.

Failing, Wolf-Eckart (1998): Der kleine Alltag und die große Geschichte. In: Kirche und Schule. Nr. 105, 24/1998, S. 1-12

Fritsch, Katharina (1996): Essay im Katalog zur Ausstellung „Leiblicher Logos" – 14 Künstlerinnen aus Deutschland. Staatsgalerie Stuttgart

Genazino, Wilhelm (2000): Auf der Kippe. Ein Album. Reinbek bei Hamburg

Genazino, Wilhelm (2001): Ein Gespräch mit dem Schriftsteller Wilhelm Genazino. In: Neue Zürcher Zeitung vom 7. 5. 2001 (Nr. 194/2001), S. 23

Rumpf, Horst (1994): Die übergangene Sinnlichkeit. 3. Auflage. Weinheim, München

Stern, Daniel L. (1998): Die Lebenserfahrung des Säuglings. Stuttgart

Straus, Erwin (1978): Vom Sinn der Sinne. 2. Auflage. Reprint. Berlin, Heidelberg, New York

Weil, Simone (1956): Die Einwurzelung. Einführung in die Pflichten dem menschlichen Wesen gegenüber. München

Richard Meier

Vor der Schule, in der Schule – Kinderszenen und ihre transformierte Bedeutung für den Schulanfang

Diesen Beitrag widme ich Heide Kallert. Wir sind uns Ende der sechziger Jahre in einem Seminar von Klaus Mollenhauer erstmals begegnet. Dann haben wir am Fachbereich Erziehungswissenschaften nebeneinander, zeitweise auch miteinander gearbeitet. Ich schätze und bewundere die leise Beharrlichkeit ihrer Arbeit an der Wissenschaft und in den (unvermeidlichen) Gremien.

Die Absicht

Mit diesem Beitrag wird der Versuch unternommen, mit Hilfe von skizzierten Kinderszenen aus der Zeit vor dem Schulbesuch, Hinweise auf notwendige Gestaltungskomponenten für die ersten Jahre der Schulzeit und auch darüber hinaus zu gewinnen. Die hier untersuchte Frage ist also: Was sollen wir aus einer guten Kinderzeit vor der Schule transformierend hinübernehmen in die Grundschulzeit der Kinder, auch darüber hinaus in die weitere Schulzeit der Heranwachsenden? Als Grundlage der Folgerungen aus den Kinderszenen wird einleitend die Lage und Aufgabe der Grundschule heute beschrieben.

Zur Situation am Schulanfang: Gemeinsamkeit und Differenz

Wenn Kinder zur Schule kommen, ist ihnen gemeinsam, dass sie durch äußere Kriterien wie ihr erreichtes Alter in Gruppen zusammengefasst und in der Regel auf gleiche Weise (!) unterrichtet werden. Gemeinsam erfahren sie auch verschiedene, für sie teils neue Verbindlichkeiten, die den Kindern ganz selbstverständlich aufgegeben werden. Solche Verbindlichkeiten sind: der Ort, die Zeit, das erwartete Verhalten, der regulierte Umgang miteinander, die Aufgabe jetzt und so, die Einengung ihrer Bewegung, die Regulierung sprachlicher und anderer Äußerungen ... Eine Gemeinsamkeit dominiert die

Situation, dies ist, so absurd es auf den ersten Blick auch scheint, die außerordentlich weit greifende Unterschiedlichkeit der Kinder. Diese Differenz der Kinder, das Spektrum ihrer Befindlichkeit und ihres Verhaltens hat sich in faszinierender Weise erweitert. Ein letztes Langzeitpraktikum zwischen 1998 und 2000 hat mir und den beteiligten Studentinnen wieder gezeigt, dass diese Unterschiede der Kinder untereinander die Situation bestimmen. So erscheinen mir heute die zu Beginn meiner Berufsarbeit als Volksschullehrer (1960) als „schwierig" empfundenen Kinder im Verhaltensspektrum als die relativ verlässliche Mitte einer Grundschulklasse. Und: Der Kanon der Selbstverständlichkeiten, auf die man damals als Lehrer bauen konnte, ist der Tatsache einer hohen Variabilität der Zustände und situativen Möglichkeiten gewichen. Jahr für Jahr zeigt sich in den Gruppen des ersten Schuljahres die Situation wieder neu und anders. Jahr für Jahr treten neue Phänomene auf, die mit den Kindern und Eltern bewältigt und für alle gedeihlich gestaltet werden müssen. Die Leistung einer Lehrerin, der es gelingt, im Lauf des ersten Schuljahrs eine förderliche Atmosphäre und verlässliche Situation zu schaffen, in der alle Kinder Grenzen annehmen und ihr Leben in der Schule und im Unterricht für sich und andere zuträglich gestalten, wird gesellschaftlich weit unterschätzt, in der Regel gar nicht erkannt.

Zur Aufgabe der Grundschule

Die Verschiedenheit der Kinder dominiert über alle anderen wirkenden Faktoren des Unterrichts. Von dieser Ausgangslage bestimmt ist festzustellen: Die Grundschule ist die einzige allgemeine Gesamtschule der Bundesrepublik. Fast alle Kinder werden sie zumindest vier zu kurze Jahre besuchen. Daraus leitete sich die zentraler Aufgabe dieser Schule ab: *Die Aufgabe der Grundschule ist die optimale Förderung aller Kinder von ihrer individuellen und gemeinsamen Ausgangslage aus.* Daraus lässt sich weiter folgern: Die optimale Förderung aller Kinder ist nur möglich, wenn ihre Differenz als konstruktive aufgenommen und zur Basis des Unterrichts gemacht wird. Daraus wieder folgt, dass ein linear gleichschrittiger Unterricht mit diesen Kindern im Ansatz falsch ist und der Situation wie der Aufgabe nicht gerecht wird. Wir müssen uns entschieden verabschieden von dieser ungerechten und wenig wirksamen Gleichbehandlung der Kinder, auch der Heranwachsenden in ihrer Schulzeit. Dieses Lehren und Lernen im Gleichtakt führt zu einer Verschleuderung menschlichen Kapitals, die wir uns menschlich nicht leisten dürfen und gesellschaftlich nicht leisten können.

Anmerkungen zu PISA und den erwarteten Folgen

Eine der ersten Reaktionen auf die Ergebnisse der Untersuchung, die gekürzt PISA genannt wird, war diese: „Unser dreigliedriges Schulsystem ist in Ordnung, es geht nur um Korrekturen im System." Dem ist die Aussage eines finnisches Kollegen entgegenzusetzen, der das Ziel und die Aufgabe des Schulsystems seines Landes so beschrieb: „Uns leitet das Ziel und die Aufgabe: Wir dürfen keinen verlieren."

Die hysterischen Reaktionen auf PISA wie die angekündigten Maßnahmen zeigen eine Gesetzmäßigkeit, die ich seit Beginn meiner Mitarbeit an der Weiterentwicklung der Grundschule beobachte: Nach den ersten Aufregung, meist „Schock" genannt (Bildungskatastrophe, Sputnikschock), folgen in der Regel derartige Aktionen und Maßnahmen:

- die Suche nach den Schuldigen,
- die Bestätigung, dass unser dreigliedriges Schulsystem in Ordnung ist,
- die Forderung nach mehr Leistung,
- das Verlangen, verbindliche Produktionsnormen (Standards) festzulegen,
- die Selektion bestimmter Kindergruppen und
- die Installation von kurzzeitigen Maßnahmen für diese und andere Gruppen, die langfristige Versäumnisse abmildern sollen.

Auf PISA und die Folgen bezogen sind dies zum Beispiel für Schulanfänger und ihre ersten Schuljahre:

- die Festlegung von Standards, die zum Beispiel am Ende des zweiten Schuljahrs zu erreichen sind,
- die Rückkehr zur Ziffernbenotung schon in den ersten Schuljahren, dies ohne Rücksicht auf die Tatsache der Ausgangsdifferenz der Kinder,
- die Selektion von Kindern, die zum Beispiel der deutschen Sprache nicht mächtig sind,
- die hastige Installation von Sprachkursen für eine Gruppe benachteiligter Kinder an Stelle einer Situation, in der die Kinder in der Sprache hoher Qualität „baden" können.

Solche vorübergehenden Aktionen ohne grundlegenden Wandel weisen auf einen Systemfehler hin. Eigentlich, und mit lebenslang wirkenden Folgen für viele Kinder und Heranwachsende wie die gesamte Gesellschaft, hat es die deutsche Schule mit einem Erbe an Schulmentalität zu tun, das sich verkürzt so beschreiben lässt: Unterricht findet dann statt und ist auch richtig so, wenn Stoffportionen bestimmt und durchgenommen werden. Der Wortteil „durch" zeigt, was als Auffassung von Unterricht gemeint und wirksam ist. Es wird etwas gelehrt, es soll etwas möglichst direkt und normgerecht gelernt werden, oft nur, damit man es im richtigen Moment wiedergeben kann. Die Schüler lernen an diesem System früh und gründlich die Lektion, dass es nicht um den Gegenstand und überdauerndes Können geht, sondern nur um dieses Wiedergeben in der jeweils gewünschten Form und Tendenz, und dies in der Regel zum Zwecke der Benotung.

Dieser mental ganz selbstverständlichen Auffassung von Unterricht und Lernvorgängen, nicht unähnlich einem industriellen Produktionsprozess (Kunststoff rein, Dübel raus), muss jene Mentalität entgegen gesetzt werden, die der oben zitierte finnische Kollege im Gespräch als zentrales Ziel der Schulgestaltung und Unterrichtsarbeit formuliert hat: Sie fasst sich in dem Satz: „Wir dürfen keinen verlieren". Ein solches Leitziel fordert mit hoher Dringlichkeit die optimale Förderung aller Kinder und Heranwachsenden durch den konstruktiven Umgang mit ihrer Differenz. Eigentlich ist diese konstruktive Aufnahme der Differenz keine schwere Aufgabe, es bedarf nur einer grundlegenden Änderung unsere Unterrichtsmentalität. Die Lernforschung hat vor allem im neurologischen Bereich in den letzten Jahren bemerkenswerte Fortschritte erzielt. Die Ergebnisse und Modelle lesen sich teilweise wie eine Anweisung zur Optimierung eines komplexen technischen Gerätes. Bewusst banal formuliert zeigen sich die Ergebnisse so: Zuerst müssen möglichst viele Schaltungen entstehen, dann muss unter diesen Schaltungen durch „Aufräumen" wieder Ordnung und Struktur geschaffen werden. Wer mit Menschen jedes Alters arbeitet, um Lernprozesse zu begleiten, weiß, und dies auch aus der Beobachtung des eigenen Lernens:

- Lernerfolg ist sehr weitreichend von der persönlichen, sachlichen und sozialen Situation, Gestimmtheit und Motivation abhängig;
- Lernen ist kein linearer Prozess, der etwa einer linearen Lehre folgt. Auch wenn etwas manchmal anscheinend plötzlich verstanden ist oder anscheinend überraschend zum Können wird, ist dieser Gewinn in aller Regel das Ergebnis kreisender und pendelnder Prozesse, die einen erheblichen Bedarf an gelassener Zeit fordern. „Kreisend" muss sich Lernen entwickeln, damit der lernende Mensch Gelegenheit hat, sich einem Gegenstand aus unterschiedlichen Perspektiven und in unterschiedlichen Zusammenhängen mehrfach zu nähern. „Pendelnd" muss sich Lernen entwickeln, damit der lernende Mensch die Möglichkeit hat, vielfach zu einem Gegenstand zurückzukehren, bis er ihn sich auf seinem Weg angeeignet hat. Wer hat in seinen Zeiten als Schüler nie das Erlebnis gehabt, dass hier plötzlich etwas vorgetragen wird oder über einen Gegenstand verhandelt wird, dessen Spur und Sinn mir verloren gegangen ist, oder der sich mir noch nicht erschlossen hat? So gesehen ist das Weltwissen der Siebenjährigen (Donata Elschenbroich) kein naturgegebener Zuwachs, sondern das Ergebnis fördernder Situationen und des stetigen Bemühens des Lernenden selbst und der daran beteiligten weiteren Menschen. Diese Bedingungsstruktur des Lernens führt neben anderen Faktoren zu den Unterschieden der Kinder untereinander, wenn sie zur Schule

kommen. Die konstruktive Antwort auf diese Tatsache der Differenz, ist die zentrale Aufgabe der Grundschule.

Hinweise zum konstruktiven Umgang mit der Differenz?

Aufgabe ist die grundsätzliche Änderung der Unterrichtsmentalität. Zentrales Kennzeichen dieser Änderung der Unterrichtsmentalität, fast einer kopernikanischen Wende gleichend, ist die prinzipiell, das heißt auf Dauer differenzierte Gestaltung des Unterrichts. Den Einsichten aus unserer Mitarbeit im Unterricht zum Beispiel in integrativen Klassen folgend muss diese individuell passende Arbeit auf Dauer mit einem Zeitanteil ausgestattet sein, der deutlich über die Hälfte der Unterrichtszeit hinaus geht. Das zugehörige Unterrichtskonzept zeichnet sich aus durch einen rhythmischen Wechsel in langen Intervallen, zwischen gemeinsamer und individueller Zuwendung zu Situation, Gegenstand und Aufgabe. Dass dieses Unterrichtskonzept vor allem einen grundlegenden Wandel der Lehrerrolle fordert, wird hier nur festgestellt und unter die Aufforderung gestellt: „Weniger lehren, mehr lernen lassen".

Von dieser Basis der prinzipiell differenzierenden Lernarbeit ausgehend, lassen sich darauf aufbauende Komponenten der Unterrichtsgestaltung beschreiben. Für diese Beschreibung wird ein sicher ungewöhnlicher Weg gewählt. Während man sich heute wieder durch die PISA-Hysterie und den Schrei nach Leistung gedrängt sieht, die Kinder in ihrer vorschulischen Zeit näher an die Schule zu rücken, und zum Beispiel lineare, materialgebundene Lehrgänge installiert, wird hier eine fast gegensätzliche Richtung eingeschlagen. Aus dem Zusammenleben mit Kindern vor ihrer Schulzeit, auch aus der bewussten Beobachtung und Analyse heraus, werden Situationen skizziert, in denen sich Lernen auf eine selbstverständliche und positiv getönte Weise entwickelt. Der wirksame Kern dieser Szenen wird dann auf seine Bedeutung für die Gestaltung der Grundschule und ihres Unterrichts befragt und, gebunden an die oben angedeutete Aufgabe der Grundschule, in ihre Situation transformiert. Dass es sich vor allem um Szenen zwischen Müttern und Kindern handelt hat Gründe:

- alltägliche Vaterszenen sind typischerweise nicht so häufig,
- der Vater als Beobachter war in den gewählten Szenen auf Abstand bedacht.

Erste Szene

Eine Mutter wickelt ihr Kleinkind. Sie kommentiert ihre Tätigkeiten, stellt dem Kind die Gegenstände und die eigenen Handlungen vor, staunt über das Verdauungsprodukt, dramatisiert etwas die Reinigung und ihr erfreuliches Ergebnis. Immer wieder blickt sie ihr Kind direkt an, verstärkt ihre Mimik, nimmt die Mimik des Kindes auf, spricht mit ihm auch auf diese Weise und bestätigt die Reaktionen und Aktionen des Kindes, indem sie diese deutet.

Kommentar: Dies ist eine Schlüsselszene für die Entwicklung eines Kindes. Die Mutter ist interessant für ihr Kind. Sein aufmerksamer Blick, die freudigen, fast aufgeregten Reaktionen zeigen dies. Die Handlungen, die mimischen und sprachlichen Beschreibungen und Kommentare der Mutter prägen sich ein, werden erwartet, sind fast ein Ritual. Sie schaffen Sicherheit, die weitere Entwicklungen mit neuen Aufmerksamkeiten zulässt. Hier findet im vollen Sinn des Wortes Kommunikation und Welterschließung statt.

Zum Unterricht am Schulanfang: Die Szene am Wickeltisch und der Beginn des ersten Schuljahres sind nicht vergleichbar. Hier ein Kind und seine Mutter in einer nicht nur der Versorgung des Säuglings dienenden Situation. Dort eine nach äußeren Kriterien zusammengeführte Kindergruppe mit einer von Kind zu Kind jeweils eigenen und sehr verschiedenen Aufwachsgeschichte. Hier die private Sorge um das Wohlergehen des Kindes. Dort eine institutionelle Veranstaltung mit engen Grenzen, die von den oben zitierten Verbindlichkeiten geprägt, einem Zweck dient, der sehr verschieden gesehen und gestaltet werden kann. Und doch gibt es Bedürfnisse der Kinder am Schulanfang, die zumindest Parallelen, zum Beispiel eine emotionale Verwandtschaft zur Szene am Wickeltisch aufweisen: Die meisten Kinder haben am Schulfang das Bedürfnis von ihrer (!) Lehrerin persönlich angenommen und angesprochen zu werden. Sie müssen spüren, dass sie geschätzt werden. Kinder am Schulfang haben einen hohen Bedarf an Ordnung und Modell. Das geduldige Einüben in diese Ordnungen, das Annehmen von Modellen des Verhaltens, von Abläufen und Arbeitsweisen geben ihnen die Sicherheit, aus der heraus sie Neues versuchen und zwischen Anspannung und Entspannung sozial, sachlich und methodisch lernen können.

Zweite Szene

Ein etwa dreieinhalb Jahre altes Mädchen sieht seiner Mutter beim Telefonieren zu. Es sieht nicht nur zu, es beobachtet mit Intensität die Schritte der mütterlichen Tätigkeit. Aus der Atmosphäre des Gespräches und aus verschiedenen Äußerungen erkennt das Kind, mit wem die Mutter spricht. „Oma", sagt das Kind fragend und hebt die Hand in einer unmissverständlichen Geste. Es möchte auch mit der Oma sprechen. Die Mutter sagt: „Ja gleich", beendet ihr Gespräch nach einer gut auszuhaltenden Frist, kündigt die Tochter als Gesprächpartnerin an und übergibt ihr das Telefon. Das Kind horcht intensiv, die Großmutter reagiert sinnvoll, indem sie mit einer Frage ein Gespräch beginnt, die das Mädchen sehr berührt: „So, habt ihr Euren Besuch im Kindergarten gemacht, war's gut? Das Mädchen bejaht, beginnt zuerst stockend, dann flüssig und mit Nachdruck, Szenen aus dem Kindergarten zu erwähnen, die es offensichtlich beeindruckt haben. Als sich das Gespräch erschöpft, bittet die Großmutter: „Gib mir noch mal die Mama, ich will mit ihr ausmachen, wann ich Euch besuche."

Kommentar: Die beiden Frauen gestalten die Szene gut. Sie geben dem Kind durch gekonnte Balance zwischen Hilfestellung und Freilassen Gelegenheit, sich so einzubringen, wie es in dieser Situation für das Kind möglich ist. Das Mädchen kann, wie es möchte, mit seiner Oma Kontakt aufnehmen, es erhält darüber hinaus Gelegenheit, einem aufwühlenden, für es selbst sehr wichtigen Erlebnis, dem ersten vorläufigen Besuch im Kindergarten, im Gespräch nachzufühlen.

Zum Unterricht am Schulanfang: Die Szene ist Beispiel für die Leistung der notwendigen Balance bei der Förderung von Kindern. Die Aufgabe abzuwägen zwischen der jetzt richtigen Handlung und der notwendigen Zurückhaltung, stellt sich der Lehrerin als ständige, anstrengende Aufgabe. Meist bietet sich wenig Zeit zum Einfühlen und Eindenken in die Situation. Sie, die Situation, ist jetzt und jetzt muss die Lehrerin reagieren, handelnd. Gleich, vielleicht auch über lange Zeit, wird sie die Folgen ihrer Handlung oder ihrer Zurückhaltung erfahren und weiter gestalten müssen. Diese schwebende Situation mit ihrer unvermeidlichen Handlungsunsicherheit führt nicht selten zu diesem Verhalten: Die Kindergruppe wird in einem sehr engen Raum der gewährten Möglichkeiten geführt und reglementiert. Dabei wird als Vorsatz in Aussicht gestellt, dass sich die Situation später öffnen wird, wenn die grundlegende Ordnung erreicht ist. Ob dieses „später" dann verwirklicht wird, bleibt fraglich. Wer sich selbst in der Anfangssituation keinen größeren Spielraum der Möglichkeiten zutraut, wird in der Regel auch die später gewährte Freiheit sehr eng fassen. Lernen aber braucht, soll es auf Dauer wirksam werden, einen großen, aber gestalteten Raum der Möglichkeiten zwischen Anleitung und Freilassen.

Dritte Szene

Auf dem Frühstückstisch steht am Sonntag ein frischer Blumenstrauß aus dem Garten. Zwei Buben im Grundschulalter und ein fünfjähriges Mädchen genießen die absichtslose Zeit mit den Eltern. Das Mädchen neigt sich, auf dem Stuhl kniend, etwas nach vorne zur Tischmitte und tippt mit gestrecktem Finger in eine Blume. „Was ist denn da?", fragt der ältere Bruder mit einem Ton, der dies enthält: „Na, wieder die Kleine." Der Vater wird aufmerksam, neigt sich ebenfalls nach vorne und sieht, was seine Tochter entdeckt hat. Kurz unterhalb einer Blüte läuft ein Marienkäfer den Stängel abwärts. Das Mädchen ist entzückt, der Bruder macht eine Bemerkung über das eklige Vieh. Nach einem speziellen Blick und einer Geste zum Sohn schlägt der Vater seiner Tochter vor: „Halt ihm doch mal den Finger hin, vielleicht steigt er drauf". Das Mädchen folgt dem Vorschlag etwas zögernd, hält seinen Finger mit dem Käfer in Richtung der Mutter und meint: „Was soll ich jetzt machen?" Die Mutter verweist auf den „Papa", der seiner Tochter vorschlägt, den Marienkäfer in den Garten zu tragen. Unter den spöttischen Blicken der Knaben wird die Idee behutsam ausgeführt. Später sitzen Vater und Tochter auf der Terrasse, der Vater liest aus einem mit Fotografien bestückten Bestimmungsbuch über Käfer vor, was dort über Marienkäfer steht, beide betrachten und kommentieren auf verschiedene Weise die Fotos.

Kommentar: Interesse ist der wirksamste Motor des Lernens. Überraschende Vorgänge und Begegnungen sind Anstoß zum Lernen. Neben dem kleinen Ereignis ist die Reaktion des Vaters bedenkenswert. Er nimmt das Interesse des Kindes auf, schützt das Mädchen vor der scheinbaren Überlegenheit des Bruders, macht einen konstruktiven Vorschlag und bietet seiner Tochter in der geschützten Situation der Zweisamkeit Information über den Marienkäfer. Als Situation gelungen, als Lernanlass nicht einfach herbeizuführen, teilweise von der Gunst des Augenblicks, des „fruchtbaren Moments", auch vom Verhalten der Beteiligten abhängig. Der richtige Impuls, die richtige Antwort zur richtigen Zeit werden wirksam, wenn sie nicht in Belehrung ausarten.

Zum Unterricht am Schulanfang: Interesse lässt sich nicht verordnen. Dies ist einer der Gründe, warum ein großer Teil der schulischen Lehre nicht zum persönlichen Lernen der Kinder wird, das auf Dauer wirksame Ergebnisse zeitigt. Warum soll sich zum Beispiel ein Kind in seiner Schülerrolle mit „dem Stromkreis" wirklich persönlich einlassen, den es als Gegenstand seines Interesses weder entdeckt noch gewählt hat? Daraus folgt: Die für alle Schülerinnen und Schüler verbindlich geplanten Gegenstände müssen so aufbereitet werden, dass neben den gemeinsamen auch individuelle Zugänge möglich werden. Neben diesen curricular bestimmten Gegenständen müssen die Kinder Gelegenheit haben, sich in freier Arbeit eigene Gegenstände zu erschließen. Solche Angebote müssen vor allem die Möglichkeit zum konkreten Tun, Machen und Handeln enthalten. Kinder haben, wenn sie zur Schule kommen, ein sehr ausgeprägtes Bedürfnis an konkretem Tun. Sie wollen selbst etwas herstellen, mit Dingen, Materialien und Werkzeugen umgehen. Diesem Bedürfnis steht kein ernsthaftes Angebot gegenüber. Im Haushalt und der näheren Umwelt besteht kein Bedarf an Mitwirkung der Kinder, weil die alltäglichen Besorgungstätigkeiten weitgehend reduziert und technisiert sind. Die schulischen Angebote an konkretem Tun sind häufig aufgesetzte Verzierungsdidaktik, weil die dafür notwendige Zeit (so die verbreitete Auffassung) dem ernsthaften Lernen entzogen wird. Oft fallen Anschauung und Tun dem beklagten Zeitmangel zum Opfer. Die Kinder brauchen Werkstätten, in denen sie sich mit den unterschiedlichsten Angeboten und Phänomenen einlassen können. Hier müssen ihnen die Erwachsenen, wie in der Szene mit dem Marienkäfer, Gelegenheit geben, sich selbst einzubringen, eigene

Erfahrungen zu machen, ohne dass sie abschließend belehrt werden. In solchen Szenen können dann auch der Sachtext eines Buches, die gut gemachte Grafik, das Foto Mittel der Erschließung sein. Diese Mittel müssen aus bescheidenen Anfängen durch langfristig konzipierte Arbeit erworben werden. Es geht zum Beispiel hier um Lesen können und Lesen wollen, nicht um Lesen lernen im Sinne einer Technik.

Vierte Szene

„Ja, dann zeigst du den Ausweis und sagst, dass du die Bücher zurückbringst und das bestellte Buch für Frau Unger abholen willst." „Wieso Frau Unger, du bist doch meine Mama?" „Klar, mach keine Witze, du weißt schon, wieso man in der Bücherei Frau Unger und nicht Mama sagt." So der Ausschnitt aus einem Gespräch zwischen der Mutter und ihrer siebenjährigen Tochter. Das Kind steht mit einer Büchertasche unter der Tür, hat gerade eine letzte Instruktion erhalten und soll nun selbständig diese Besorgung erledigen. Man sieht ihr an, dass ihr der Auftrag nicht ganz geheuer ist. Am späteren Nachmittag liegen das entliehene Buch und der Bibliotheksausweis sichtbar arrangiert auf dem Küchentisch. „Das hast du gut gemacht, du bist eine große Hilfe für mich", sagt die Mutter, das Mädchen freut sich.

Kommentar: Zutrauen zu sich selbst und die darauf gegründete Selbständigkeit sind das Ergebnis von Prozessen, in denen dieses Mädchen Gelegenheit hatte, durch erlebte Beispiele und gemeisterte Situationen, in die es eingebunden war, Verhaltensmuster zu erwerben, die sich nutzen lassen, wenn selbständiges Handeln gefragt ist. Entscheidend für das gute Gelingen solcher Prozesse ist die ausgewogene Balance zwischen Führen und Lassen im Verhalten der Mutter.

Zum Unterricht am Schulanfang: Unterricht muss auf lange Sicht gesehen so gestaltet werden, dass die Kinder und Heranwachsenden selbständig und interessiert lernende Menschen bleiben und werden. Dabei geht es nicht nur um das zur Zeit besonders betonte Wissen, sondern um Wollen und Können. Wollen speist sich aus guten Erfahrungen mit dem eigenen Lernen und den Leistungen, die sich dabei entwickeln. Können hängt wesentlich neben dem Wissen, das man einsetzen kann, auch von Methoden ab, die man erprobt hat und einsetzen kann, wenn selbständige Leistung gefragt ist. Deshalb muss gerade den Schulanfängern Gelegenheit gegeben werden, an Aufgaben zu wachsen, die im Anspruch und den notwendigen Voraussetzungen für die Gruppe und für die Einzelnen passend gestaltet sind. Nicht wenige Schulanfänger sind mit den Aufgaben und Tätigkeiten unterfordert, die auf einen gedachten Durchschnittsschüler in einem linearen Prozess zielen. Regelmäßig müssen die Kinder Gelegenheit haben, sich an fremden Aufgaben und Situationen zu erproben, bei denen kein eng bestimmtes und bewertetes Ergebnis das Ziel ist. Ebenso wirksam und notwendig für die Selbstversicherung sind Routinetätigkeiten, die Gelegenheit geben, eine neue Ebene des Könnens zu bilden, aus der heraus ein anscheinend plötzlicher Fortschritt zu verzeichnen ist. Entwerfen, Erproben und Bedenken von Methoden die selbständiges Lernen tragen, müssen zum bewusst gepflegten Bestand eines wirksamen didaktischen Instrumentariums gehören.

Fünfte Szene

Die Mutter sitzt mit ihrer siebenjährigen Schulanfängerin und deren nicht ganz fünf Jahre alten Bruder am Küchentisch. Für das kommende Weihnachtsfest werden Sterne gebastelt. Zur Zeit ist ein Stern in Arbeit, der wiederholend exaktes Falten erfordert. Längliche Rechtecke aus Transparentpapier werden zu den schmalen Seiten so gefaltet, dass zwei Dreiecke mit gemeinsamer Basis entstehen. Zwölf oder mehr dieser Rechtecke geben, sich teilweise überdeckend, einen Stern mit interessantem Farbenspiel. Plötzlich bricht der Knabe in wütendes Geheul aus und schiebt seine Faltarbeit von sich. Es gelingt ihm einfach nicht, jeweils eine exakte Spitze entstehen zu lassen. Die Mutter legt ihrer Tochter weitere Rechtecke hin, ihr Blick signalisiert: „Sage nichts!" Dann weist sie den Jungen auf eine größere Zahl von Sternen aus fester Pappe hin und sagt: „Du kannst mit dem Sternelocher kleine Sterne reinzwicken und dann farbiges Transparentpapier dahinter kleben". Der Knabe zögert einen Moment, man hat den Eindruck, er prüft, ob sein Selbstbewusstsein diesen Vorschlag erträgt. Dann beginnt er doch ganz eifrig mit dieser Arbeit. Nach einiger Zeit fängt er an, die Sternlöcher im Wechsel am Rand und weiter zur Mitte zu setzen. Er freut sich über seine Erfindung. Nachdem mehrere Sterne hinterklebt sind, und das Ergebnis Anerkennung findet, versucht er sich nochmals an den Rechtecken für den großen Farbstern.

Kommentar: Eine typische Szene zwischen Können und Nichtkönnen. Eine geschickte Reaktion der Mutter. Sie macht dem Jungen einen Vorschlag, der seinen Möglichkeiten entspricht und verhindert gleichzeitig, dass die Erregung des Jungen auf die Schwester gelenkt wird, die ihr Können eigentlich auskosten könnte. Die gelungen Arbeit des Jungen motiviert ihn, doch wieder zu dieser schwierigeren Faltarbeit zurückzukehren.

Zum Unterricht am Schulanfang: Diese Szene kann Symbol und Modell sein für den konstruktiven Umgang mit Differenz im Unterricht. Im gleichen Zusammenhang bekommt ein Kind eine andere, nicht in jedem Fall leichtere Aufgabe gestellt, die seinem Können jetzt angemessen ist. Das Ergebnis der Anstrengung ist durch die Passung der Aufgabe in sich gut und gültig. Der Vergleich mit anderen und ihrer Leistung wird zeitweise und bewusst ausgesetzt, obwohl er weiterhin wirksam ist. Das Vertrauen, das aus der gelungenen Leistung entsteht, fördert das Motiv zu weiterer Anstrengung. So muss ein großer Teil des Anfangsunterrichts und des Unterrichts allgemein gestaltet werden. Die Aufgabe lässt sich so formulieren: „Weniger lehren, mehr kreisend und pendelnd lernen lassen". Die Schülerinnen und Schüler arbeiten, weil ihre Ausgangslage verschieden ist, als Konsequenz in der gleichen

Zeit an verschiedenen Aufgaben und zu verschiedenen Zeiten (und dies nicht immer zwingend) an den gleichen Aufgaben. Am Beispiel nochmals eindeutiger formuliert. Wer Schülerinnen und Schüler mit dem gleichen, linear gestalteten Leselehrgang überzieht, legt den Keim für die unbefriedigende Entwicklung, die durch PISA ausgewiesen wurde. Es geht, wie schon erwähnt, nicht um Lesen lernen, sondern um Lesen können und Lesen wollen. Es gilt: „Wir dürfen keinen verlieren."

Helga Deppe-Wolfinger

Zustände und Zumutungen –
PISA aus integrationspädagogischer Perspektive

PISA hat Irritationen ausgelöst, hat es auch aufgeschreckt? Werden die schonungslos offengelegten Ergebnisse über das mangelhafte Wissen und Können der Schüler(innen) in Deutschland Folgen haben? Skepsis ist angebracht, denn das deutsche Bildungswesen zeichnet sich durch erhebliches Beharrungsvermögen aus. Reformen versanden, bleiben auf halbem Wege stecken, eröffnen allenfalls Nischen, in denen sich eine Pädagogik entfalten kann, die Separation und Segregation zu überwinden sucht. Der gemeinsame Unterricht für behinderte und nichtbehinderte Kinder stellt eine solche Nische dar. Zwar ist es im Elementarbereich gelungen, gemeinsame Erziehung zu etablieren[1], in der Regelschule indessen ist der Anteil der Schüler(innen) mit Förderbedarf bundesweit seit Jahren gering[2], auch in „integrationsfreundlichen" Bundesländern stagniert er eher als zu wachsen, in einigen Bundesländern ist Gemeinsamer Unterricht vom Abbau bedroht.

Während nahezu alle europäischen Nachbarländer in den siebziger Jahren des 20. Jahrhunderts die gemeinsame Schulzeit für alle Schüler(innen) auf neun Jahre ausgedehnt haben und zudem die Ganztagsschule favorisieren, insistiert das deutsche Schulwesen seit achtzig Jahren auf der vierjährigen Grundschule nebst Sonderschule und dem viergliedrigen Schulsystem ab Klasse 5 (bzw. 7 in Berlin und Brandenburg) zuzüglich der Gesamtschule. Verlässliche Unterrichtszeiten gibt es zumeist nicht einmal in der Halbtagsschule.

Der verfestigten äußeren Schulstruktur entspricht eine überdauernde pädagogische Sichtweise, die Schüler(innen) einer Schulform als homogene Gruppe und demzufolge Unterricht als lernzielgleiches Unterfangen begreift. Der professionelle Umgang mit Heterogenität im Sinne lernzieldifferenten Lehrens und Lernens (Hinz 1993) stellt in der schulischen Realität eher die Ausnahme dar. Weil Differenz in der allgemeinen Schule als Störung begriffen wird, überwiegt im Hinblick auf Kinder mit Lernerschwernissen eine defizitorientierte Sichtweise mit gravierenden Folgen: „Der Aussonderungsblick versperrt (...) die Sicht auf die Fähigkeiten der Kinder" (Schöler 2000,

---

[1] Bundesweit besuchen über 40% der Kinder mit Behinderungen einen integrativen oder regulären Kindergarten, in Hessen und Bremen sind es nahezu alle Kinder mit Behinderungen (vgl. Kron 2002, S. 178).
[2] Knapp 12% der Schüler(innen) mit Förderbedarf besuchen bundesweit integrative Regelschulklassen (vgl. Sander 2002, S. 62) .

S. 168). Liegt in diesem Aussonderungsblick die pädagogische Ursache für unterdurchschnittliches Wissen und Können der Schüler(innen) in Deutschland?

Über PISA nachzudenken, heißt nach dem Zustand unseres Erziehungs- und Bildungswesens zu fragen, den Zumutungen auf den Grund zu gehen, die aus Unterrichtsroutinen, institutionellen Bedingungen und Schulpolitik resultieren und Perspektiven aufzuzeigen, die auf inklusive Erziehung und Bildung abzielen.

Der Zustand des deutschen Bildungswesens nach PISA

„Lesekompetenz ist nicht nur eine Grundvoraussetzung für die Teilhabe am gesellschaftlichen Leben und für lebenslanges Lernen, sondern auch für den beruflichen Erfolg" (Baumert 2001, S. 116).

Dieser Sachverhalt bedarf keines wissenschaftlichen Belegs, sondern entspricht dem Selbstverständnis einer modernen Industriegesellschaft einschließlich ihrer vielfältigen Bildungseinrichtungen. Lesekompetenz stellt im Sinne Bourdieus (1997) „kulturelles Kapital" sowohl des einzelnen Menschen als auch der Gesellschaft in ihrer Gesamtheit dar. Die Ergebnisse der PISA-Studie alarmieren hinsichtlich der kulturellen Standards in Deutschland: fast 23% der Jugendlichen sind nicht in der Lage, einfache Texte zu entschlüsseln und Verbindungen zwischen Informationen im Text und ihrem Alltagswissen herzustellen. Sie weisen insbesondere bei den Aufgaben Schwächen auf, die das Reflektieren und Bewerten von Texten erfordern (ebd., S. 103). 10% der Schüler(innen) erreichen noch nicht einmal die unterste Kompetenzstufe[3]. Diese Gruppe besteht zu zwei Dritteln aus Jungen und besucht überwiegend Haupt- und Sonderschulen (ebd., S. 117). Von diesen Schüler(inne)n verfügt etwas mehr als die Hälfte über einen Migrationshintergrund, mindestens ein Elternteil wurde im Ausland geboren. Migrantenkinder gehören also häufiger zur Gruppe der „Risikoschüler(innen)" als deutsche Kinder, freilich ist auch der Anteil deutscher Kinder unter den schwächsten Leser(inne)n vergleichsweise hoch. Und eine weitere Besonderheit prägt die deutsche Situation: Der Leistungsabstand zwischen den leistungs-

---

[3] Im Durchschnitt aller OECD-Staaten sind 6% der Schüler(innen) nicht den Anforderungen der untersten Kompetenzstufe gewachsen (vgl. Baumert 2001, S. 103). Auch für den Bereich der Mathematik ermittelte die PISA-Erhebung unter den Schüler(innen) in Deutschland eine hohe Risikogruppe, deren mathematische Fähigkeiten über das Rechnen auf Grundschulniveau nicht hinausreichen (ebd., S. 172). Zudem wurde ein enger Zusammenhang zwischen mathematischer Grundbildung und Lesekompetenz festgestellt. „Dies unterstreicht die zentrale Rolle, die das Lesen beim Wissenserwerb einnimmt" (ebd., S. 185).

schwächsten und den leistungsstärksten Schüler(inne)n ist im Vergleich zu anderen Ländern deutlich am größten (ebd., S. 105).[4] Im oberen Bereich entsprechen die Leistungen der Jugendlichen weitgehend den internationalen Ergebnissen, überdurchschnittliche Ergebnisse wurden indessen nicht erreicht (ebd., S. 109).

Der überproportionale hohe Anteil von Schüler(inne)n in Deutschland, der nicht einmal die niedrigste Kompetenzstufe erreicht, ist umso bemerkenswerter als die Sonderschulen in der PISA-Studie nur randständig berücksichtigt wurden: So waren unter 5073 getesteten Schüler(innen) nur 47 Sonderschüler(innen), obwohl in Deutschland bundesweit etwa 3% eines Altersjahrganges wegen Lern- und Verhaltensproblemen die entsprechende Sonderschule besuchen (Schumann 2002, S. 46).[5] Auch wurde den Sonderschüler(inne)n nur eine verkürzte Form des Schülerfragebogens vorgelegt und zudem auf Hintergrundinformationen verzichtet (Baumert 2001, S. 135), in den Leistungsvergleichen zu Einzelaspekten taucht die Sonderschule gar nicht auf.

„Insgesamt bleibt die zentrale Frage unbeantwortet, welchen Anteil die in anderen Ländern unbekannte Separation der SchülerInnen mit Lern- und Verhaltensproblemen an dem schlechten Gesamtergebnis der deutschen SchülerInnen hat" (Schumann 2002, S. 46).

Wäre das Ergebnis noch schlechter ausgefallen, wenn Sonderschüler(innen) gemäß ihres proportionalen Anteils einbezogen worden wären?

Welche Erklärungen bietet die PISA-Studie für die wenig erfolgreiche Förderung schwacher Schüler(innen) in Deutschland und für die große Streubreite innerhalb der ermittelten Leistungen? Unter der Vielzahl von untersuchten Variablen wird von den Autoren der Zusammenhang von sozialer Herkunft und Kompetenzerwerb für besonders bedeutsam eingeschätzt.[6] Dieser Zusammenhang werde im Wesentlichen über die Schulformzugehörigkeit vermittelt und falle umso straffer aus, je länger ein Fach in differenzierten Schulformen unterrichtet werde (ebd., S. 365/386). Soziale Disparitäten addieren sich über die Bildungskarriere hinweg jeweils an den „Gelenkstellen von Bildungslaufbahnen", d. h. an den Übergängen von einer Schulform zur anderen. Eine herausragende Rolle spiele der Übergang von der Grundschule in die weiterführenden Schulen: hier komme es zu gravierenden sozialen Disparitäten. Soziale Überschneidungen gebe es zwischen Gymnasien, Realschulen und Integrierten Gesamtschulen, in Haupt- und Sonderschu-

---

[4] Dies gilt auch für den Bereich der Naturwissenschaften, in dem die Leistungen der Schüler(innen) in Deutschland eine relativ große Streubreite aufweisen (ebd., S. 237).
[5] Insgesamt besuchten 1999 4,8% aller Schüler(innen) der 8. Jahrgangsstufe eine Sonderschule (vgl. Baumert 2001, S. 38/431).
[6] Familienformen, aus denen die Kinder stammen, haben dagegen nur eine nachrangige Bedeutung für Misserfolge in der Schule. So weisen Kinder aus Scheidungsfamilien und von Alleinerziehenden ebenso gute Schulerfolge auf wie Kinder aus vollständigen Familien, wenn Schulform und Sozialschicht korrelieren (ebd., S. 481).

len hingegen konzentrieren sich Kinder aus sozial schwachen Familien, häufig mit Migrationshintergrund. Die frühe Segregation der Schüler(innen) nach vier bzw. sechs Schuljahren führe zur Bildung homogener Leistungsgruppen, und zwar nicht nur in, sondern auch zwischen den Schulen eines Schultyps. „Im internationalen Vergleich gibt es kaum leistungshomogenere Sekundarstufenschulen als in Deutschland" (ebd., S. 454). Dies gilt übrigens ebenso, wenn auch leicht abgeschwächt, für Integrierte Gesamtschulen. Leistungshomogenität der Schüler(innen)gruppe geht einher mit Ausleseprozessen innerhalb der Schulformen: Verspätete Einschulungen[7] und häufige Klassenwiederholungen[8] führen zu erheblichen Verzögerungen in der Schullaufbahn, ohne dass die betroffenen Schüler(innen) in der Folge bessere Schulleistungen erbringen. Resümierend äußern die Autoren der PISA-Studie Zweifel an der pädagogischen Wirksamkeit von verspäteten Einschulungen und Klassenwiederholungen (ebd., S. 475).

Während in Deutschland alle Anstrengungen im Bildungswesen auf die Homogenisierung der Schülergruppen gerichtet sind, werden Kinder und Jugendliche aus marginalisierten Familien in anderen Ländern erfolgreicher gefördert – sowohl in Ländern mit ähnlicher Sozialstruktur und ähnlicher kultureller Tradition als auch in solchen mit unterschiedlichen Voraussetzungen. Durch weniger selektierende Schulformen, Ganztagsschulen und eine Pädagogik, die unabhängig von der Zusammensetzung der Herkunftsfamilien stärker nach den individuellen Stärken und Schwächen der Schüler(innen) fragt, könne es gelingen, so die Autoren, die Auswirkungen der sozialen Herkunft zu begrenzen. Die Verminderung sozialer Disparitäten komme im übrigen auch den leistungsstarken Schüler(inne)n zugute (ebd., S. 393).

Gründe für die deutsche Bildungsmisere und gesellschaftliche Zumutungen

Die enge Koppelung von sozialer Lage der Herkunftsfamilie und dem Kompetenzerwerb der nachwachsenden Generation, frühe und wiederholte Separation der Kinder in verschiedene Schulformen, eine sich öffnende Leistungsschere zwischen den Schulformen und homogene Leistungsgruppen innerhalb der Schulformen kennzeichnen also das deutsche Schulsystem nach PISA. Sie sind in hohem Maße verantwortlich für die schwachen Schulleistungen der Schüler(innen) in Deutschland. Diese Diagnose ist nicht neu,

---

[7] Etwa 12% aller Kinder werden in Deutschland bei der Einschulung zunächst um ein Jahr zurückgestellt (vgl. Baumert 2002, S. 205).
[8] Der Anteil der Schüler(innen), die eine Klasse wiederholen, beträgt in den alten Bundesländern 25%, in den neuen Bundesländern 14,9% (vgl. ebd., S. 206).

wurde allerdings bisher nur in Fachkreisen diskutiert. Sie gewinnt an Brisanz durch den Vergleich mit anderen Ländern, nach dem sich Deutschland weit unterhalb des Mittelfeldes wiederfindet. Der öffentliche Diskurs über den Zustand des deutschen Bildungswesens eröffnet die Chance, den auch in Bildungssoziologie und Erziehungswissenschaft lange vernachlässigten Zusammenhang von Schichtzugehörigkeit und Schulerfolg in die Debatte zurückzuholen. Hierzu gehört auch, regionale Unterschiede zwischen den Bundesländern zu beachten. Bemerkenswert in diesem Kontext ist der deutlich schwächer ausgeprägte Zusammenhang zwischen Merkmalen der sozialen Herkunft und dem Kompetenzerwerb in den neuen Ländern im Vergleich mit den alten Bundesländern. Diese Unterschiede sind zu einem gewissen Teil zuwanderungsbedingt, sie bleiben jedoch auch dann noch auffällig, wenn nur die Jugendlichen ohne Migrationsgeschichte verglichen werden (Baumert 2002, S. 180). Offenbar wirkt in den Ländern der ehemaligen DDR die Polytechnische Oberschule nach, so dass die Tradition, Bildungslaufbahnen einem bestimmten sozialen Status zuzuordnen, weniger stark ausgeprägt ist als in der alten BRD.

Im internationalen Vergleich stellt sich jedoch der besonders straffe Zusammenhang zwischen sozialer Herkunft, Schulform und der am Ende der Sekundarstufe I erworbenen schulischen Kompetenzen als gemeinsames Merkmal *aller* Bundesländer heraus. Aussonderung findet vorab mittels des hierarchisch gegliederten Schulsystems statt. Für Terhart (2002, S. 33) geriert sich das gegliederte Schulsystem als eine „Art bildungsgeschichtliche(r) Dinosaurier". Dabei ist der Übergang von der Primar- in die Sekundarstufe

„die zentrale Selektionsschwelle im deutschen Schulsystem geblieben, an der eine Festlegung der Schulkarriere mit weitgehend irreversiblem Charakter erfolgt" (Gomolla/Radtke 2002, S. 219).

Das Festhalten an den überkommenen Schulstrukturen im Unterschied zu den meisten europäischen Ländern, die in den siebziger Jahren des vorigen Jahrhunderts weitreichende Schulreformen durchführten, stellt eine bildungspolitische Entscheidung dar, die nicht ernsthaft an der Überwindung von milieubedingter Ungleichheit interessiert ist. Ein deutliches Indiz hierfür ist die Unterfinanzierung des Bildungswesens in Deutschland[9] und das Anwachsen des Mitteleinsatzes je Schüler(in) von Schulstufe zu Schulstufe.[10]

---

[9] Die Aufwendungen je Schüler(in) im Sekundarbereich I lagen laut PISA-Studie knapp 9% unterhalb der durchschnittlichen Aufwendungen in den anderen OECD-Staaten (vgl. Baumert 2001, S. 432).
[10] 1998 wurden für Hauptschulen 9.200 DM, für Realschulen 8.300 DM, für Gymnasien 10.000 DM je Schüler(in) aufgewendet (vgl. ebd., S. 432). Mit 6.700 DM pro Schüler(in) bekamen die Grundschulen im Jahr 2000 noch immer die geringsten Mittel (vgl. HLZ 9/2002, S. 24)

„Am Ende der neunziger Jahre spiegelt der öffentliche Mitteleinsatz im Schulbereich die Hierarchie der Bildungswege wider; er privilegiert die Privilegierten und er benachteiligt die Benachteiligten" (Böttcher/Klemm 2000, S. 29).

Erst eine Akzentverschiebung bei der Finanzierung zugunsten der Elementar- und Primarstufe würde die unterschiedlichen Bildungswege „tatsächlich und im wörtlichen Sinne gleichwertig machen" (ebd., S. 38).

Innerhalb der Schulformen findet die Separation ihre Fortsetzung durch verbindliche Lehrpläne und Versetzungsvorschriften, die dem Gestaltungsspielraum von Lehrer(inne)n Grenzen setzen. Zudem leistet das pädagogische Setting in der Mehrzahl der Schulen einer Hierarchisierung der Kinder Vorschub. Für Iben (2002, S. 69) stellt „Schulversagen zu großen Anteilen ein Versagen der Schule" dar. Aufgrund der verbreiteten Unfähigkeit zu einem binnendifferenzierenden und individualisierenden Unterricht werden Problemschüler zu „Bremsklötzen", die es möglichst frühzeitig auszusondern gelte. Auch Böttcher und Klemm (2000, S. 24) konstatieren:

„Die Schule weigert sich, die Techniken und das Wissen zu vermitteln, das Kinder aus bildungsfernen Schichten zu Hause eben nicht erworben haben."

Aus der Bildungsforschung ist hinlänglich bekannt, dass bei vergleichbaren Leistungen Kindern aus bildungsnahen Schichten der Übergang von der Grundschule in das Gymnasium häufiger empfohlen wird als Kindern aus bildungsfernen Schichten (vgl. Baumert 2001, S. 353). Das Kind eines Vaters ohne Schulabschluss muss demnach ein deutlich höheres Leistungsniveau aufweisen als Kinder von Vätern mit Abitur. Dieser Umstand ist nicht nur dem einseitigen prognostischen Blick von Lehrerinnen und Lehrern geschuldet, mit dem sie für das bildungsferne Kind größere Schwierigkeiten auf dem Weg zum Abitur antizipieren, sondern entspricht ihrer geringeren Erwartungshaltung an diese Kinder. In Untersuchungen zum Zusammenhang von Kindheit und Armut wurde deutlich, dass „von Kindern aus sozial schwächerem Milieu (...) fast nie positive Leistungen erwartet" wurden (Iben 2002, S. 74). Positive Anstrengungen werden also oftmals übersehen, negative Leistungen jedoch ebenso selten lokalisiert. Nachfragen bei Hauptschullehrer(inne)n im Rahmen der PISA-Studie ergaben, dass unter den Schüler(inne)n „die meisten der schwachen Leserinnen und Leser von den Lehrkräften unerkannt bleiben" (Baumert 2001, S. 119).[11] Offenbar fehlt es unter den Lehrkräften an diagnostischen Kompetenzen, insbesondere in Bezug auf benachteiligte Schüler(innen).

Diese Blindheit gegenüber sozialer Ungleichheit der Bildungschancen resultiert aus einer Begabungsideologie, nach der es ausschließlich individu-

---

[11] Insgesamt wurden von den Lehrkräften nur 55 der Risikoschüler(innen) als schwache Leser identifiziert. Von diesen Jugendlichen erzielten 28 Leistungen, die unterhalb der niedrigsten Kompetenzstufe lagen, 13 erreichten die niedrigste Kompetenzstufe, 14 lagen darüber (vgl. Baumert 2001, S. 119).

elle Begabungen und Leistungen sind, die darüber entscheiden, ob ein junger Mensch im Bildungssystem reüssiert oder scheitert. Böttcher und Klemm machen mit Verweis auf Bourdieu darauf aufmerksam, dass die Prozesse der institutionellen Ausschließung und Abdrängung gleichsam „unsichtbar" funktionieren, weil Begabung nicht mehr als „soziale Vererbung" begriffen wird. Weil Selektion nach Leistung zu den Kernaufgaben des Schulsystems gehört (vgl. Diehm/Radtke 1999, S. 178), tarnen sich Prozesse der sozialen Selektion als Prozesse der Leistungsauslese. „Gerade das Ignorieren der sozial bedingten Ungleichheit führt in der Logik des Bildungswesens zu ihrer Verschärfung" (Böttcher/Klemm 2000, S. 23). Es handelt sich um institutionelle Diskriminierungen, die sowohl in der „Gleichbehandlung von Ungleichen" wie auch in der „Ungleichbehandlung von Gleichen" zum Ausdruck kommen (vgl. Gomolla/Radtke 2002, S. 264). Mechanismen direkter Diskriminierung führen zur Ungleichbehandlung von Schüler(inne)n durch organisatorische Lösungen, die z. B. in der Einweisung in Vorklassen, in Sonderklassen oder Sonderschulen bestehen können. Mechanismen indirekter Diskriminierung resultieren aus der Anwendung gleicher Regeln für alle (ungleichen) Kinder. So wird z. B. aus tatsächlichen oder vermuteten Sprachdefiziten von Migrantenkindern auf mangelnde Schulfähigkeit geschlossen, Sprachprobleme werden zu Entwicklungsverzögerungen, Teilleistungsschwächen, Lernbehinderungen generalisiert (vgl. ebd., S. 263ff.). Chancengleichheit wird nicht für das gesamte Bildungswesen anvisiert, sondern auf „Chancengleichheit beim Start" verkürzt. Sprach- und Leseförderung im frühen Lebensalter kann durchaus gewisse Gleichheitseffekte erzeugen. Sie beschränkt sich freilich auf eine „gerechtere Verteilung von Positionen innerhalb der bestehenden Hierarchien und Konkurrenzmuster, die auf gleiche Weise bestätigt werden" (Bultmann 2001, S. 49).

Offene und verdeckte Diskriminierungen kennzeichnen nicht nur die Institution Schule, sondern sind auch in der Bildungs*politik* begründet. Seit der Reformphase in den siebziger Jahren des 20. Jahrhunderts durchzieht die Bildungspolitik der Widerspruch zwischen dem Postulat der Chancengleichheit und der faktischen Reproduktion von Ungleichheit in einem hoch selektiven Schulsystem. Die Bildungschancen für die nachwachsende Generation haben sich durchaus erweitert – ein Beispiel hierfür ist die überdurchschnittliche Präsenz von Mädchen in weiterführenden Schulen (vgl. Nyssen 2000). Die Ungleichheitsprobleme wurden also für Teile der Jugend bearbeitet, „im Falle der Mädchen mit durchschlagendem Erfolg, im Falle der Unterschichtkinder mit nur geringem und nachlassendem Erfolg" (Diehm/Radtke 1999, S. 178). Heute stellt sich das Problem vor allem für die Kinder der Immigranten. Die schulische Ungleichbehandlung ganzer Bevölkerungsgruppen reproduziert die soziale Ordnung. Dabei wird die Verkettung von Bildung und Sozialchancen nicht nur akzeptiert, sondern ausdrücklich unterstützt. Mehr noch: Sie spitzt sich in dem Maße zu, wie Denkmodelle des privaten Wirtschaftens

Einzug in alle anderen gesellschaftlichen Teilsysteme halten, so auch in das Bildungssystem (vgl. Deppe-Wolfinger 2002a). Leistung, Effizienz, Budgetierung der Haushalte, Kundenorientierung und Qualitätskontrolle stehen ganz oben auf der Tagesordnung. Demokratisierung, soziale Gerechtigkeit und Emanzipation als Ziel von Bildung fristen hingegen in der öffentlichen Debatte ein nachrangiges Dasein. Nicht zufällig fallen internationale Leistungsvergleiche wie TIMMS und PISA in eine Zeit, in der die marktwirtschaftliche Logik von Wettbewerb und Konkurrenz alle Poren der Gesellschaft durchdringt. In der auf Chancengleichheit ausgerichteten Debatte der siebziger Jahre bestand ein Minimalkonsens darüber, dass Märkte aus sich selbst heraus keine soziale Gerechtigkeit bewirken können und dass es deshalb politischer Interventionen bedarf, sowohl im Bildungssektor als auch in der Sozialpolitik. Heute haben sich die Verhältnisse umgekehrt:

„Chancengleichheit ist kein Kriterium des gesellschaftlichen Lebens, der gesellschaftlichen Beteiligung bzw. der selbstbestimmten Verfügung über die eigenen Lebensumstände mehr, sondern reduziert sich auf gleiche juristische Eintrittsbedingungen in sich selbst regulierende Märkte" (Bultmann 2001, S. 48).

Bildungspolitik heute kennzeichnet sich dadurch, dass zwar Chancengerechtigkeit und Chancengleichheit postuliert werden, aber die sozial segregierenden Strukturen für unverzichtbar erklärt werden. Zugespitzt formuliert: Im Namen des Gleichheitspostulats wird Ungleichheit produziert. Nun kann Bildungspolitik keine Sozialpolitik ersetzen, weil ihre Instrumente, soziale Disparitäten abzubauen, zweifellos begrenzt sind. Dennoch werfen die guten Schulleistungen in vergleichbaren Ländern ein Schlaglicht darauf, dass der vorhandene Spielraum in der Bildungspolitik noch lange nicht ausgeschöpft ist.

Mehr Qualität im deutschen Schulwesen tut also not. Qualitative Standards zu überprüfen, ist nicht nur legitim, sondern notwendig. Mit Recht macht Preuss-Lausitz darauf aufmerksam, dass die Diskussion über die optimale Förderung von Schüler(innen) im Bildungssystem „keine bloß pädagogische (ist), sondern zugleich eine schulpolitische und gesellschaftliche Debatte über Ungleichheit und Differenzierung (...)" (Preuss-Lausitz 2001, S. 47). Der Zeitpunkt, zu dem die Qualitätsdebatte einsetzte, fällt zusammen mit dem Umbau des Sozialstaates: Die Sparpolitik der öffentlichen Haushalte betrifft vor allem die Bereiche Gesundheit, Soziales und Bildung. Damit ist die Qualitätsdebatte nicht mehr herauszulösen aus der

„problematischen Allianz der leeren öffentlichen Kassen und sich anbahnender bzw. auch schon vollzogener ethischer Dammbrüche mit einem in gleicher Weise durch einen neoliberalen Zeitgeist getragenen Globalisierungsstreben und entsprechenden Deregulierungsprozessen in den nationalstaatlichen Bereichen" (Feuser 2002, S. 70).

Auch Schulautonomie wurde erst thematisiert im Zusammenhang mit der Budgetierung von Schuletats, die darauf abzielt, vorhandene oder gar gekürzte Haushalte „klüger", d. h. effizienter und effektiver einzusetzen. Diese betriebswirtschaftliche Ausrichtung der Qualitätsdebatte wird Schule in keiner Weise gerecht. Denn es besteht keine Marktkonkurrenz zwischen den Schulen, da der Staat eine Monopolstellung innehat, auch Privatschulen müssen staatlich anerkannt sein. Ebenso erzielen Schulen keinen Gewinn oder Verlust, sondern müssen mit ihren Budgets innerhalb festgelegter Zeiteinheiten auskommen. Daraus folgt: Schulen können nicht Bankrott gehen oder Insolvenz anmelden, so schlecht sie auch sein mögen. Das Schließen ineffektiver Schulen verbietet sich angesichts der staatlichen Verpflichtung zu flächendeckender Bildungsversorgung. Da die Arbeit der Lehrer(innen) nicht justiziabel ist, besteht überdies keine Haftung für das „Produkt". Auch gibt es keine Kundenautonomie, weil die Schüler der Schulpflicht unterliegen und die Schulen gezwungen sind, jedes schulpflichtige Kind aufzunehmen. Schließlich besteht nur geringe Personalflexibilität, da einerseits das Personal faktisch unkündbar ist, andererseits die Institution kaum Leistungsanreize bietet oder Karrieremöglichkeiten eröffnet (vgl. Terhart 2002, S. 64ff.). Marktförmige Bedingungen als Anreiz zur Qualitätssicherung entfallen also bisher.

Überlegungen zur Umwandlung der staatlichen Organisation des Schulwesens in flexible Bildungsmärkte gibt es freilich allerorten, so auch in der Erziehungswissenschaft. Für Oelkers hieße Marktförmigkeit die Umstellung der Bildungsfinanzierung auf Bildungsgutscheine, die Einführung finanzieller Eigenbeteiligung der Eltern (zumindest im nachobligatorischen Bereich), *Outsourcing* bestimmter Fächer und Angebote (z. B. Sport und Musik), Mittelvergabe nach Leistung unter der Voraussetzung von *Rankings*, Teilkommerzialisierung durch Sponsoren (das Logo von Coca Cola neben dem Logo der Schule) und die Privatisierung von Sektoren, die wirtschaftlich interessant sind (Oelkers 2002, S. 56f.). Auch für die Unterrichtsformen gibt es alternative Szenarien: Die Umstellung auf *web*-basiertes Lernen würde die persönliche Anwesenheit der Schüler(innen) nicht mehr zwingend erfordern. Vor allem aber verlange Internetlernen nicht länger, wie in der heutigen Schulorganisation vorgeschrieben, dass alle Schüler(innen) zur gleichen Zeit und in der gleichen Situation lernen.

„Wesentlich ist, dass Zeit flexibilisiert wird. Lernen ist nicht in starre Zeiteinheiten, Lektionen oder Schulstunden kanalisiert, sondern kann und muss sich selbst organisieren, eine analoge und passende Flexibilisierung der Betreuung vorausgesetzt" (ebd., S. 57).

Allerdings, so die Schlussfolgerung Oelkers, werde die Schule im dritten Jahrtausend keine Neuerfindung sein, weil die grundlegende Bildungsversorgung der nachwachsenden Generation auf möglichst hohem Niveau eine Aufgabe des Staates bleibe. Markprinzipien seien hierfür nur begrenzt nützlich. Freilich müsse die Schule zeigen, dass und wie sie modernisierungsfähig sei, „nur das verhindert eine feindliche Übernahme" (ebd., S. 64).

Eine „feindliche Übernahme" der Schule durch die Gesetze der Marktwirtschaft zu verhindern, erfordert auch, den Blick über die Bewertungsmaßstäbe von PISA hinaus zu erweitern. In der PISA-Studie steht der Fachleistungsaspekt im Vordergrund, an ihm wird die Effizienz von Schule gemessen, insbesondere mit Blick auf spätere Berufstätigkeiten. Schule stellt aber weit aus mehr da, als die Marktförmigkeit junger Menschen herzustellen. Knauer kritisiert mit Recht einen verengten Bildungsbegriff, der allgemeine pädagogische Bildungsziele wie soziale Kompetenz, Verantwortungsbereitschaft, demokratisches Denken und Handeln draußen vor lässt. Auch wurden von Mädchen bevorzugte Unterrichtsfächer wie musisch-ästhetische Fächer und Fremdsprachen nicht untersucht. „Die Reduktion des tatsächlich Existierenden auf das Messbare ließ zwar Datenberge kreißen, aber kaum Reform-Mäuse gebären" (Knauer 2002 b, S. 312), die den Vergleich aushalten, mit dem was Pädagogik zu leisten vermag. Welches sind *pädagogische* Maßstäbe für Qualität? Was kennzeichnet ein Bildungssystem, welches Segregation minimiert? Und wie könnte eine „gute" Schule aussehen?

Öffentliche Reaktionen auf PISA und Perspektiven

Der durch PISA öffentlich gewordene Diskurs über den Zustand des deutschen Bildungswesens eröffnet die Chance, über Bildung neu nachzudenken. Der PISA-Tourismus nach Finnland, Kanada oder in andere Länder, die in der vergleichenden Bewertung besonders gut abgeschnitten haben, spiegelt die Irritationen wider, denen sich deutsche Bildungspolitiker(innen) ausgesetzt sahen. Je nach politischer Präferenz werden unterschiedliche Schlussfolgerungen gezogen: die einen plädieren für höhere Leistungsanforderungen, verschärfte Abschottung der Schulformen voneinander, noch mehr Homogenisierung und noch mehr Prüfungen. Und in der Tat: Auch die Paukschule zeitigt gute Resultate, wie das Beispiel Japan zeigt. Auf der anderen Seite des politischen Spektrums stehen jene Bildungspolitiker(innen), die die Lösung in einer stärkeren Entkoppelung von sozialer Herkunft und Kompetenzerwerb durch längere gemeinsame Schulzeiten und durch stärker individualisierten Unterricht suchen, wie sie in den skandinavischen Ländern praktiziert wird. Die Heterogenität der Lerngruppen muss nicht – dies hat PISA verdeutlicht – mit einer Absenkung des Niveaus verbunden sein.

„Im Gegenteil: Eher deutet sich eine Tendenz an, dass bei einer Verminderung sozialer Disparitäten auch das Gesamtniveau steigt, ohne dass in der Leistungsspitze Einbußen zu verzeichnen wären" (Baumert 2001, S. 393).

Mit dieser Feststellung wird ein Dogma deutscher Schulpolitik aufgebrochen: das Dogma, dass nur die homogene Gruppe gute Leistungen zeitigen kann. Damit wird auch die Einrichtung von Sonderschulen für Hochbegabte fragwürdig, denn eine starke „Bildungselite" ist auch ohne frühzeitige Selektion möglich.

Eine Schnittmenge zwischen den unterschiedlichen bildungspolitischen Konzepten zur Überwindung der PISA-Malesse stellt der Ruf nach mehr Ganztagsschulen dar. Seitens der Bundesregierung sollen sie als Angebotsschulen gefördert werden, vornehmlich für Kinder aus sogenannten bildungsfernen Elternhäusern. Tatsächlich bieten Ganztagsschulen mehr pädagogische Möglichkeiten als Halbtagsschulen, wenn sie eine flexible Rhythmisierung des Unterrichts, eine Öffnung der Schule für neue Aufgaben und veränderte Lernmethoden zulassen. Die Finanzmittel der Bundesregierung vor allem für die bessere Ausstattung der Schulbibliotheken in Ganztagsschulen zu verwenden, wie es die hessische Kultusministerin beabsichtigt, verkennt die Probleme in Hessen, das zu den Bundesländern gehört, welche die größten sozialen Disparitäten innerhalb Deutschlands aufweisen (vgl. Baumert 2002, S. 180). Auch Ganztagsschulen, die nach dem Konzept „vormittags Unterricht, nachmittags Betreuung" arbeiten, rühren kaum an die Wurzeln des Problems.

Neben den Ganztagsschulen richtet sich das öffentliche Interesse verstärkt auf Vorschulerziehung und Grundschulbildung, obwohl diese im Rahmen der PISA-Studie gar nicht erfasst wurden. Frühzeitige Sprach- und Leseförderung werden auch in der Erziehungswissenschaft als Schlüssel zum Erfolg propagiert.

„Am Lesen und Lesen-Können hängt alles – von da aus ergibt sich alles: Schulerfolg und schließlich generell ein kompetentes Sich-bewegen-Können in der modernen Welt" (Terhart 2002, S. 39). Oder: „Wer nicht lesen kann, erfährt tägliche Benachteiligung in öffentlichen Räumen, die rasches und differenziertes Symbolverstehen abverlangen" (Oelkers 2002, S. 60).

Mit dieser Problemverschiebung von der untersuchten Schulstufe der Sekundarstufe I in die Phase der Grundbildung wird eben jene Klippe umschifft, die in der PISA-Studie gesichtet wurde: die enge Koppelung von Schulform und Kompetenzerwerb. Nach den bildungspolitischen Kämpfen der siebziger Jahre im letzten Jahrhundert um eine längere gemeinsame Schulzeit für alle Kinder (Förderstufe, Gesamtschule) ist nirgendwo Bereitschaft in Sicht, an dem System der selektiven Schulformen noch einmal zu rütteln.

Auch die Sonderschulen für Kinder und Jugendliche mit Lernschwächen und Erziehungsproblemen stehen in der öffentlichen Debatte nicht zur Disposition, obwohl sie in hohem Maße gesellschaftliche Disparitäten zementieren. Keine andere Schulform verfügt über größere Homogenität bezüglich der Zusammensetzung ihrer Schüler(innen) wie die Schule für Lernhilfe. Wokken (2000) hat nachgewiesen, dass die Eltern von Schüler(inne)n in Lernhilfeschulen auch heute noch über geringe schulische und berufliche Qualifikationen verfügen, häufig arbeitslos sind oder in unsicheren Beschäftigungsverhältnissen arbeiten. Die Familienstrukturen sind vielfach hoch belastet, kulturelles Kapital (z. B. in Form von Büchern) ist selten vorhanden. Die Lernhilfeschule ist „eine Schule der Armen, der Arbeitslosen, der Sozialhilfeempfänger" (Wocken 2000, S. 501). Durch den hohen Anteil an Migrantenkindern ist sie nicht nur eine soziale, sondern auch eine ethnische „Selektionsschule des Subproletariats" (Preuss-Lausitz 2001b, S. 212), die zudem lernineffektiv ist, wie viele Studien nachgewiesen haben. Da die Sonderschulen in der PISA-Studie nur marginal berücksichtigt wurden, finden sich dort auch keine Vorschläge, wie sie zu verändern wären.

„Die Auflösung aller Lernbehindertenschulen wäre jedoch unter Aspekten der sozialen Integration eines ökonomisch, kulturell und partizipatorisch am Rande stehenden Bevölkerungsteiles ein wichtiger Beitrag zur sozialen Kohäsion und zu einer demokratischen Schulreform" (ebd).

Für die Elementar- und Primarbildung hingen gibt es in der Öffentlichkeit eine Fülle an Zustandsbeschreibungen und Vorschlägen, die um das Thema Spracherwerb und Lesekompetenz kreisen. „PISA ist auch, und vielleicht vor allem, das Ergebnis einer verkommenen frühkindlichen Erziehung" (Reisch, in Terhart 2002, S. 12). Bessere Ausbildung, bessere Bezahlung der Kindergärtnerinnen und eine Aufwertung des Erzieher(innen)berufes werden ebenso gefordert wie mehr Krippen- und Kindergartenplätze, mehr Ganztagskindergärten und eine Umschichtung des Kindergeldes in die Infrastruktur der Elementarerziehung (vgl. ebd., S. 10-13). In Hessen wurden Sprachkurse für Vorschulkinder eingerichtet, die in vorgezogenen Schulfähigkeitstests nur unzulänglich Deutsch sprechen können, ohne dass freilich zuvor Kriterien entwickelt worden wären, nach denen das Sprachverständnis geprüft werden soll und ohne den institutionellen Ort für die Sprachförderung zu bestimmen und entsprechende Ressourcen bereitzustellen. Schließlich wird eine Modernisierung der Lehrerausbildung durch die Integration von Kindergarten- und Grundschullehrerausbildung angemahnt (Neusel, in Frankfurter Rundschau vom 29. 11. 2002).

Die aktuelle Diskussion um die öffentliche Kindererziehung ist zweifellos dem „deutschen Sonderweg" (vgl. Erziehung und Wissenschaft 2002) geschuldet, der nicht nur in der Schule beschritten wird, sondern auch für die öffentliche Erziehung vor Schuleintritt gilt. Die Versorgungsquote mit Tageseinrichtungen für Kinder unter drei Jahren betrug in Deutschland Mitte der neunziger Jahre 6,3%[12], in Dänemark hingegen 48%, in Schweden 33%, es folgen Belgien, Frankreich und Finnland. Zudem gibt es über die Vor- und Nachteile öffentlicher Kleinkindererziehung in Deutschland erbitterte Kontroversen, die einem bürgerlichen Familienbild geschuldet sind, welches in

---

[12] Allerdings war der Unterschied zwischen den alten und den neuen Bundesländern erheblich: In den neuen Bundesländern lag die Versorgungsquote bei 41%, in den alten Bundesländern bei 2,2% (vgl. Kallert 2000, S. 199).

der Bindung an eine „Dauerbezugsperson", in der Regel also die Mutter, die wichtigste Bedingung für eine optimale Entwicklung in der frühen Kindheit sieht. Diese Kontroverse wird seit 1990 zusätzlich angeheizt durch ein Phänomen, welches aus der unterschiedlichen Geschichte von BDR und DDR resultiert, nämlich „die Diskriminierung ganzer Anteile der Bevölkerung, weil sie in der DDR-Zeit in ihrer frühen Kindheit eine Kinderkrippe besuchten oder ihre Kinder in einer Krippe betreuen ließen" (Kallert 2000, S. 200). Ein ursächlicher Zusammenhang zwischen Krippenerziehung und problematischen Verhaltensweisen von Jugendlichen konnte, so Kallert, bisher wissenschaftlich nicht nachgewiesen werden, zeigt aber im Sinne einer Zuschreibung in der öffentlichen Meinung Wirkung.

Der „deutsche Sonderweg" findet seine Fortsetzung in der öffentlichen Erziehung der Drei- bis Sechsjährigen in Kindertagesstätten. Im Unterschied zu europäischen Nachbarländern wie Finnland und Großbritannien gehört der Elementarbereich in Deutschland nicht zum Bildungswesen, sondern zur Jugendhilfe. Zwar gehört Bildung neben Erziehung und Hilfe zu den gesetzlichen Aufgaben der Kindertagesstätten, ist also gleichrangig mit anderen Aufgaben des Kinder- und Jugendhilfegesetzes. Die gleiche Bedeutung wie in der Schule kommt ihr indessen nicht zu. Denn Jugendhilfe hat keinen eigenständigen Bildungsauftrag, sondern einen subsidiären, d. h. einen ergänzenden und kompensierenden zur Förderung der Erziehung in der Familie. „Betreuung" im Kindergarten gilt „als Ersatz für Funktionsverluste in der Familie, als Stütze sozialer Integration, als Hilfsinstrument der Vereinbarkeit von Familie und Beruf, als frauenpolitisches Instrument" (Erziehung und Wissenschaft 2002, S. 12). Nur mit diesen Argumenten konnte 1996 der Rechtsanspruch auf einen Kindergartenplatz für Kinder ab drei Jahren überhaupt durchgesetzt werden. Sozialpädagogische Konzepte, die von einer Veränderung der kindlichen Lebenswelten ausgehen, stellen das soziale Lernen in den Mittelpunkt ihrer Bemühungen. Der „Situationsansatz" prägte und prägt die pädagogischen Praxis in Kindergärten vieler Orten und dieses durchaus erfolgreich im Hinblick auf die Herausbildung sozialer Kompetenzen von Kindern (vgl. Wolf 1999). Da er an dem Wandel der Familie orientiert ist, bildeten sich im letzten Jahrzehnt Konzepte heraus, die Kindertagesstätten nicht mehr nur als „Orte für Kinder" begreifen, sondern auch als „Orte für Familien" im Sinne von unterstützenden Netzwerken (vgl. Kallert 2001, S. 207). Der pauschale Vorwurf, frühkindliche Erziehung in Deutschland sei „verkommen", ist also keineswegs haltbar. Dennoch könnte PISA Anlass sein, den *Bildungs*auftrag von Kindertagesstätten zu stärken, ohne Kindheit deshalb zu verschulen und zu curricularisieren. Dieses setzt allerdings voraus, Kindertagesstätten als eigenständige und elementare Stufe im Bildungswesen zu verankern, mit der Konsequenz, den Beruf der Erzieher(innen) als Bildungsberuf anzuerkennen, entsprechend zu professionalisieren und zu bezahlen.

Auch die Grundschule geriet nach Veröffentlichung der PISA-Studien in die Kritik. Die Anzahl der Deutschstunden müsse erhöht werden, um den Leselernprozess zu forcieren, „Kuschelpädagogik" habe ausgedient. Notengebung schon am Ende des zweiten Schuljahres erhöhe die Leistungsbereitschaft der Kinder – so reagieren konservative Schulpolitiker(innen) in Hessen und anderswo. Dabei reagierte die Grundschule als erste Schulform auf veränderte Sozialisationsbedingungen in der Gesellschaft. Schüler(innen) sind eigenwilliger, selbstbewusster, aber auch unselbständiger und zuwendungsbedürftiger geworden. Die Spanne zwischen den Kindern in Bezug auf Leistung und Sozialverhalten wächst, weil die Sozialisationsbedingungen offener, chancenreicher, aber auch krisenanfälliger geworden sind. Weil in der Grundschule (fast) alle Kinder über die Grenzen von Schichten und Milieus hinweg gemeinsam lernen, sind die Klassen heterogener zusammengesetzt als in allen anderen Schulformen. Um die Schüler(innen) mit ihren je verschiedenen Lernvoraussetzungen besser fördern zu können, wurde vielfach auf Unterrichtskonzepte der Reformpädagogik zurückgegriffen. Reiser/Loeken/Dlugosch (1998) haben für zwei hessische Landkreise nachgewiesen, dass etwa ein Drittel der Schulleitungen und Lehrkräfte in Grundschulen überzeugt ist von der Idee der einen Schule für alle Kinder und folgerichtig individualisiertes Lernen in heterogenen Gruppen favorisiert. PISA attestiert auch den Hauptschulen eine ausgeprägte Reformorientierung mit fächerübergreifendem Lernen, Freiarbeit, Projektlernen und *team-teaching* (Baumert 2001, S. 447). Vorläufige Analysen zum Zusammenhang von unterrichtsbezogenen Reformaktivitäten und Erträgen im Leistungsbereich legen die These nahe, dass reformorientiertes Lernen die Leistungen der Schüler(innen) positiv beeinflusse.

„So ist zum Beispiel in Hauptschulen das mittlere Leistungsniveau im Lesen und in der Mathematik umso höher, je häufiger fächerübergreifendes Lernen praktiziert wird" (ebd.).

Auch Freiarbeit habe positiven Einfluss auf die Leseleistungen. Für die Grundschulen gibt es entsprechende Untersuchungen nicht. Jedoch bestätigen wissenschaftliche Begleituntersuchungen zum Gemeinsamen Unterricht für Kinder mit und ohne Behinderungen, dass Lernen in Kooperation auf je individuellem Niveau die Lernleistungen der Kinder dann begünstigt, wenn genügend Lernanreize durch die Lehrkräfte *und* die anderen Kinder gegeben sind. Auch begabte Kinder schneiden in Integrationsklassen mindestens ebenso gut ab wie in nichtintegrativen Parallelklassen (vgl. Preuss-Lausitz 2001b).

Integrationspädagogische Perspektiven

Integrationspädagogik macht also Ernst mit der Perspektive auf Kinder als heterogener Gruppe, sei es im Kindergarten, in einer Schulklasse, einer Schulform oder schulformübergreifend. Ob sie dem Anspruch gerecht wird, alle Kinder gleichermaßen zu fördern, bedarf stets aufs neue der Evaluation.

Der Kindergarten ist in der Entwicklung einer integrativen Perspektive am weitesten vorangeschritten. 1997 hatten bundesweit 41% der Kinder mit Behinderungen einen Integrationsplatz im Kindergarten inne[13], teils in integrativen Gruppen, teils als Einzelintegration. Sie nehmen insofern einen Sonderstatus ein, als die vorschulische Betreuung eines Kindes mit Behinderung eine Maßnahme der Eingliederungshilfe nach dem Bundessozialhilfegesetz darstellt, während Plätze für Kinder ohne Behinderung im gesetzlichen Rahmen der Kinder- und Jugendhilfe finanziert werden. Dieser Sonderstatus wird von vielen Eltern behinderter Kinder als Diskriminierung erlebt, obwohl sie den Vorteil haben, keinen Kindergartenbeitrag bezahlen zu müssen. Denn, so Kron (2002, S. 182), unterschiedliche Finanzierungsmodelle haben „strukturbildende Kraft". Auf der Ebene der Gesetzgeber wird gegenwärtig über Änderungen beraten, so z. B. in Hessen.

Unter Qualitätsaspekten hat sich die gemeinsame Erziehung behinderter und nichtbehinderter Kinder im Kindergarten bewährt, wie praktische Erfahrungen (vgl. Fritzsche/Schastok 2001) und wissenschaftliche Untersuchungen belegen: Kinder mit Behinderungen geraten nicht häufiger als andere Kinder in soziale Randpositionen, Kinder ohne Behinderungen werden in ihrer Entwicklung durch die Kinder mit Behinderungen nicht aufgehalten.

„Im Gegenteil: Die stärkere pädagogische Individualisierung, die größere Heterogenität und das größere Spektrum sozialer Kompetenzen kommen ihnen wie den Kindern mit Behinderung zugute" (Kron 2002, S. 179).

Diese Entwicklung ist einer Pädagogik geschuldet, die situationsbezogen individuelle Förderung und gemeinsame Sozialisation in einer heterogenen Kindergruppe ermöglicht. Vorschläge zur Qualitätsverbesserung zielen insbesondere auf eine verstärkte Förderung des kooperativen Lernen in Kleingruppen, auf große, vielfältige und kindgerecht ausgestattete Gruppenräume, verbesserte Aus- und Fortbildung und ausreichende Vorbereitungszeiten für die Erzieher(innen) ab (vgl. Wetzel 2000).

Die allgemeine Qualitätsdebatte hat auch in der Schule ein Nachdenken beschleunigt, sich nicht mit dem Erreichten zufrieden zu geben, sondern die Qualität integrativer Pädagogik offensiv zu bestimmen, auch ihre Vergleich-

---

13 Auch im Kindergarten gibt es erhebliche Unterschiede zwischen Ost und West: In den neuen Bundesländern wurden für 62% der Kinder mit Behinderungen Integrationsplätze geschaffen, in den alten Bundesländern für 26% (vgl. Kron 2002, S. 178).

barkeit in Bezug auf die optimale Förderung von Kindern und der hierzu notwendigen Fachlichkeit auf den Prüfstand zu stellen. Es geht nicht darum, Marktstrategen die Definitionsmacht für pädagogische Qualität zu überlassen, sondern Schulentwicklung als offenen Prozess unter dem Gesichtspunkt der Partizipation und Qualität unter dem Blickwinkel der Förderung, der integrativen Unterrichtsgestaltung, der Teamarbeit und des Schulkonzepts zu begreifen (Köbberling/Schley 2000, S. 277ff.). „Gute Schulen" stellen „guten Unterricht" in den Mittelpunkt, lassen Vielfalt der Lernvoraussetzungen und Lerninteressen zu, öffnen sich zur Gemeinde, sind selbstreflexiv, überprüfen ihre Ziele und ihre Methoden selbst (Preuss-Lausitz 2001a, S. 47). „Guter Unterricht" (Preuss-Lausitz 2001b) lässt individuelle Zeitrhythmen durch die Einführung von Wochenplänen und Freiarbeitsphasen ebenso zu wie unterschiedliche Anspruchsniveaus in der Lerngruppe. Er wechselt zwischen gemeinsamen Lernsituationen (z. B. Morgenkreis, Tagesplanung, Einführung neuer Themen) und individualisierten, partner- und gruppenorientierten Lernweisen. Er ermöglicht handlungsorientiertes Lernen z. B. über Projektlernen, Werkstattarbeit, Theaterprojekte, Sinnesschulung, körperbezogene Übungen und stellt vielfältige Materialien und Informationszugänge bereit, so auch das Internet. Er fördert Neugier, Wissensdrang und Selbständigkeit der einzelnen Kinder und der Kindergruppe.

Freilich ist nicht jeder Gemeinsame Unterricht in Integrationsklassen auch „guter Unterricht". Mit der Ausbreitung des Gemeinsamen Unterrichts in der Fläche verwischen sich die Maßstäbe für einen Unterricht, der Heterogenität zulässt und Gemeinsamkeit fördert. Eine Befragung von einundsechzig Grundschullehrer(in)en zur integrativen Förderung lernbehinderter und erziehungsschwieriger Schüler(innen) in Rheinland-Pfalz ergab, dass die Grenze der Förderbarkeit vor allem in mangelnden schulorganisatorischen Bedingungen und fehlenden Ausbildungsvoraussetzungen gesehen wird. Allerdings sind weniger als die Hälfte der Befragten (45,9%) der Meinung, dass grundsätzlich alle Kinder in der Grundschule integrativ beschult werden sollten (Willand 2000, S. 270). Sonderschullehrer(innen) werden eher in der Rolle von Experten für Diagnostik, Erstellung von Förderplänen, Elternberatung und Hilfe im Unterricht für einzelne Kinder gesehen denn als Ko-Lehrer(innen). Notwendige Veränderungen des Unterrichts im Sinne eines reformorientierten Unterrichts scheitern häufig an den Rahmenbedingungen (zu große Klassen, fehlende Doppelbesetzung). In der Praxis des Gemeinsamen Unterrichtes gewinnt, wie diese und andere Studien zeigen, mehr und mehr eine Additionspädagogik an Boden,

„die zusätzliche Unterstützung streng auf das behinderte Kind in der Regelschulklasse fokussiert (...), während der Unterricht insgesamt sich nicht ändert" (Sander 2002b, S. 61).

Nicht nur die Praxis der Integrationspädagogik steht auf dem Prüfstand, sondern auch ihr Selbstverständnis. Ob Integration ein neues „Paradigma" darstellt, ist in der Literatur umstritten. Zweifellos hat die Integrationspädagogik – so unterschiedlich sich die je verschiedenen Zugänge präsentieren – zweierlei bewirkt: Zum einen hat sie eine neue Sichtweise auf Menschen mit Behinderungen eröffnet und zum zweiten favorisiert sie Lernen in heterogenen Gruppen. Die neue Sichtweise beinhaltet, dass der in der Sonderpädagogik lange Zeit vorherrschende Defizitblick überwunden wurde und stattdessen zuvörderst nach den Kompetenzen und der je individuellen Entwicklung eines Kindes gefragt wird. Jeder Mensch ist grundsätzlich aktiv handelndes Subjekt, jeder Mensch ist grundsätzlich ein soziales Wesen, Beeinträchtigungen stellen nicht sein „Wesen" dar, sondern sind Bedingungen seiner Existenz (vgl. Feuser 1986). Jedes Kind ist erziehungs*fähig* und erziehungs*bedürftig* (vgl. Eberwein 1996), jedes Kind hat ein Anrecht darauf, in sein vielschichtiges „Mensch-Umfeld-System" integriert zu werden (vgl. Sander 2002a). Für die Integrationspädagogik folgt hieraus die Abkehr von der homogenen Lerngruppe und die Hinwendung zu Formen des Lernens in Kooperation auf je individuellem Niveau unter Berücksichtigung institutioneller und gesellschaftlicher Bedingungen, unter denen Kinder lernen oder am Lernen gehindert werden. Integrationspädagogik ermöglicht prinzipiell Lernen in heterogenen Gruppen auf allen Stufen des Bildungswesens – auch in der Sekundarstufe I.

Freilich bleibt die Integrationspädagogik nicht ohne Widerspruch. Kritik bzw. weiterführende Überlegungen beziehen sich auf theoretischen Anspruch und praktische Umsetzung. Kriwet (2002) kritisiert vor allem das überhöhte und moralisierende Anspruchsniveau der Integrationspädagogik. Die Integrationsdiskussion der vergangenen Jahrzehnte habe die gesellschaftliche Realität – Verfestigung und Ausweitung von Ungleichheit – weitgehend ausgeblendet. Sie habe gesellschaftliche Wunschbilder entwickelt, die

„alle Erwartungen an eine menschlich-demokratische Gemeinschaft immer höher steigen ließen und die angesichts realer wirtschaftlicher Machtverhältnisse und gesellschaftlicher Leistungsnormen nur enttäuscht werden konnten" (ebd., S. 105).

Leidtragende dieses „ideologisch-moralisierenden Integrationsbegriffs" seien die Pädagog(inn)en, die im schulischen Alltag den Widerspruch zwischen theoretischem Anspruch und praktischen Handlungsmöglichkeiten aushalten müssen. So berechtigt der Verweis auf gesellschaftliche Disparitäten ist, Kriwet übersieht mit ihrer pauschalen Kritik, dass Integrationspädagogik mehr ist als normativ geleitete „Wunschpädagogik". Sie ist Unterrichtsforschung, Schulforschung, Ausbildungsforschung, Systemforschung, Sozialisationsforschung, Professionsforschung (vgl. Preuss-Lausitz 2002). Spätestens mit der Untersuchung von integrativen Grundschulen in sozialen Brennpunkten Hamburgs ist auch die Problematik von gesellschaftlicher Ungleichheit in die Integrationsdebatte zurückgekehrt (Hinz u. a. 1998). Allerdings: Integrationsforschung ist auch eine wertgeleitete Forschung für eine demokratische Zivilgesellschaft (Preuss-Lausitz 2002, S. 467). Hinter diesen Anspruch sollte sie nicht zurückfallen, will sie sich nicht mit bestehenden Ungleichheiten im Bildungssystem, die nach PISA in Deutschland besonders ausgeprägt sind, zufrieden geben. Mit normativen Ansprüchen der Integrationspädagogik befasst sich auch Knauer (2002a), aufgezeigt am Normalitätsbegriff. „Es ist normal, verschieden zu sein" – so lautete über Jahre das Motto der Integrationsbewegung. Dieses Motto bildete nicht gesellschaftliche Realität ab, sondern postulierte das *Ziel* integrativer Bewegungen. Knauer weist auf die Ambivalenz eines solchen Normalitätsbegriffs in der Integrationspädagogik hin. Wenn es normal ist, verschieden zu sein, könne aus Sicht schulpolitischer Traditionalisten an der äußeren Differenzierung festgehalten werden, ohne dass sich Schule in erforderlicher Weise reformieren müsse. Die Schlussfolgerungen, die konservative Bildungspolitiker aus der PISA-Studie ziehen – mehr Separation, mehr Prüfungen, noch stärkere Homogenisierung der Schülergruppen – geben Knauer Recht. „Normalität hieße dann, den zahllosen mangelhaften und beklagenswerten Normalitäten eine weitere hinzugefügt zu haben" (ebd. S. 57). Aufgabe der Integrationspädagogik sei es vielmehr „das Absurde im augenscheinlich Normalen" aufzuzeigen (ebd., S. 61).

Hinz (2002) hält zwar an dem zielorientierten Begriff der Normalität fest, stellt jedoch weiterführende konzeptionelle Überlegungen in den Mittelpunkt seiner Kritik am Integrationsbegriff. Nicht der moralischen Überhöhung des Begriffs gilt sein Interesse, sondern – eher im Gegenteil – seiner einseitigen disziplinären Bestimmung aus sonderpädagogischer Perspektive. Diese wird festgemacht an der „Zwei-Gruppen-Theorie" (Behinderte und Nichtbehinderte), an der administrativen Etikettierung (Menschen mit Behinderung bzw. Förderbedarf) zur Ressourcenermittlung, an individuellen Curricula bzw. Förderplänen für einzelne Kinder, an der Ausweitung der Sonderpädagogik in die Schulpädagogik hinein. Demgegenüber beinhalte *Inklusion* gemeinsames Leben und Lernen für alle Kinder, unabhängig von Geschlechterrollen, Nationalität, Rasse, Herkunftssprache, sozialem Hintergrund und Leistungsvermögen. An die Stelle von individuellen Curricula für einzelne trete ein individualisiertes Curriculum für alle, welches gemeinsame Reflexion und Planung aller Beteiligten voraussetze. Schul- und Sonderpädagogik bilden eine Synthese, wenn sich beide verändern. Das Konzept der Inklusion verstehe sich als eine allgemeine Pädagogik, die es mit einer einzigen, „untrennbar heterogenen" Gruppe zu tun habe. „Heterogenität ist Normalität – und dies gilt heute mehr denn je" (Hinz 2002, S. 357). Nicht die Verschiedenheit einzelner Personen wird hier als normal bezeichnet, sondern die Heterogenität der Gruppe und somit die soziale Dimension von Differenz.

Der in der Integrationspädagogik gebräuchliche – sonderpädagogisch konnotierte – Begriff von Heterogenität hatte vor allem das einzelne Kind und die Unterschiede zwischen einzelnen Kindern im Blick. Je verschiedene Kinder addierten sich zu einer Gruppe von Unterschiedlichen, deren Gemeinsamkeit pädagogisch erst inszeniert werden musste. In der Praxis scheitert Integration weniger an der individuellen Förderung als vielmehr an der Herstellung gemeinsamer Lernsituationen. Heterogene Gruppen als „untrennbar" zu charakterisieren, schließt bloße Additionen aus, sondern verlangt, Heterogenität als soziale Kategorie zu begreifen, die Vielfalt, Differenzen und Widersprüche integriert. Hierzu gehört auch und zuvörderst, Grundwerte wie Gerechtigkeit und Solidarität (vgl. Deppe-Wolfinger 2002b) zu vermitteln. Wenn Inklusion eben diese soziale Dimension in ihren Aufmerksamkeitsfokus nimmt, stellt sie in der Tat eine „optimierte und erweiterte Integration" dar (Sander 2002b, S. 64). Sie überschreitet den Rahmen von Pädagogik, weil sie auch institutionelle und gesellschaftliche Bedingungen hinterfragt. Sie steht einem Normalitätsbegriff entgegen, der unterschiedliche Schulformen mit der Verschiedenheit von Kindern begründet, sie wendet sich gegen institutionelle Diskriminierungen, die im Namen des Gleichheitspostulats Ungleichheit produzieren und sie problematisiert ein hoch selektives Schulsystem, welches die Leistungsfähigkeit von Kindern und Jugendlichen an die Schulform koppelt. Damit überschreitet Inklusion um ein Vielfaches die Anstöße, die von PISA ausgingen. Dort wird zwar das selektive Schulsystem problematisiert, die demokratische Schule als Teil einer demokratischen Zivilgesellschaft ist jedoch nicht im Visier. PISA stärkt den Wettbewerb national und international zwischen Schulen, Schulformen sowie Schulsystemen und zielt auf Marktförmigkeit der Schüler(innen) ab. Inklusion stellt demgegenüber ein universalistisches Prinzip dar, welches sich dem „Absurden im augenscheinlich Normalen" widersetzt und die Perspektive eröffnet, über Bildung den sozialen Zusammenhalt in der Gesellschaft zu befördern.

Literatur

Albrecht, Friedrich/Hinz, Andreas/Moser, Vera (2000): Perspektiven der Sonderpädagogik. Disziplin- und professionstheoretische Standortbestimmungen. Neuwied
Baumert, Jürgen u. a. (2001): PISA 2000. Basiskompetenzen von Schülerinnen und Schülern im internationalen Vergleich. (Hg.): Deutsches PISA-Konsortium. Opladen
Baumert, Jürgen u. a. (2002): PISA 2000. Die Länder der Bundesrepublik Deutschland im Vergleich. (Hg.): Deutsches PISA-Konsortium. Opladen
Böttcher, Wolfgang/Klemm, Klaus (2000): Das Bildungswesen und die Reproduktion von herkunftsbedingter Benachteiligung. In: Frommelt, Bernd u. a. (Hg.): a. a. O., S. 11-43
Bourdieu, Pierre (1997): Die verborgenen Mechanismen der Macht. Hamburg
Bultmann, Torsten (2001): „Bestmögliche Ausstattung jedes Einzelnen!". Zur Bedeutungsumwandlung von Chancengleichheit in der aktuellen Bildungspolitik. In: Forum Wissenschaft 3, S. 47-50

Deppe-Wolfinger, Helga (2002a): Schulische Integration im Prozess gesellschaftlicher Desintegration. In: Eberwein, Hans/Knauer, Sabine (Hg.): a. a. O., S. 46-52

Deppe-Wolfinger, Helga (2002b): Integration und Solidarität. In: Warzecha, Birgit (Hg.): a. a. O., S. 39-57

Diehm, Isabell/Radtke, Frank-Olaf (1999): Erziehung und Migration. Eine Einführung. Stuttgart

Eberwein, Hans/Knauer, Sabine (Hg.) (2002): Integrationspädagogik. Kinder mit und ohne Beeinträchtigung lernen gemeinsam. Ein Handbuch. Weinheim

Erziehung und Wissenschaft (2002): Hierin: Deutscher Sonderweg. Warum Kitas Bildungseinrichtungen werden müssen? (4/2000), S. 10-17

Fend, Helmut (1998): Qualität im Bildungswesen. Schulforschung zu Systembedingungen, Schulprofilen und Lehrerleistung. Weinheim, München

Feuser, Georg (1986): Integration: Humanitäre Mode oder humane Praxis. In Demokratische Erziehung. Heft 1, S. 22-27

Feuser, Georg (2002): Qualitätsmerkmale integrativen Unterrichts. In: BEHINDERTE in Familie, Schule und Gesellschaft, 25/2/3, S. 67-82

Fritzsche, Rita/Schastok, Alrun (2001). Ein Kindergarten für alle – Kinder mit und ohne Behinderung spielen und lernen gemeinsam. Neuwied

Frommelt, Berd/Klemm, Klaus/Rösner, Ernst/Tillmann, Klaus-Jürgen (Hg.) (2000): Schule am Ausgang des 20. Jahrhunderts. Gesellschaftliche Ungleichheit, Modernisierung und Steuerungsprobleme im Prozess der Schulentwicklung. Weinheim, München

Gomolla, Mechtild/Radtke, Frank-Olaf (2002): Institutionelle Diskriminierung. Die Herstellung ethnischer Differenz in der Schule. Opladen

Hessische Lehrerzeitung (HLZ) (2002): Zu wenig Geld für Grundschulen. Heft 9, S. 24

Hinz, Andreas (1993): Heterogenität in der Schule. Integration – Interkulturelle Erziehung – Koedukation. Hamburg

Hinz, Andreas (2002): Von der Integration zur Inklusion – terminologisches Spiel oder konzeptionelle Weiterentwicklung? In: Zeitschrift für Heilpädagogik 9, S. 354-361

Hinz, Andreas/Katzenbach, Dieter/Rauer, Wulf/Schuck, Karl Dieter/Wocken, Hans/Wudtke, Hubert (1998): Die Integrative Grundschule im sozialen Brennpunkt. Ergebnisse eines Hamburger Schulversuchs. Hamburg

Iben, Gerd (2002): Das Versagen der allgemeinen Schule gegenüber Behinderten und Benachteiligten. In: Eberwein, Hans/Knauer, Sabine (Hg.): a. a. O., S. 69-77

Kallert, Heide (2000): Institutionalisierung der Kleinkindererziehung als globale Notwendigkeit und Problem. In: Lingelbach, Karl Christoph/Zimmer, Hasko (Hg.): Jahrbuch für Pädagogik 1999: Das Jahrhundert des Kindes? Frankfurt a. M., S. 193-203

Kallert, Heide (2001): Familienerziehung und am Modell der Familie orientierte öffentliche Erziehung. In: Bier-Fleiter, Claudia (Hg.): Familie und öffentliche Erziehung. Aufgaben, Abhängigkeiten und gegenseitige Ansprüche. Opladen, S. 201-213

Knauer, Sabine (2002a): Integrationspädagogik im gesellschaftlichen Umbruch. In: Eberwein, Hans/Knauer, Sabine (Hg.): a. a. O., S. 53-61

Knauer, Sabine (2002b): PISA und die Integrationspädagogik: Du bist mir nah und doch so fern: Zu vordergründigen Übereinstimmungen und hintergründigen Gegensätzen. In: Zeitschrift für Heilpädagogik 8, S. 310-313

Köbberling, Almut/Schley, Wilfried (2000): Sozialisation und Entwicklung in Integrationsklassen. Untersuchungen zur Evaluation eines Schulversuchs in der Sekundarstufe. Weinheim, München

Kriwet, Ingeborg (2002): Kritische Gedanken zur weiteren Entwicklung der Schule für Lernhilfe. Perspektiven im Rahmen der Integrationsdiskussion. In: Zeitschrift für Heilpädagogik 3, S. 104-112

Kron, Maria (2002): Gemeinsame Erziehung von Kindern mit und ohne Behinderung im Elementarbereich. Theorieansätze und Praxiserfahrungen. In: Eberwein, Hans/Knauer, Sabine (Hg.): a. a. O., S. 178-190

Nyssen, Elke (2000): Benachteiligung von Mädchen – ein erledigtes Problem? In: Frommelt, Bernd u. a. (Hg.): a. a. O., S. 59-77

Oelkers, Jürgen (2002): Schule am Beginn des dritten Jahrtausends. In: BEHINDERTE in Familie, Schule und Gesellschaft 2/3, S. 53-64

Preuss-Lausitz, Ulf (2001a): Qualitätsmerkmale, Leistungsmessung und Evaluation der pädagogischen Arbeit im Gemeinsamen Unterricht und in der Sonderschule. In: Zeitschrift für Heilpädagogik 2, S. 46-50

Preuss-Lausitz, Ulf (2001b): Gemeinsamer Unterricht Behinderter und Nichtbehinderter. Ein Weg für Sonderpädagogik und allgemeine Schulpädagogik zu einer gemeinsamen integrativen Pädagogik? In: Zeitschrift für Erziehungswissenschaft 2, S. 209-234

Preuss-Lausitz, Ulf (2002): Integrationsforschung. Ansätze, Ergebnisse, Perspektiven. In: Eberwein, Hans/Knauer, Sabine (Hg.): a. a. O., S. 458-479

Reiser, Helmut/Loeken, Hiltrud/Dlugosch, Andrea (1998): Aktuelle Grenzen der Integrationsfähigkeit von Grundschulen. In: Hildeschmidt, Anne/Schnell, Irmtraut (Hg.): Integrationspädagogik. Auf dem Weg zu einer Schule für alle. Weinheim, München, S. 145-159

Sander, Alfred (2002a): Behinderungsbegriffe und ihre Integrationsrelevanz. In: Eberwein, Hans/Knauer, Sabine (Hg.): a. a. O., S. 99-108

Sander, Alfred (2002b): Über die Dialogfähigkeit der Sonderpädagogik: Neue Anstöße durch Inklusive Pädagogik. In: Warzecha, Birgit (Hg.): a. a. O., S. 59-68

Schöler, Jutta (2000): Akzeptanz von schulischer Selektion in Deutschland und Italien. In: Albrecht, Friedrich u. a. (Hg.): a. a. O., S. 161-182

Schumann, Brigitte (2002): Blinder Fleck der Bildungspolitik. In: Forum Wissenschaft 2, S. 46

Terhart, Ewald (2002): Nach PISA. Bildungsqualität entwickeln. Hamburg.

Warzecha, Birgit (Hg.) (2002): Zur Relevanz des Dialogs in Erziehungswissenschaft, Behindertenpädagogik, Beratung und Therapie. Münster, Hamburg, London

Wetzel, Gottfried (2000): Qualitätsmerkmale von Kindergärten und soziale Integration von Kindern mit besonderen Bedürfnissen. In: Hovorka, Hans/Sigot, Marion (Hg.): Integration(spädagogik) am Prüfstand. Menschen mit Behinderungen außerhalb von Schule. Innsbruck, Wien, München, S. 129-155

Willand, Hartmut (2000): Vorstellungen und Wünsche von Grundschullehrern bezüglich integrativer Förderung lernbehinderter und erziehungsschwieriger Schüler. In: Zeitschrift für Heilpädagogik 7, S. 266-272

Wocken, Hans (2000): Leistung, Intelligenz und Soziallage von Schülern mit Lernbehinderungen. In: Zeitschrift für Heilpädagogik 12, S. 492-503

Wolf, Bernhard (Hg.) (1999): Der Situationsansatz in der Evaluation. Landau

Gerd Iben

Aufwachsen unter Bedingungen von Armut und Migration

Vorbemerkung

Seit unserer ersten Publikation zur Armut von Kindern 1968 („Kinder am Rande der Gesellschaft") und einer aktualisierten Studie von 1998 („Kinder und Armut") wurden wir in jüngerer Zeit wieder verstärkt um Beiträge zu diesem Thema gebeten, so dass es schwer fällt, auf dauernde Wiederholungen zu verzichten. Wenn andererseits feststellbar ist, wie wenig über dieses Thema, selbst von Pädagogen gewusst wird, dann motiviert das zum Weiterschreiben, auch wenn vieles an anderer Stelle schon gesagt wurde.

Die Konzentration auf die frühkindliche Entwicklung befreit uns nicht von der Notwendigkeit, allgemeine Rahmenbedingungen und Ursachen kindlicher Armut anzusprechen. Denn auch die Bekämpfung kann sich nicht auf pädagogische Förderkonzepte zurückziehen, sondern muss zumindest das Bewusstsein des vielfältigen Bedingungsgeflechts entwickeln. Im Folgenden sollen deshalb:

(1) Umfang und Ursache der Armut von Kindern,
(2) Bedeutung von Sprache und Bildung und
(3) Strategien und Konzepte zur Zurückdrängung von Armutsfolgen für Kinder

angesprochen werden.[1]

Umfang und Ursachen der Armut von Kindern

Die Armutsdefinition einer EG-Kommission von 1981 hat sich inzwischen allgemein durchgesetzt. Sie spricht im Unterschied zur absoluten Armut, die in der Dritten Welt oft zum Verhungern führt, von relativer Armut, die mit 50% des Durchschnittseinkommens beziffert wird und Unterstützungsleistungen erfordert. Diese Unterstützungsleistungen werden in der Bundesrepublik als Sozialhilfe gezahlt und liegen etwa bei 42% des Durchschnittsein-

---

[1] Vgl. dazu auch unsere Beiträge 2002a

kommens. Gegenwärtig erhalten 2,8 Mio. Personen Sozialhilfe, unter ihnen 1,1 Mio. Kinder. Die Zahl der Bedürftigen, die als „verschämte Arme" keine Hilfe beanspruchen, umfasst nochmals ebenso viele Personen. Während die verschiedenen Armutsberichte 9-12% der Bevölkerung der BRD als arm einstuften, nannte der Sozialbericht der Stadt Frankfurt von 1997 bereits jeden fünften Einwohner arm (Wetterauer Zeitung v. 19. 6. 97, S. 5). Bezieht man diejenigen mit ein, die knapp über der Armutsgrenze liegen, also etwa 60% des Durchschnittseinkommens haben, so kommt man auch allgemein auf 20% der Bevölkerung, auf etwa 16 Mio. Menschen in der BRD (Frankfurter Rundschau v. 4. 11. 00, S. 6ff.). Im Rahmen der Infantilisierung der Armut (Hauser) verlagert sich die Zahl der Betroffenen immer weiter nach unten, so dass fast 40% der Sozialhilfeempfänger Kinder und Jugendliche sind und fast 7% aller Kinder von Sozialhilfe leben (HLZ 1998 Heft 7/8, S. 37). Kinder und Jugendliche unter achtzehn Jahren stellen inzwischen die größte Armutsgruppe mit 17% aller Kinder und Jugendlichen in Westdeutschland (Höhn 2000, S. 11), darunter bilden die unter Siebenjährigen die größte Gruppe. Über 30% von ihnen gelten als arm (Frankfurter Rundschau v. 4. 11. 00, S. 6). Bei den Familienformen sind es einerseits die alleinerziehenden Frauen, die zu einem Drittel zu den Armen zählen und andererseits Familien mit mehreren Kindern, die im Pro-Kopf-Einkommen häufig unter die Armutsgrenze absinken.

Aber Armut lässt sich nicht allein über das niedrige Einkommen definieren. Deshalb arbeiten wir nach einem Lebenslagenkonzept, das im Sinne des „Pentagons der Armut" eine mehrperspektivische Sicht erlaubt (Iben 1998, S. 11).

„Darin werden persönliche Merkmale und Erlebniswelten mit sozialen, normativen und ökonomischen Rahmenbedingungen verknüpft. Dadurch werden einseitige Sichtweisen vermieden; dennoch wird die Isolierung einzelner Bedingungen möglich, zumal nicht alle Faktoren gleichzeitig untersucht werden können. Eine ganzheitliche Herangehensweise bleibt erhalten. Dabei ist es wichtig, dass viele der im „Pentagon" aufgezählten, aber keineswegs vollständigen Faktoren sowohl Ursache als auch Folgen von Armut sein können. Beispielsweise können Sozialisationsdefizite wie mangelnde Ich-Stärke Ursache und Folge von Armutsprozessen sein. Deshalb muss eine präventive Arbeit beides im Blick haben oder möglichst an allen fünf Ecken des Pentagons ansetzen. Denn eine Schädigung einer der Ecken des Pentagons bringt das ganze Geflecht durcheinander" (ebd., S. 21).

Wesentlich ist auch der Zeitfaktor. Eine nur kurze Armutsphase mag kaum negative Einflüsse auf die kindliche Entwicklung haben, während eine längere Dauer und die damit verbundene Perspektivlosigkeit den ganzen Lebenszuschnitt negativ prägt. Da Armut oft als persönliches Versagen angesehen wird, sollen skizzenhaft einige wesentliche Ursachen aufgezählt werden.

Systemisch-interaktionistisches Modell
„Pentagon der Armut"

Alter/Krankheit/Behinderung/Gebrechlichkeit
Mangelnde intellektuelle Fähigkeiten
Sozialisationsdefizite
Stigmata/Diskriminierung
Passivität/Fatalismus/Suchtverhalten
Fehlender Zeithorizont/Frustrationsintoleranz
Übertreibende Anspruchshaltung/mangelnde Leistungsbereitschaft

BIOGRAPHIE / PERSÖNLICHKEIT

SOZIALE NETZE	GESELLSCHAFTLICHE WERTHALTUNGEN

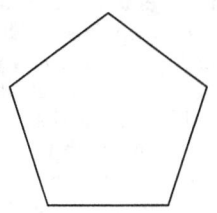

Bedeutungsverlust von Familie und Verwandtschaft

Krisenanfälligkeit der Kleinfamilie/Scheidung

Alleinerziehung

Anonymes Wohnen ohne Nachbarschaftsbeziehungen

Fehlende Beziehungen am Arbeitsplatz

Wandel von natürlicher zu künstlicher (rechtlicher) Subsidiarität → Sozialrechte statt zwischenmenschliche Verantwortlichkeit

Auf persönliche Autonomie zielendes Selbstverwirklichungsstreben

Gewinn von Status und Selbstwertgefühl über Konsum

Extreme Leistungsbezogenheit

ARBEIT / EINKOMMEN	KOSTEN / KONSUM

Mangelnde Bildung/Ausbildung

Rationalisierung von Arbeitsprozessen/weniger Nischen für Leistungsschwache/Verengung des Marktes für Ungelernte → niedrige Löhne

Hohe geographische und professionelle Mobilitätsforderungen

Schlechte Arbeitsverteilung/zu wenig Teilzeitstellen

Lücken im Sozialversicherungssystem/kleine oder uneinbringliche Alimente/geringe Kinderzulagen

Arbeitslosigkeit

Aggressive Werbung/übertriebenes Konsumbedürfnis

Verschuldung/Konsumkredite

Steigende Freizeitkosten

Zu hohe Kosten für die Befriedigung von Grundbedürfnissen (Wohnen, Krankenversicherung, Ernährung)

Fehlende Zeit zum preisbewußten Einkaufen

Hohe Kosten für professionelle Fremdbetreuung der Kinder

nach Peter Tschümperlin 1988

In den sechziger Jahren, als nach dem Krieg mit der Obdachlosenarbeit zum ersten Mal wieder Armut entdeckt wurde, handelte es sich neben älteren Frauen mit kleinen Renten vor allem um isolierte Randgruppen, die als „Asoziale" diskriminiert und in der Regel in Barackensiedlungen zusammengedrängt wurden. Inzwischen sind auch Mittelschichtfamilien von einer Armut betroffen, die meist strukturelle Ursachen hat, was wir übrigens auch bereits bei den „Randgruppen" nachweisen konnten (Iben 1971). Ein gutes Drittel der Sozialhilfeempfänger sind durch *Arbeitslosigkeit* in diese Lage gekommen.

Das *Verschwinden preiswerten Wohnraums* ist ein weiterer häufiger Grund für Armut. Unser privates System zur Verhinderung von Wohnungsverlust, das z. B. im Wetteraukreis Millionen an Unterbringungskosten für Obdachlose gespart hat, stößt immer deutlicher an die Grenzen des Wohnungsmarktes. Das Auslaufen der sozialen Bindungen und das Ende des sozialen Wohnungsbaus lassen immer mehr Menschen auf der Wohnungssuche scheitern.

Die *private Verschuldung* ist eine weitere Armutsursache. Sie wird durch Ratenkäufe und schnelle Kredite begünstigt und hat inzwischen 2,6 Mio. Familien zahlungsunfähig werden lassen. Auch viele Jugendliche haben sich hoffnungslos verschuldet, wobei die Leichtigkeit der Kreditgewährung durch Banken erstaunt. Aber an Schuldzinsen lässt sich gut verdienen.

Die *öffentliche Verschuldung* ist auch eine Armutsursache, weil sie den wohlhabenden Anlegern große Zinsen bringt, die über Steuern aufgebracht werden müssen – also eine besondere Art der Umverteilung von unten nach oben bewirkt. Dazu zählt auch die *Besteuerung*, indem sie den Staatshaushalt nahezu ausschließlich über die Steuern der Arbeitnehmer finanziert und den wachsenden Reichtum im Sinne der neoliberalen Ideologie weitgehend unangetastet lässt. Der Abschaffung der Vermögenssteuer und Reduzierung der Einkommenssteuer, der Gewinn- und Kapitalsteuer steht ein starker Anstieg der Lohnsteuerbelastung gegenüber (vgl. Kritik des WSI in Frankfurter Rundschau v. 28. 11. 01, S. 11). Außerdem zahlen viele große Unternehmen wie Mercedes und Siemens durch Verlustvortrag seit Jahren so gut wie keine Unternehmenssteuern. Wir haben seit langem die Einführung der Tobin-Steuer auf Spekulationsgelder gefordert, wodurch riesige Summen zur Armutsbekämpfung anfallen würden und die Schädlichkeit der Aktienspekulation gedämpft würde. Diese ist auch eine Armutsursache, da sie viele Zusammenbrüche und Insolvenzen nach sich zieht.

Eine weitere Armutsursache liegt in einem *ungenügenden Familienlastenausgleich* und im Mangel an kostenfreien Betreuungsangeboten, die vor allem in Westdeutschland unter internationalem Niveau liegen, besonders für jüngere Kinder. Dadurch werden viele Mütter in ihrem Beitrag zum Familieneinkommen behindert.

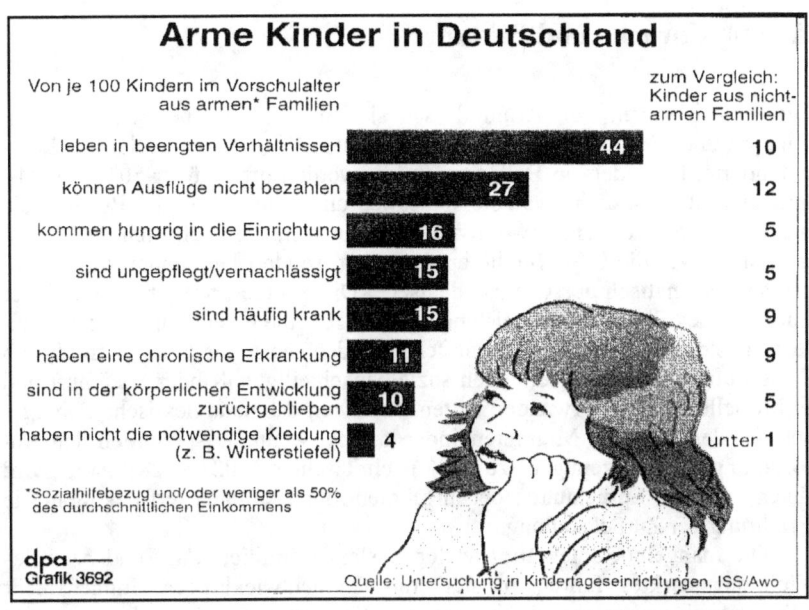

(Zit. In B & W. 5/2001, S. 16)

Was Kinder kosten?

Ehepaar mit einem Kind:		715 801 DM
Davon öffentlicher Anteil:	34,3%	
Ehepaar mit zwei Kindern:		1 136 850 DM
Davon öffentlicher Anteil:	41,8%	
Ehepaar mit drei Kindern:		1 595 145 DM
Davon öffentlicher Anteil:	43,9%	
Allein erziehend mit einem Kind:		634 618 DM
Davon öffentlicher Anteil:	44,7%	
Allein erziehend mit zwei Kindern:		1 008 00 DM
Davon öffentlicher Anteil:	51,4%	

(Quelle : Bundesfamilienministerium; Zit. E & W. 5/2001, S. 15)

Armut, Sprache und Bildung

Die Auswirkungen von Armut lassen sich in der Sprachentwicklung von Kindern und in ihrem Bildungsgang feststellen. Die Sonderschulen für Lernbehinderte, besonders in Ballungsräumen, werden oft zu über 50% von Migrantenkindern besucht, weil sie sprachlich und schulisch in der Regelschule nicht mithalten können, obwohl viele von ihnen intellektuell nicht minderbegabt sind. Wie die PISA-Studie erwiesen hat, sondert kein anderes Schulwesen so systematisch aus wie das deutsche. Die Schule erwartet, dass Schüler mit Hilfe des Elternhauses Leistungen erbringen, die eigentlich von der Schule zu leisten wären. Nachdem wir schon in den sechziger Jahren den Unsinn der schulischen Zurückstellungen sozialbenachteiligter Kinder bekämpft und in Modellen auch überwunden hatten, stellt nun das neue hessische Schulgesetz wieder vermehrt Migrantenkinder zurück, wenn sie sprachlich den Anforderungen nicht genügen (zu 21% nach Tischler 2002, S. 28). Zwar wird ihnen verstärkt Sprachunterricht angeboten, doch kompensiert das nicht die Erfahrung der Zurückstellung.

Die mangelnde Integration vieler Ausländerfamilien und Tendenzen des Wohnungsmarktes führen zu stärkeren Gettoentwicklungen. Immer mehr Migrantenkinder wachsen mit geringen Kontakten zu Deutschen auf und bleiben ihrer Muttersprache verhaftet. Auch zeigt sich bei vielen von ihnen wie bei sozial benachteiligten deutschen Familien, dass die Kommunikation immer mehr vom Medienkonsum überlagert wird, so dass in Grundschulen der Anteil der sprachlich retardierten Kinder bis auf 25 oder gar 30% angewachsen ist. Berufstätigkeit beider Eltern, schlechte Wohnbedingungen und geringer Bildungsstand produzieren eine soziale Vererbung von Benachteiligungen, die unser Schulwesen nicht ausgleicht, sondern verstärkt (Klemm 2002, S. 22; Radtke 2002, S. 11ff.). Die Situation der Migrantenkinder und ihre Entwicklung zur Zweisprachigkeit ist von Karin Jampert eingehend dokumentiert worden (2002).

Dies alles führt dazu, dass z. B. in Hessen Migrantenkinder doppelt so häufig wie deutsche Kinder in Lernhilfeschulen landen (9%), häufiger nicht versetzt werden und zu 24% ohne Schulabschluss bleiben, im Gymnasium unterrepräsentiert sind (nur 16% während 36% der deutschen) und nur 56% erhalten einen Ausbildungsvertrag. Dabei fällt auf, dass die männlichen Migrantenkinder erheblich schlechter abschneiden als die angepassteren Mädchen (Tischler 2002, S. 28f.). Sprachdefizite und mangelnde Deutschkenntnisse werden zu Lernbarrieren, weil diese Kinder sich mündlich nicht am Unterricht beteiligen können, im Leselernprozess beeinträchtigt und generell überfordert sind (Koenen 2002, S. 30).

Neben den sprachlichen Problemen sind wesentliche Armutsfolgen die ungenügende oder *Fehlernährung* vieler Kinder, denn gesunde Ernährung ist meist teurer. Oft kommen die Kinder ohne Frühstück in die Einrichtungen, was ihre Leistungsfähigkeit deutlich herabsetzt. Die Folgen der Geldknappheit werden häufig verschärft durch die psychischen Belastungen. Bei Langzeitarbeitslosigkeit „leiden die Kinder durch Nähe", wie es Kieselbach wiederholt beschrieben hat (Iben 1998, S. 38ff.).

Bei Kindern selbst fanden sie:
- deutlich geringeres Selbstwertgefühl,
- Depressivität und Einsamkeit,
- sie sind empfindlicher, misstrauischer, weniger gesellig und
- weniger in der Lage, Stress zu bewältigen,
- Nervosität, rasche Ermüdbarkeit und Konzentrationsschwäche führen fast immer zum Absinken der Schulleistungen,
- sie erwarten von der Zukunft weniger und neigen auch gegenüber beruflichen Möglichkeiten zur Resignation. Auf diese Weise komme es zu einer sozialen Vererbung von Armut (ebd., S. 20).

Der *Gesundheitszustand* wird durch Armut beeinträchtigt, wie eine Mainzer Untersuchung erneut nachgewiesen hat. 30% der Kinder armer Eltern hatten unzureichenden Impfschutz, nur 27% hatten an Vorsorgeuntersuchungen teilgenommen. Da viele Krankheiten nicht rechtzeitig behandelt wurden, lag das durchschnittliche Sterbealter nach Trabert um zehn bis fünfzehn Jahre unter dem der Normalbevölkerung (Deutsches Ärzteblatt, zit. in Frankf. Rundschau v. 25. 3. 99; ferner Klocke/Hurrelmann 1995). Fehlernährung führt auch in den ärmsten Schichten zu Fettleibigkeit, auch bei Kindern und Jugendlichen, was später Schlaganfälle und Herzerkrankungen begünstigt und alleinerziehende Mütter in Armut leiden häufiger an Kopf- und Rückenschmerzen, Schlaflosigkeit und Depressionen (Trabert a. a. O.).

Bei allen Armutsfolgen für Kinder ist neben den Risiken auch von Schutzfaktoren auszugehen, die Kinder sehr unterschiedlich auf Belastungen reagieren lassen (Göppel 1997).

Strategien und Konzepte gegen Benachteiligung

Die beschriebene Sichtweise von Armut als komplexes Phänomen verlangt auch vielseitige Strategien oder Bekämpfung und ist mit pädagogischen Anstrengungen allein nicht zu leisten. Wir haben schon in der Arbeit mit wohnungslosen Familien seit den sechziger Jahren mit der Vernetzung von pädagogischen, sozialpolitischen, Wohnungsmarkt- und Aufklärungs-Initiativen viel erreichen können. Solche Ansätze finden sich heute unter dem Titel

„Soziale Stadt" oder „*Empowerment*", früher wurde dies als Gemeinwesenarbeit bezeichnet.

Die Konzentration auf die frühkindliche Entwicklung muss sich notwendigerweise zuerst an die Eltern richten. *Elternberatungen* und *Elternbildung* müssen viel intensiver als bisher sozialbenachteiligte Schichten und bildungsferne Eltern ansprechen. Hier muss bereits die schulische Ausbildung der zukünftigen Eltern den Grundstein legen. Schwangerenberatung und Elternbildung sind wichtige Einflussbereiche, die nicht nur medizinisch ausgerichtet sein sollten. Vorschulische Einrichtungen müssen als Krabbelstuben, Kindergärten und Horte nicht nur quantitativ ausgebaut, sondern auch stärker für Elternarbeit qualifiziert und ausgestattet werden. Dabei darf die oft junge Erzieherin keineswegs als Elternbelehrerin auftreten, sondern muss Wege des gleichrangigen Miteinanders suchen, wie wir es in unserer „dialogischen Pädagogik" beschrieben haben (Iben 1996 und 1998, S. 198ff.). Sozialbenachteiligte Eltern fürchten mit Recht, dass ihnen von Professionellen erzieherisches Versagen vorgeworfen oder unterstellt wird. Oder sie haben sprachliche Schwierigkeiten zu verstehen oder ihre Sicht zu formulieren. Deshalb vermeiden sie herkömmliche Elternabende oder Elternsprechtage. Hier helfen Kaffeeecken in der Einrichtung zum zwanglosen Treffen, Einladungen zur praktischen Mitgestaltung beim Renovieren, Verbessern und Festefeiern. Ausstellungen und Theatervorführungen der Kinder bieten den Eltern Chancen, stolz auf ihre Kinder zu sein. Wir haben in der Siedlungsarbeit die Erfahrung gemacht, dass beim gemeinsamen Basteln oder Nähen, beim Begutachten des Spielmaterials die fruchtbarsten Elterngespräche wie nebenbei entstanden, während das Dozieren eher verschreckte. Eltern-Kind-Wochenenden sind auch ein gutes gemeinsames Erfahrungsfeld (vgl. Iben 1992, S. 75ff.). Wichtig ist ebenso, dass Pädagogen informiert sind, welche Wege zu Behörden in Notlagen einzuschlagen sind, um die Grundversorgung der Kinder und ihrer Eltern zu sichern oder etwa die Wohnung zu erhalten. Eine solche Beratung fördert das Vertrauen.

Eine dringende Forderung für den Vorschulbereich ist die Kostenfreiheit, denn vielen armen Familien, besonders unter den Migranten, erscheinen die Betreuungsangebote als so teuer, dass sie darauf verzichten. Wenn aber in Zukunft die Vorschularbeit einen stärkeren Bildungsauftrag wahrnehmen soll, muss auch über neue Finanzierungswege und Kostenfreiheit nachgedacht werde, wie sie z. B. in Frankreich seit langem üblich sind (Bremer 2001, S. 6).

Zu den Verbesserungen der Rahmenbedingungen zählt auch die Intensivierung des *Familienlastenausgleiches*. Es ist nicht akzeptabel, dass Kinder zu einer Armutsursache werden, denn mit zwei oder mehr Kindern geraten viele Familien in ein Armutsrisiko (vgl. den Beitrag „Was Kinder kosten" in EW 5/2001, S. 15). Bereits mit nur einem Kind sinkt das Familieneinkommen im Durchschnitt auf nur 61% eines kinderlosen Ehepaares. Die Veränderung des Ehegatten-Splittings, das noch immer Kinderlose begünstigt und die weitere Anhebung des Kindergeldes – der Kinderschutzbund fordert seit langem 300 € – sind nur einige Maßnahmen. Die Ausweitung des Betreuungsangebots und die Erleichterung von Berufstätigkeit der Mütter sind weitere. Die Einführung einer Grundsicherung für Kinder und die Abkoppelung der Sozialversicherung vom Arbeitsverhältnis, wie es Borchert vorschlägt (Frankfurter Rundschau v. 18. 9. 02, S. 24), erscheinen ebenso dringlich.

Im Rahmen des bundesweiten Modells „Die soziale Stadt" gilt es, in sozialen Brennpunkten Gemeinwesenarbeit in Gang zu setzen und mit einer Aufstufung des Stadtteils, der Bewohneraktivierung auch die Lage der Kinder und Jugendlichen sowie durch entsprechende Infrastruktur und Nachbarschaftshilfe zu verbessern.

Dem *Bildungswesen* kommt weiterhin eine Schlüsselrolle zu, wobei nach PISA der Abschied vom deutschen Selektionsprinzip ebenso geboten ist, wie der Ausbau einer Einheitsschule nach skandinavischem Muster, für die wir schon Ende der sechziger Jahre geworben haben und wo nach finnischem Grundsatz jeder Schüler wichtig und zu fördern ist (Holzapfel 2002, S. 23ff.). In Form der „Nachbarschaftsschule", die gerade in schwierigen Stadtteilen mit der Orientierung an der Lebenswelt ihrer Schüler große Chancen bietet, können Eltern und Experten verschiedener Berufsgruppen und Vereine an der Gestaltung der Schule beteiligt werden. Die über sechshundert englischen *„Community Schools"*, die überwiegend in sozialen Brennpunkten arbeiten, sind ein anregendes Beispiel (Iben 1991, S. 93ff.). Der jüngste *„Green Plan"* der englischen Labour-Regierung fördert Schulen, die sich besonders der Problemschüler annehmen, und schließt Schulen, die zu viele Versager produzieren. Jährlich werden für dieses Programm mehr als 200 Mio. britische Pfund (über 300 Mio. €) bereitgestellt, um den Ausbildungsstand von Kindern aus unterprivilegierten Familien anzuheben (Ratzki 2002, S. 6). Stattdessen sind wir Weltmeister im Aussondern und im Verfestigen sozialer Benachteiligungen, wie PISA belegt. Die „Empfehlungen einer Expertengruppe des Forum Bildung" enthalten eine Reihe von guten Vorschlägen zur Verbesserung der Chancengleichheit, wie frühe Förderung, Zusammenarbeit mit den Eltern, enge Kooperation von Vorschuleinrichtungen mit den Grundschulen und eine Verzahnung von *Schule und Jugendhilfe* (Erziehung und Wissenschaft 3/1998). Diese Vorschläge zielen besonders auf die geringen Bildungschancen vieler Migrantenkinder (Forum Bildung 2001, S. 10f.).

Die Kooperation von Schulen und Sozialarbeit ist in Form eines „Schulbegleitdienstes" schon seit Jahrzehnten in den Niederlanden wesentlich stärker entwickelt als in Deutschland (Häring/Schäfer 2000, S. 18f.). Auch die niederländischen Basisschulen, in denen schon Vierjährige lesen lernen können, suchen Entwicklungs- und Lerndefizite von Kindern aus benachteiligtem Milieu schon viel früher zu erkennen und zu überwinden als unsere

Grundschulen. Auch in den Niederlanden gilt: „Für schwierige Schüler und schwierige Schulen gibt es mehr Geld" (Wehrmann 2001, S. 67).

Neben diesen strukturellen Veränderungen der Schule zugunsten benachteiligter Schülergruppen müssen auch die Inhalte und die Didaktik geändert werden. Dabei kann es nicht darum gehen, Schule und Unterricht auf ein niedriges Niveau abzusenken, sondern eher eine Steigerung der Effektivität beider zu erreichen. Schon wenn gute und schwächere Schüler in einem binnen-differenzierten und individualisierenden Unterricht zusammenarbeiten, profitieren beide davon. Ein Frontalunterricht, der sich nur an eine Gruppe richtet, wird unterfordern, überfordern und langweilen. Hingegen wird ein lebensnahes und selbständig forschendes Lernen in kleinen und großen Projekten unterschiedliche Fähigkeiten ansprechen und Eigeninitiative fördern. Der Lehrer wird weniger dozieren und mehr gemeinsame Lernprozesse in Gang setzen und organisieren helfen. Dadurch gewinnt er auch Zeit, sich einzelnen Schülern oder kleinen Gruppen gesondert zu widmen. Interessen und Vorerfahrungen der Schüler und Schülerinnen werden gefragt und anerkannt. Ihre Hobbys und die ihrer Eltern können genutzt und zur allgemeinen Bereicherung eingebracht werden. Im Sinne der Freinet-Pädagogik oder unseres ähnlichen „Situativen Ansatzes" werden die Stärken und Lebenswelterfahrungen zur kreativen Umsetzung in eigene Texte oder Korrespondenzen mit Partnerklassen ermutigt, in Gedichte, Erzählungen, Lieder und Theaterstücke umgesetzt. Sie werden dann in die Öffentlichkeit zurück gespielt und in Ausstellungen, Videofilmen, Tänzen und Vorführungen den Eltern und dem Stadtteil vorgestellt.

Stadtteilerkundungen mit Fotos und Interviews, Naturprojekte wie Bach- und Flursäuberungen gehören zu einer offenen Schule, in der Beziehungen zum und Verantwortung für das Umfeld gepflegt werden.

Gleichzeitig muss Schule, besonders auch als Ganztagsschule, wieder attraktiver Lebensort für Schüler und Eltern werden.

Nach dem miserablen Abschneiden im internationalen Vergleich (PISA) gilt umso mehr, was Hartmut von Hentig schon lange gefordert und die Bielefelder Laborschule umzusetzen versucht, Schule neu zu denken. Dabei darf es keine Denkhemmungen und Tabus geben, schon gar nicht bei der zergliederten Schulstruktur, dem Zensurenunwesen, den Hausaufgaben als Hausfriedensstörung, dem Sitzenbleiberelend und dem Versagenlassen, denn sie alle stehen der guten Schule im Wege und tragen zu einer ständigen Reproduktion von Armut und Ausgrenzung bei.

Literatur

Bremer, Hans-Hagen (2001): Ein Paradies für Kinder (Frankreich). In: Frankfurter Rundschau v. 27.4.2001, S. 6
Butterwegge, Christoph/Klundt, Michael (Hg.) (2002): Kinderarmut und Generationengerechtigkeit. Opladen
Die Bundesregierung (2000): Lebenslagen in Deutschland. Berlin
Diehm, Isabell (1993): Erziehung in der Einwanderungsgesellschaft. Frankfurt a. M.
Diehm, Isabell/Radtke, Frank-Olaf (1999): Erziehung und Migration. Stuttgart, Berlin, Köln
Erziehung und Wissenschaft (1998): Schule und Jugendhilfe. 3/1998
Erziehung und Wissenschaft (2001): Armutsfalle – Prävention durch Bildung. 5/2001
Erziehung und Wissenschaft (2002): Selektion in Deutschland. 9/2002
Forum Bildung (2001): Chancengleichheit fördern. In: Berufsrundschau, Beilage der Frankfurter Rundschau vom 1. 9. 2001, S. 10-11
Göppel, Rolf (1997): Ursprünge der seelischen Gesundheit. Würzburg
Häring, Doris/Schäfer, Wolfram (2000): Niederlande: Schulen und Sozialarbeit. In: Hessische Lehrerzeitung (HLZ) Heft 3/4, S. 18-19
Hanesch, Walter (Hg.) (1995): Sozialpolitische Strategien gegen Armut. Opladen
Hessische Lehrerzeitung (HLZ) (1998): Grafik: Sozialhilfe in Deutschland. Heft 7/8, S. 37
Holzapfel, Hartmut (2002): Koalition der Vernunft. In: Erziehung und Wissenschaft 5/2002, S. 23-25
Iben, Gerd u. a. (1968): Kinder am Rande der Gesellschaft. München
Iben, Gerd (1971): Randgruppen der Gesellschaft. München
Iben, Gerd (1975): Abweichende und defizitäre Sozialisation. In: Neidhardt, Friedhelm (Hg.): Frühkindliche Sozialisation. Stuttgart
Iben, Gerd (Hg.) (1990): Erzieheralltag. Mainz
Iben, Gerd (1991): Schule und Nachbarschaft. In: Hess. Inst. f. Bildungsplanung und Schulentwicklung. Qualität von Schule. Heft 5. Wiesbaden, Konstanz, S. 93ff.
Iben, Gerd u. a. (1992): Gemeinwesenarbeit in sozialen Brennpunkten 2/1992. München, Weinheim
Iben, Gerd (1998): Lebensweltorientierte Didaktik an der Universität?. In: Fritsch, Ursula/Maraun, Heide-Karin (Hg.): Über ein anderes Bild von Lehre. Weinheim, S. 47ff.
Iben, Gerd (2000): Zur Definition von Armut. In: Parit. Wohlfahrtsverband: „... wessen wir uns schämen müssen in einem reichen Land" (1. Armutsbericht) Bl. D. Wohlfahrtspflege 11+12, 1989, S. 276ff.
Iben, Gerd (2000): Kinderarmut in der Wohlstandsgesellschaft. In: Jahrbuch für Pädagogik 1999: Das Jahrhundert des Kindes? Frankfurt a. M., S. 103ff.
Iben, Gerd (2002): Die Förderung sozial benachteiligter Kinder und Jugendlicher. In: Butterwegge, Christoph/Klundt, Michael (Hg.): Kinderarmut und Generationengerechtigkeit. Opladen, S. 189ff.
Iben, Gerd (2002a) Armut in der Schule. In: Pädagogik 6/2002, S. 34ff.
Jampert, Karin (2002): Schlüsselsituation Sprache. Opladen

Klemm, Klaus (2002): System verstärkt soziale Separation. Zeitschrift: E & W 5/2002, S. 22

Klocke, Andreas/Hurrelmann, Klaus (1995): Armut und Gesundheit. In: Zeitschrift für Gesundheitswissenschaften, 2. Beiheft. Bielefeld

Kroenen, Sabine (2002): Zweitsprache Deutsch. In: Hess. Lehrerzeitung (HLZ) 9/2002, S. 30-31

Radtke, Frank-Olaf (2002): Wie Schule Ungleichheit herstellt. In: E & W 9/2002, S. 11-14

Ratzki, Anne (2001): Hochwertige Ausbildung für alle Kinder. In: Frankfurter Rundschau v. 3. 5. 2001, S. 6

Simon-Hohm, Hildegard (1986): Ausländische Kinder in der Kindergrippe, Frankfurt a. M.

Spiewak, Martin (2000): Gefangen im Ghetto (ausl. Jgl.). In: Die Zeit v. 13. 4. 2000, S. 37-38

Tischler, Lothar (2002): Ungleiche Chancen. Zur Benachteiligung von Migranten und Jungen in Hessen. In: Hess. Lehrerzeitung (HLZ) 9/2002, S. 28-29

Weiß, Hans (Hg.) (2001): Frühförderung mit Kindern und Familien in Armutslagen. München, Basel

Wehrmann, Elisabeth (2001): Je früher desto schlauer. In: Die Zeit v. 19. 12. 2001, S. 67

Wunder, Dieter (2001): Wie das Schulsystem die sozial Schwachen behandelt, ist ein Skandal. In: Frankfurter Rundschau v. 20. 12. 2001, S. 15

Hildegard Simon-Hohm

Immigration, Integration und *Gender Mainstreaming* – Arbeitsfelder und Aufgaben kommunaler Migrationsarbeit im Integrationskonzept der Stadt Pforzheim

Integrationspolitische Aufgaben der Städte

Nach einer nunmehr fast fünfzigjährigen Zuwanderungsgeschichte sind Menschen mit einem Migrationshintergrund oder einer eigenen Migrationsbiographie zu einem festen Bestandteil aller Facetten des Alltags in Deutschland geworden. Die dauerhaften Einwanderungen haben die Entwicklung von Bevölkerung, Gesellschaft und Kultur in unseren Städten bereits jetzt nachhaltig verändert. Zuwanderung nach Deutschland wird sich im Zuge der Globalisierung und der Zunahme von Mobilität in der Europäischen Union auch weiterhin verfestigen. Die Tatsache, dass Deutschland „zu einem Einwanderungsland geworden" ist, lässt sich nicht mehr bestreiten (Bericht der unabhängigen Kommission „Zuwanderung" 2001, S. 12).
    Die Gemeinde ist der Ort, „wo die verschiedenen Kulturen zusammentreffen, aber wo auch die eigentliche gesellschaftliche Integration stattfindet" (Kleine 2000, S. 22). Die nachhaltige „Einwanderungsrealität" in unseren Städten führt dazu, dass wir in allen kommunalen Lebens- und Handlungsbereichen auf Menschen mit unterschiedlicher Herkunft, Muttersprache und Lebensgewohnheiten treffen (Krummacher/Waltz 1999, S. 466). Große Teile der Einwanderer und ihrer Kinder sind jedoch bis heute nicht nur politisch und rechtlich, sondern auch sozialökonomisch Wohn- und Wirtschaftsbürger „zweiter Klasse" geblieben. Angesichts der Entwicklungen der letzten Jahre, so betonen Krummacher und Waltz, spricht vieles dafür, dass sich die sozialen Integrationsdefizite und Ausgrenzungsrisiken in den Bereichen Arbeit, Ausbildung, Einkommen, Wohnen, Gesundheit und Teilhabe am öffentlichen Leben verstärken werden (ebd., S. 467). Der Bereich der Bildung – vorschulische Bildung, schulische Bildung und Fort- und Weiterbildung – soll hier ausdrücklich ergänzt und betont werden. Gerade hier haben Integrationsdefizite Auswirkungen auf die gesamte weitere Entwicklung, insbesondere die soziale und berufliche Integration.
    Zu- und Einwanderung ist ein Großstadtphänomen. Aus demographischen, wirtschaftlichen und politischen Gründen nehmen die Bevölkerungsanteile von Menschen mit ausländischer Herkunft in unseren Städten seit Jahr-

zehnten stetig zu. Diese Entwicklung wird sich nach Prognosen auch künftig fortsetzen. Die Städte sind auf sie angewiesen und können es sich im eigenen Interesse gar nicht leisten, sie von wirtschaftlicher, politischer und sozialer Teilhabe auszuschließen (ebd., S. 466).

Die klassische sozial- und integrationspolitische Aufgabe der Städte besteht darin, im Rahmen der Gesetze ihre Ressourcen auf die verschiedenen Gruppen ihrer Einwohner mit dem Ziel gleichwertiger Lebensbedingungen sozial und räumlich gerecht zu verteilen. Sie müssen dabei maßgeblich solche Gruppen und Sozialräume berücksichtigen, die von sozialer Ausgrenzung bedroht oder bereits betroffen sind (vgl. ebd., S. 468). Die Entwicklung der vergangenen Jahre macht deutlich, dass die Gefahr sozialer Ausgrenzungen insbesondere die Migrantinnen und Migranten in den Kommunen betrifft.

Zuwanderung nach Deutschland und Eingliederung der verschiedenen Gruppen verliefen nur im Fall der Aussiedlerinnen und Aussiedler geplant und von Integrationshilfen begleitet, in allen anderen Fällen kann man von einer „Politik des pragmatischen Improvisierens" sprechen. Das Fehlen einer systematischen und übergreifenden Herangehensweise erschwerte die „Integration der Zuwanderer in die Aufnahmegesellschaft" (Bericht der unabhängigen Kommission „Zuwanderung" 2001, S. 199). Ergänzend zu den allgemeinen gesetzlichen Vorgaben müssen deshalb im Rahmen der kommunalpolitischen Strukturen Handlungsmöglichkeiten gefunden werden, mit denen es gelingt,

„ (...) der strukturellen Desintegration der Zuwanderer entgegen zu wirken und mit integrativen Maßnahmen die aktive Teilnahme der Zuwanderer am gesellschaftlichen, wirtschaftlichen und politischen Leben der Kommune zu fördern" (Çakir 2000, S. 92).

Es ist daher eine Querschnittsaufgabe unserer Gesellschaft und der politisch Verantwortlichen, das friedliche Zusammenleben zu sichern und gleichzeitig den Zugewanderten Akzeptanz, Partizipation und Chancengleichheit zu ermöglichen, ohne die eine wirkliche Integration nicht erreicht werden kann (vgl. Griesbeck 2002, S. 306). Aktive Migrations- und Integrationspolitik wird in Zukunft einen zentralen Stellenwert für Kommunen, ihre Gremien, die politisch Verantwortlichen und die gesamte Verwaltung haben. Wichtig ist es deshalb, einen Konsens über „Inhalte und Reichweite" einer solchen Politik herzustellen (Die Beauftragte der Bundesregierung für Ausländerfragen 2000, S. 201).

Arbeitsfelder und Aufgaben kommunaler Migrationsarbeit

Integration ist ein langfristig angelegter Prozess und damit eine dauerhafte politische und gesellschaftliche Aufgabe (Siebel 2001, S. 33). Integration wird weitgehend verstanden als gesellschaftliche Situation, in der die Bevölkerung einer Kommune, eines Landes in gleichgewichtigen, spannungsarmen Beziehungen zueinander stehen. Der Begriff der Integration ist jedoch nach wie vor umstritten (vgl. Filsinger 2002, S. 13). Die unabhängige Kommission „Zuwanderung" definiert Integration als politische Zielvorgabe,

„Zuwanderern eine gleichberechtigte Teilhabe am gesellschaftlichen, wirtschaftlichen, kulturellen und politischen Leben unter Respektierung kultureller Vielfalt zu ermöglichen" (Bericht der unabhängigen Kommission „Zuwanderung" 2001, S. 199).

Sie schloss sich damit einem weitverbreiteten Verständnis von Integration als einem wechselseitigen Prozess an, der von Wissenschaft und Praxis als Grundlage für die Entwicklung einer interkulturellen Stadt angesehen wird.

In vielen Kommunen herrscht inzwischen Übereinkunft darüber, dass die Förderung der gleichberechtigten Teilnahme und Teilhabe von Migrantinnen und Migranten am gesellschaftlichen Leben zu den zentralen Zielsetzungen aktueller und künftiger Kommunalpolitik gehört. Integration als Verpflichtung wurde deshalb an einigen Orten bereits in das Leitbild der Kommune aufgenommen. Dies stellt jedoch nur einen ersten Schritt dar. Integrationspolitik kann und muss eindeutige Ansprüche formulieren und Kriterien für Integration definieren (Die Beauftragte der Bundesregierung für Ausländerfragen 2000, S. 203). Nur so kann die Verpflichtung auf ein Leitbild von Seiten der Verantwortlichen auch in konkreten Planungen und Maßnahmen umgesetzt werden.

Zu den Aufgaben, die sich aus der Integrationsförderung ergeben, gehören die Unterstützung der interkulturellen Öffnung und der Abbau von Zugangsbarrieren im Handlungsbereich der Verwaltung, die Gestaltung des interkulturellen Zusammenlebens in der Kommune und schließlich die Förderung der politischen Partizipation. Es müssen daher konkrete Arbeitsfelder und Aufgaben benannt werden, die diese vielfältigen Zielsetzungen aufgreifen und praktische Handlungsschritte vorgeben.

Peter Franz Lenninger beschreibt, ausgehend von seinem Vergleich und seiner Analyse der kommunalen Migrationsarbeit in drei Großstädten – Mannheim, Wien, Zürich –, die Aufgabenfelder einer Kommune für die Integrationsarbeit:

(1) Grundlagenarbeit (Analysen, Expertisen usw. für Politik und Verwaltung),
(2) Koordinierungs- und Vernetzungsarbeit (intern: Koordinierung der Migrationsarbeit),

(3) Integrationsarbeit (z. B. Rechts- und Sozialberatung für MigrantInnen),
(4) Bildungsarbeit (Sprach- und Integrationskurse, Qualifizierungsmaßnahmen usw.),
(5) Koordinierungs- und Vernetzungsarbeit (extern: Beteiligung an regionalen, überregionalen usw. Netzen),
(6) politische Arbeit (Aufbau und Unterstützung von Partizipation, politischen Plattformen usw.),
(7) Öffentlichkeitsarbeit (Infomationsmaterialien, Sensibilisierungsmaßnahmen zum interkulturellen Zusammenleben).

Diese Aufzählung und Kategorisierung aktueller, praktischer Ansätze, Planungen und Maßnahmen macht eines besonders deutlich: Interkulturelle Öffnung muss auf allen Ebenen einer Kommune und in allen ihren Angeboten, Institutionen und Diensten für Bürgerinnen und Bürger stattfinden. Interkulturelle Arbeit hat es also „mit multiplen Zielsetzungen in einer starken Ausdifferenzierung von Arbeitsfeldern und dazugehörigen Aufgaben" zu tun (Lenninger 2002, S. 24).

Seit der ersten Diskussion über kommunale Integrationskonzepte und die interkulturelle Öffnung der Sozialen Dienste für Migrantinnen und Migranten Mitte der neunziger Jahre hat es in Deutschland auf verschiedenen Ebenen und in vielen Kommunen Vorschläge und Handlungsansätze gegeben, die Integration von Zuwanderinnen und Zuwanderern zu verbessern. Neben Leitlinien und Konzepten für die interkulturelle Öffnung der sozialen Dienste (vgl. u. a. Die Beauftragte der Bundesregierung für die Belange der Ausländer 1994; Barwig/Hinz-Rommel 1995) wurde in vielen Städten die Notwendigkeit des Erwerbs und Ausbaus der interkulturellen Kompetenz der Beschäftigten erkannt und entsprechende Schulungen konzipiert und angeboten (vgl. u. a. Landeshauptstadt München – Sozialreferat 2000; Stadt Göttingen 2000; Stadt Karlsruhe 2001). Inzwischen sind einige Kommunen auch dazu übergegangen, Gesamtkonzepte zur interkulturellen Arbeit zu erstellen und umzusetzen, wobei das Konzept der Stadt Essen bundesweite Beachtung gefunden hat (vgl. Stadt Essen 1999; Stadt Essen 2001). Diese Arbeit, die von Michael Krummacher (Evangelische Fachhochschule RWL Bochum) begleitet wurde, ist in vielfältiger Weise dokumentiert und zum Ausgangspunkt für die Erstellung eines Konzepts zur interkulturellen Arbeit in Pforzheim geworden.

Die Arbeit an einem Integrationskonzept für eine gesamte Kommune stellt ein umfangreiches Vorhaben dar, das sorgfältig geplant und vorbereitet werden muss. Wie bei anderen vergleichbaren Prozessen, z. B. Agenda 2000, kann ein solches Vorhaben nur dann erfolgreich sein, wenn schon frühzeitig interessierte Bürgerinnen und Bürger, aber auch die Akteure der interkulturellen Arbeit selbst daran partizipieren können und in die Umsetzung einbezogen werden. Ein endgültiges Integrationskonzept kann deshalb nur in mehreren Schritten realisiert werden.

In vielen Kommunen ist eine Fülle von einzelnen Maßnahmen, Projekten und Aktionen aufzufinden, die alle dazu beitragen sollen, die Integration von Migrantinnen und Migranten zu ermöglichen bzw. zu verbessern. Erst die Koordination und Vernetzung der Teilbereiche und Einzelaktionen führt jedoch dazu, dass aus integrativen Ansätzen ein Gesamtkonzept entsteht. Das Ziel einer umfassenden Integrationsarbeit in einer Kommune kann deshalb nur dann gelingen, wenn es dazu

(1) ein interkulturelles Konzept gibt, das allen Beteiligten der Integrationsarbeit auf den unterschiedlichen Ebenen Richtlinien vorgibt, mit denen sie die vorhandenen Aktionen usw. vernetzen, sinnvolle Ergänzungen oder Neuentwicklungen planen und schließlich evaluieren können;
(2) spezialisierte „kommunale Fachstellen" gibt, die die Umsetzung eines integrationspolitischen Gesamtkonzepts koordinieren und begleiten.

Dies soll im Folgenden am Beispiel des Integrationskonzepts für die Stadt Pforzheim, an dessen Entwicklung die Verfasserin im Jahr 2002 gearbeitet hat, dargelegt werden (Simon-Hohm 2002b).

Grundlagen des Integrationskonzepts *Interkulturelles Pforzheim*: Leitgedanken – Gestaltungsprinzipien – Richtlinien zum interkulturellen Handlungsbedarf

In Pforzheim lebten zum 31. 12. 2001 114 820 Menschen im Stadtgebiet, davon hatten 83,1% die deutsche, 16,9% eine andere Nationalität. Die größte Gruppe der Einwohnerinnen und Einwohner ohne einen deutschen Pass kommt aus der Türkei, gefolgt von Italienerinnen und Italienern, Menschen aus dem ehemaligen Jugoslawien, aus Portugal, Griechenland und Spanien. Viele Personen aus der nichtdeutschen Bevölkerung kamen als Arbeitsmigrantinnen und -migranten oder als nachgezogene Familienangehörige nach Deutschland, ein erheblicher Teil sind jedoch auch Kinder und Jugendliche, die inzwischen hier geboren und aufgewachsen sind, in den Statistiken aber weiterhin als Ausländer erscheinen. Nicht erfasst in diesen Zahlen sind Migrantinnen und Migranten, die die deutsche Staatsbürgerschaft erworben haben, sowie Spätaussiedlerinnen und -aussiedler, die ebenfalls in großer Zahl (vergleichbar mit dem Prozentsatz der nichtdeutschen Bevölkerung) in Pforzheim leben.

Für das Integrationskonzept *Interkulturelles Pforzheim* sollten umfassende Gestaltungsvorschläge zur Integration und Partizipation dieser heterogenen und multiethnischen Bevölkerungsteile mit zum Teil divergierenden Interessen und Bedürfnissen entwickelt werden. Dieses Ziel wurde in mehreren Arbeitsschritten umgesetzt. Ausgangspunkt der konzeptionellen Arbeit war die Auseinandersetzung mit aktuellen Diskussionen und Strategien zu kommunaler Integrationspolitik, insbesondere zur interkulturellen Arbeit und der Öffnung der sozialen Dienste, um auf dieser Grundlage Leitgedanken für ein *Interkulturelles Pforzheim* zu formulieren. Aus diesen Leitgedanken wiederum konnten die Gestaltungsprinzipien für die konzeptionelle Arbeit bestimmt werden. Interkultureller Handlungsbedarf wurde in zehn Bereichen der Kommune erkannt. Aus den zuvor benannten Leitgedanken und Gestaltungsprinzipien wurden schließlich Querschnittsaufgaben abgeleitet, die in allen Bereichen zum Tragen kommen und daher in die Richtlinien zum interkulturellen Handlungsbedarf in den jeweiligen Aktionsfeldern der Kommune übernommen wurden.

Interkulturelle Arbeit ist nach vielen Jahren der Diskussion zu einem anerkannten und geläufigen Begriff geworden, der die pädagogische oder soziale Arbeit mit allen Menschen einer multiethnischen Gesellschaft beschreibt und Ziele für das Handeln vorgibt, beispielsweise in Institutionen, Arbeitsfeldern oder Aufgabenbereichen einer Kommune. Das Konzept einer interkulturellen Arbeit versteht sich heute als ein durchgängiges Prinzip, das zur Gestaltung aller Lebensbereiche einer Einwanderungsgesellschaft herangezogen werden kann.

In Fachkreisen herrscht weitgehend Konsens darüber, dass nur ein dynamischer, kontextualisierter Kulturbegriff Grundlage aller Überlegungen zur interkulturellen Arbeit sein kann. Kulturelle Unterschiede oder Prägungen können und dürfen in diesem Zusammenhang nicht als grundlegende Erklärungsmuster für menschliches Verhalten herangezogen werden. Menschen in einer Kommune bringen nicht nur verschiedene kulturelle Hintergründe mit, sie unterscheiden sich auch bezüglich ihres Geschlechts, ihrer sozialen, ökonomischen oder rechtlichen Position. Sozialstrukturelle, rechtlich-politische, individualgeschichtliche Probleme müssen daher als solche benannt und nicht ethnisierend gedeutet werden (AG „Interkulturelle Soziale Arbeit" des Fachbereichstages Soziale Arbeit 2001, S. 11).

Ausgehend von diesen Überlegungen wurden die folgenden Leitgedanken für die künftige Integrationsarbeit in Pforzheim formuliert.

Leitgedanken für ein Integrationskonzept Interkulturelles Pforzheim

(1) Dauerhafte Zuwanderung hat die gesellschaftliche Realität in Deutschland nachhaltig verändert, die Gestaltung von Integration ist deshalb eine kommunale Aufgabe und Angebot für alle Mitglieder unserer Einwanderungsgesellschaft;

(2) Interkulturelle Arbeit will Prozesse des sozialen Wandels, die von Migration und Zuwanderung geprägt wurden, bearbeiten und verstehen. In-

terkulturell bedeutet, dass die Akzeptanz kultureller Vielfalt und die Interaktion zwischen den Kulturen ein wesentliches Moment aller Überlegungen und Handlungsschritte ist;
(3) Interkulturelle Arbeit will Rassismus abbauen und den gleichberechtigten Dialog und nicht-diskriminierende Interaktionsformen zwischen den zugewanderten und den autochtonen Mitgliedern einer Gesellschaft fördern;
(4) Interkulturelle Arbeit unterstützt und befähigt Menschen zum „Managen" der eigenen Lebenssituation und zum toleranten Zusammenleben mit anderen in einer Einwanderungsgesellschaft. Sie leistet damit einen wesentlichen Beitrag zur Integration;
(5) Interkulturelle Arbeit ist eine wesentliche Grundlage für kommunale Integrationspolitik. Ziel ist das gleichberechtigte Miteinander von Menschen mit unterschiedlichem kulturellen Hintergrund in den Stadtteilen, den Kindergärten und Schulen, in der Nachbarschaft und am Arbeitsplatz;
(6) Integration bedeutet keine einseitige Anpassung von Minderheiten an die Mehrheitsgesellschaft. Alle gesellschaftlichen Mitglieder sind aufgefordert, ihr Zusammenleben aktiv zu gestalten und neue Formen der Partizipation und des Austauschs zu finden;
(7) Kommunale Integrationspolitik richtet sich nicht nur an zugewanderte Menschen. Einheimische wie Zugewanderte sollen in gleicher Weise unter Berücksichtigung ihrer spezifischen Interessen, Bedürfnisse und individuellen Verschiedenheit Chancen zur Partizipation und zur guten Daseinsgestaltung erhalten;
(8) Eine Stadt, die sich als „interkulturelle Stadt" versteht, fördert mit vielfältigen Regelungen und Maßnahmen entsprechende Ansätze und Zielsetzungen auf allen Ebenen. Entscheidend ist der Abbau von Benachteiligungen und die Schaffung von Voraussetzungen für eine gleichberechtigte Teilhabe am gesellschaftlichen Leben (vgl. Stadt Essen 1999, S. 10).

Frauen und Mädchen erleben noch immer vielfältige Diskriminierungen und Benachteiligungen in unserer Gesellschaft. Dieses gilt insbesondere für nichtdeutsche Mädchen und Frauen, die oftmals noch stärker ausgegrenzt werden als ihre deutschen Geschlechtsgenossinnen (vgl. dazu Simon-Hohm 2000). Um das in unserem Grundgesetz und in den Menschenrechten festgeschriebene Recht auf Gleichberechtigung wirksam umzusetzen, wird insbesondere durch die Politik der EU die Forderung nach einer nachhaltigen Strategie erhoben, die das Verhältnis der Geschlechter bei allen Entscheidungen mit in Betracht zieht. Diese Strategie wird *Gender Mainstreaming* genannt. Gemäß dem Prinzip des *Gender Mainstreaming* muss bei allen Entscheidungen wie beispielsweise Konzeptionsentwicklungen, Planungen und Umsetzungen darauf geachtet werden, dass Mädchen und Frauen mit ihren Bedürfnissen und Interessen angemessen berücksichtigt und beteiligt sind.

Auf der Basis der zuvor genannten Leitgedanken und den Überlegungen zum *Gender Mainstreaming* wurden drei Gestaltungsprinzipien formuliert, die bei der Planung, Analyse sowie allen Umsetzungsvorschlägen zum Konzept *Interkulturelles Pforzheim* Berücksichtigung gefunden haben. Mit ihnen wurden interkulturelle Arbeit, die Partizipation aller Bürgerinnen und Bürger sowie *Gender Mainstreaming* als Grundlagen für die Integrationsarbeit in der Stadt Pforzheim festgeschrieben. Analog zur Frauen- und Gleichstellungspolitik hat das zur Konsequenz, dass somit auch *Gender-*, Partizipations- und Integrationspolitik als Querschnittsaufgaben einer Kommune anerkannt und umgesetzt werden müssen.

Gestaltungsprinzipien für das Integrationskonzept Interkulturelles Pforzheim

Ziel der *interkulturellen Arbeit* ist das friedliche Zusammenleben von Menschen mit unterschiedlichem kulturellen Hintergrund und Lebenserfahrungen und ihre gleichberechtigte Teilhabe am gesellschaftlichen, wirtschaftlichen und politischen Leben der Kommune und Zugang zu allen kommunalen Serviceleistungen und Angeboten.

Das Konzept Interkulturelle Arbeit richtet sich gleichermaßen an alle Migrantinnen und Migranten, also auch an Spätaussiedlerinnen und Spätaussiedler und Flüchtlinge, und an die deutsche Bevölkerung der Stadt Pforzheim. Sie alle sind zur *Partizipation* an der Entwicklung und Fortschreibung der Konzeption aufgefordert.

Bei allen Vorschlägen ist gemäß dem Prinzip des *Gender Mainstreaming* darauf zu achten, dass Mädchen und Frauen mit ihren Bedürfnissen und Interessen angemessen berücksichtigt und beteiligt werden.

Richt- und Leitlinien zum interkulturellen Handlungsbedarf

Aus der ersten Auswertung bisheriger Aktivitäten, Planungen usw. ergab sich, dass in Pforzheim – ähnlich wie in vergleichbaren Kommunen – insbesondere in zehn gesellschaftlichen bzw. institutionellen Bereichen Handlungsbedarf besteht und Vorschläge entwickelt werden müssen, damit sich für Migrantinnen und Migranten die Integrationschancen verbessern. Die Bereiche, die von der Kindheit bis zum Alter, vom Kindergarten über die Wohnsituation bis hin zur Stadtverwaltung reichen, wurden so ausgewählt, dass sie ein umfassendes Spektrum von Lebensfeldern umfassen, in denen „gutes" Leben und Zusammenleben in einer Kommune gestaltet werden sollten. Mit der Festlegung auf zunächst zehn zentrale Bereiche sollte in Pforzheim eine Ausgangsbasis geschaffen werden, auf der sich die Stadt insgesamt in den kommenden Jahren weiterentwickeln kann.

Bereiche mit interkulturellem Handlungsbedarf in Pforzheim:

(1) Frühkindliche Erziehung und Elementarerziehung
(2) Schulsituation von Kindern und Jugendlichen aus Migrantenfamilien
(3) Situation von Jugendlichen aus Migrantenfamilien
(4) Erwerbstätigkeit, Beschäftigung und Qualifizierung von Migrantinnen und Migranten
(5) Wohnsituation der Haushalte von Migrantinnen und Migranten
(6) Beratung und Betreuung von Migrantinnen und Migranten
(7) Gesundheit und psychosoziale Versorgung von Migrantinnen und Migranten
(8) Situation älterer Migrantinnen und Migranten
(9) Leben in Pforzheim
(10) Stadtverwaltung

Eine Hauptaufgabe des Integrationskonzeptes für Pforzheim war es, konkrete Richt- bzw. Leitlinien für die interkulturelle Arbeit zu entwickeln, an denen sich Planungen, Maßnahmen und bereits existierende Angebote in der Stadt orientieren können. Es wurden deshalb für alle Handlungsbereiche detaillierte Forderungen aufgestellt, die als Grundlage der weiteren konzeptionellen Arbeit für ein interkulturelles Pforzheim dienen sollten. Sie geben als Leitlinien damit auch einen Rahmen und eine Vorgabe für ein Evaluationsinstrument, an dem überprüft werden kann, wie weit die interkulturelle Öffnung des jeweiligen Bereiches und der Kommune insgesamt fortgeschritten ist.

Die Formulierung der Leitlinien orientierte sich an dem aktuellen fachlichen und wissenschaftlichen Diskussionsstand in Deutschland. Bezug genommen wurde dabei u. a. auf die Forderungen, die im Bericht der unabhängigen Kommission „Zuwanderung" (2001), dem „Sechsten Familienbericht" des Bundesministerium für Familie, Senioren, Frauen und Jugend (BMFSFJ 2000) und im Jahresbericht der Beauftragten der Bundesregierung für Ausländerfragen (2000) für diese Bereiche erhoben werden. Mit dieser differenzierten Vorgehensweise wurde beabsichtigt, den fachlichen Konsens über wichtige Integrationsaufgaben unserer Gesellschaft auf die Stadt Pforzheim und ihr Integrationskonzept zu übertragen.

Der aktuelle Stand der gesamten interkulturellen Arbeit in Pforzheim in allen zehn Handlungsbereichen wurde für das Integrationskonzept an Hand von Tabellen erfasst. Dabei mussten die einzelnen Aktivitäten, Maßnahmen und Projekte systematisiert werden. Auf diese Weise konnten eine Übersicht

und Analyse der interkulturellen Arbeit im gesamten Stadtgebiet erreicht werden.
   Interkulturelle Arbeit stellt ein anspruchsvolles Konzept dar, das sich sowohl auf bestimmte Bereiche und Aufgaben konzentriert, das aber auch die Gesamtheit der Aufgaben einer Stadt gemäß ihrem Anliegen verändern und gestalten möchte. Neben einem besonderen Handlungsbedarf in einzelnen Bereichen, gibt es deshalb übergreifende Aufgaben in einer Kommune. Solche Querschnittsaufgaben tragen dazu bei, die Idee eines *Interkulturellen Pforzheims* auf allen Ebenen und in allen Teilbereichen dauerhaft zu implementieren. Mit ihnen werden die Gestaltungsprinzipien regelmäßig aufgegriffen und konkret umgesetzt.

Querschnittsaufgaben einer interkulturellen Stadt

Soll interkulturelle Arbeit professionell geschehen, so benötigen die daran Beteiligten spezielle interkulturelle Kompetenzen, vor allem kulturelle Sensibilität und Handlungskompetenz (vgl. dazu ausführlich Simon-Hohm 2002a). Für viele Mitarbeiterinnen und Mitarbeiter, aber auch Führungskräfte ist damit eine Neuorientierung und Umstrukturierung ihres beruflichen Alltags verbunden, für die es gilt, Schulungen zu entwickeln und bereitzustellen.
   Ein weiteres generelles Anliegen stellt die Öffnung der Sozialen Dienste und kommunalen Dienstleistungen für alle Bevölkerungsteile dar. Eine wesentliche Voraussetzung dafür ist der Abbau von Zugangsbarrieren zu diesen Angeboten für Migrantinnen und Migranten (vgl. Geiger 1998).
   Eine dritte Querschnittsaufgabe ist die Gewährleistung der generellen Partizipation von Migrantinnen und Migranten in einer Kommune, das bedeutet insbesondere auch ihre Mitwirkung bei der Konzipierung und Umsetzung von interkultureller Arbeit in Pforzheim (vgl. Simon-Hohm/Zavaglia 2002).
   Das Integrationskonzept wurde im November 2002 dem Ausländerausschuss der Stadt Pforzheim vorgelegt. Die darin vorgenommene Bestandsaufnahme soll im Dialog mit der interessierten Bevölkerung Pforzheims fortgeführt und ergänzt werden. Die Einbeziehung vieler unterschiedlicher Akteure aus Verwaltung, kommunalen und anderen Institutionen, aus bestehenden Netzwerken, Vereinen, ehrenamtlichen Initiativen usw. trägt dazu bei, dass alle relevanten Gruppen und Individuen bereits in der Planungsphase, bei der Problemdefinition, Zielformulierung und der Entwicklung von Handlungsstrategien beteiligt werden. Im Arbeitsprogramm für die Konzeption *Interkulturelles Pforzheim* wurden die hierfür notwendigen Handlungsschritte benannt. Eine solche umfassende Einbindung in diesem Stadium legt die Grundlage dafür, dass sich die Beteiligten mit dem Ziel *Interkulturelles Pforzheim* identifizieren und es zu ihrem Anliegen machen.

Koordinationsstelle für Integrationsarbeit in der Kommune

Aufgabe kommunaler Integrationspolitik wird es künftig sein, alle einzelnen Bausteine und Akteure zu einem Gesamtkonzept zusammenzuführen. Erfahrungen aus der Schweiz zeigen, wie wichtig eine entsprechende Koordinationsstelle und -person sind, damit diese umfangreichen Aufgaben realisiert werden können und sich aus Problemwahrnehmungen konkrete Taten entwickeln. Um den hohen Stellenwert der städtischen Integrationspolitik zu betonen, wurde diese als eine zentrale kommunale Aufgabe in das Leitbild der Stadt Bern aufgenommen. Als erste Stadt in der Schweiz errichtete Bern daraufhin eine „Koordinationsstelle für Integration", deren Leiterin mit der Umsetzung der städtischen Integrationsarbeit beauftragt wurde (vgl. dazu Schoch 2001).

Die Schaffung einer vergleichbaren zentralen Stelle sollte auch in deutschen Kommunen verstärkt ins Auge gefasst werden. Bislang ist es zumeist so, dass die systematische Verknüpfung integrativer Maßnahmen noch weitgehend aussteht, bzw. dass viele dieser Aufgaben von den „Ausländerbeauftragten" oder den „Beauftragten für ausländische Einwohner", um nur zwei Bezeichnungen zu nennen, durchgeführt werden. Erfahrungen aus deutschen Städten zeigen, dass die Ressourcen, mit denen diese Funktionsträgerinnen und -träger ausgestattet sind, recht unterschiedlich aussehen. Das reicht von „Einzelkämpferinnen und -kämpfern" mit und ohne Mitarbeiterstellen (halb- oder ganztägig) in den Büros oder Geschäftsstellen bis hin zu eigens dazu eingerichteten und gut ausgestatteten Referaten und Ämtern, wie dem Interkulturellen Büro zur Gleichstellung von Ausländern und Deutschen in Mainz, dem Interkulturellen Referat in Köln oder dem Amt für multikulturelle Angelegenheiten in der Stadt Frankfurt am Main, die als eine der ersten deutschen Großstädte die Arbeit mit und für Migrantinnen und Migranten auf eine professionelle Ebene führte (vgl. Filsinger 2002, S. 18).

Nachdem sich die Kommunen bundesweit immer häufiger der Tatsache der Einwanderungsrealität stellen, vollziehen viele Städte auch in der Bezeichnung für die Funktion und Aufgaben der Ausländerbeauftragten einen Perspektivenwechsel hin zur Integration, wie dies die Einrichtung der Stabsstelle für Integrationsfragen in Stuttgart zeigt. Aus der Ausländerarbeit und den Ausländerbeauftragten sind damit – zukunftsweisend – die Integrationsarbeit und die Integrationsbeauftragten geworden.

Die zentrale Koordinationsfunktion für interkulturelle Aktivitäten und Integrationsarbeit wird in Pforzheim im Augenblick von der Ausländerbeauftragten der Stadt wahrgenommen. Von ihr werden viele interkulturelle Aktionen angeregt, (mit)initiiert, vernetzt und dokumentiert. In weiteren Teilbereichen, wie beispielsweise dem Elementar- oder Gesundheitsbereich, hat ebenfalls eine Vernetzung und Koordinierung von interkulturellen Aufgaben stattgefunden, in anderen ist dies noch nicht der Fall. Die Umsetzung des Integrationskonzeptes stellt eine Aufgabe für die kommenden Jahre dar, an der viele Menschen und Einrichtungen sowie die gesamte Stadtverwaltung beteiligt sein werden. Es erschien deshalb folgerichtig anzuregen, die Geschäftsstelle des Ausländerausschusses zu einem „Koordinationszentrum für Integration" auszubauen.

In Pforzheim wird bislang von der Frauenbeauftragten der Stadt erfolgreich und engagiert klassische Frauen- und Gleichstellungspolitik betrieben und umgesetzt. Wie in der überwiegenden Zahl deutscher Kommunen steht auch hier die Diskussion über eine Strategieausweitung hin zu *Gender Mainstreaming* erst in ihren Anfängen. Eine neue Frage stellt sich daher für die künftige Integrationsarbeit: Auf welche Weise und an welcher Stelle kann in einer Kommune *Gender Mainstreaming* in die Integrationsarbeit aufgenommen und organisatorisch verankert werden?

Interkulturelle Arbeit und *Gender Mainstreaming*

Wie bereits dargestellt, werden im Integrationskonzept für die Stadt Pforzheim drei Gestaltungsaufgaben für die zukünftige Entwicklung der Kommune gesehen: Interkulturelle Arbeit, Partizipation der gesamten Bevölkerung und *Gender Mainstreaming*. Das bedeutet konkret, dass Partizipation, Geschlechterdemokratie und Chancengleichheit der Geschlechter für alle Einwohnerinnen und Einwohner innerhalb der interkulturellen Arbeit einer Kommune zentrale Politikziele darstellen. Die Bedeutung und Ziele interkultureller Arbeit wurden bereits ausführlich dargelegt. Zu klären bleibt nun, wie das Prinzip *Gender Mainstreaming* damit verknüpft werden kann.

Gender Mainstreaming bedeutet die (Re-)Organisation, Verbesserung, Entwicklung und Bewertung des Politikprozesses mit dem Ziel, die Perspektive der Gleichstellung der Geschlechter in alle Politiken zu integrieren – auf allen Ebenen und allen Stufen und durch alle politischen Akteure (*Coucil of Europe, Group of Specialists on Mainstreaming*, zitiert nach Döge 2002).

Eine Voraussetzung für das Prinzip *Gender Mainstreaming* ist, dass es eine klare Zielsetzung der jeweiligen Organisation bzw. Kommune zur Geschlechterpolitik gibt (vgl. dazu Stiegler 2002, S. 7). Es ist ein Instrument, mit dem das Ziel der Geschlechterdemokratie oder Chancengleichheit erreicht werden kann, das bisherige Instrumente ergänzt, aber nicht ersetzt (ebd., S. 9). Die Auseinandersetzung mit *Gender Mainstreaming* bei der Einführung in die Strukturen und Kulturen von Organisationen kann nach Kaschuba und Huber

„einen Ansatz darstellen, sich gegenseitig als Frauen und Männer nicht klischeehaft über Zuschreibungen, sondern mit der Anerkennung von Interessen, Eigensinn, Wünschen wahrzunehmen" (Kaschuba/Huber 2002, S. 24).

Damit geht es vor allem auch um die geschlechtergerechte Gestaltung der Rahmenbedingungen und um die Bereitstellung von Chancen, die von beiden Geschlechtern in Anspruch genommen werden können (Stiegler 2002, S. 9). *Gender Mainstreaming* erweitert damit, so Stiegler, als „neue geschlechterpolitische Strategie" die Frauenfördermaßnahmen „um viele andere Felder", ohne die übrigen Strategien für überflüssig zu erklären. Zusammen mit der „Gleichstellung" steht nun auch die „Gleichwertigkeit unterschiedlicher Lebensentwürfe" im Zentrum der Betrachtung.

Bereits diese knappen Ausführungen machen deutlich, wie sehr sich die Zielsetzungen von interkultureller Arbeit und *Gender Mainstreaming* als demokratische Prinzipien ähnlich sind, wollen doch beide hierarchische, ungerechte und diskriminierende Strukturen verändern. Während bei *Gender Mainstreaming* die Verhältnisse der Geschlechter im Mittelpunkt aller Überlegungen und Vorgaben zur Umsetzung stehen, ist dies bei Interkultureller Arbeit das Verhältnis von Menschen mit unterschiedlichem kulturellem Hintergrund. *Gender Mainstreaming* lenkt den Fokus auf die demokratische Gestaltung der Geschlechterverhältnisse und die Akzeptanz unterschiedlicher Geschlechterrollen, bei interkultureller Arbeit geht es um Akzeptanz und Gleichwertigkeit kultureller Vielfalt bis hin zum gleichberechtigten Dialog zwischen zugewanderten und autochtonen Mitgliedern einer Gesellschaft. Beide Prinzipien fordern die aktive Auseinandersetzung mit der/dem anderen mit dem Ziel, das Zusammenleben neu zu gestalten und antidiskriminierende Formen der Partizipation und des Austauschs zu finden. Allein dieser Vergleich der jeweiligen Zielsetzungen verweist auf ihre ergänzende Funktion im Rahmen eines Integrationskonzeptes. Dabei geht es in beiden Konzepten nicht allein um den Erwerb von individuellen Kompetenzen und Haltungen, sondern auch um strukturelle Veränderungen zur Implementation der Ziele, insbesondere durch Personal- und Organisationsentwicklung.

Wie aber kann die Umsetzung beider Prinzipien im Rahmen der Integrationsarbeit einer Kommune gelingen? Grundsätzlich ist davon auszugehen, dass die Akteure, Mitarbeiterinnen und Mitarbeiter der Integrationsarbeit einer Kommune nur in begrenztem Umfang über interkulturelle Kompetenzen und/oder *Gender*-Kompetenzen verfügen. Dies gilt ebenfalls für die Führungskräfte in diesem Bereich. Vielerorts werden deshalb Schulungen zum Erwerb oder Ausbau von Interkultureller Kompetenz oder *Gender Mainstreaming*-Trainings angeboten. Nur die Verknüpfung beider Prinzipien in gemeinsamen Schulungsmaßnahmen kann jedoch die notwendige Verbindung und Kooperation beider Kulturen und Strategien ermöglichen. Bisher fehlen jedoch entsprechende Konzepte und Nachfrage. Ein Rückgriff auf die Diskussion zum Verhältnis von *Gender* und Ethnizität soll einige Ursachen dieser Entwicklung verdeutlichen.

Gender und Ethnizität als soziale Konstrukte und Kategorien werden seit vielen Jahren insbesondere dahingehend untersucht, welche Bedeutung ihnen für die Entstehung, Festschreibung und Perpetuierung von Machtverhältnissen zukommt. Dies wird in unterschiedlichem Kontext thematisiert, dennoch werden bis heute die Implikationen von *Gender* und Ethnizität überwiegend getrennt und ohne Bezug zueinander diskutiert und selten als gemeinsame politische Aufgabe oder Orientierungspunkte für emanzipatorische, antidiskriminierende Arbeit gesehen. Noch immer gibt es zu wenige Berührungspunkte zwischen beiden Forschungsbereichen und zwischen den Forscherinnen und Forschern. Beide Themenschwerpunkte haben sich in den letzten Jahren so weit ausdifferenziert und spezialisiert, dass es schwer fällt, in beiden Bereichen gleichermaßen wissenschaftlich Zuhause zu sein, um kompetent Stellung nehmen zu können. Verschärfend kommt hinzu, dass gerade die vielfältigen Bezüge und Verknüpfungen beider Ansätze bisher nur punktuell bearbeitet und diskutiert wurden. Vielfach müssen deshalb immer noch praktische und theoretische Pionierarbeit geleistet werden, die Zahl der Expertinnen und Experten ist deshalb entsprechend gering im Gegensatz zum angloamerikanischen Raum. Dort wird der Zusammenhang von „*class, race and gender*" als Auslöser für Benachteiligungen und Diskriminierungen selbstverständlicher akzeptiert und zum Ausgangspunkt aller Antidiskriminierungsarbeit gemacht. Der Brite Neil Thompson spricht in diesem Zusammenhang vom „*class/race/gender triangle*" (1993, S. 75).

Die Verknüpfung von *Gender*-Kompetenzen und interkulturellen Kompetenzen zu sich ergänzenden Schlüsselqualifikationen stellt eine Herausforderung und Zukunftsaufgabe dar, die nicht allein von der Praxis geleistet werden kann, sondern durch Studium und Ausbildung vorbereitet und durch Fortbildung begleitet werden muss. Leider fehlen gerade in den Ausbildungsstätten und Hochschulen noch immer Curricula, die die Vermittlung solcher Fähigkeiten als verpflichtende Querschnittsaufgabe für alle einschlägigen Studien und Fachgebiete verstehen. Auch in der Berufspraxis wird die Kombination beider Kompetenzen bislang zu selten gefordert oder als Einstellungskriterien formuliert, um eine weitreichende Änderung zu erzielen.

Nachhaltige Integrations- und Gleichstellungsarbeit ist dazu aufgefordert, Ungleichheiten, Benachteiligungen und Diskriminierungen bei allen Menschen zu erkennen und mitzuhelfen, diese zu bearbeiten und zu verhindern. Trotz der genannten Schwierigkeiten, dieses Ziel zum gegenwärtigen Zeitpunkt als ein gemeinsames Anliegen zu verstehen und umzusetzen, sollte es dennoch in Angriff genommen werden, um es zumindest punktuell und exemplarisch zu realisieren. Dies ist zunächst eine anstrengende und anspruchsvolle gesellschaftspolitische Aufgabe, bei der die Kommunen durch weitreichende Förderung und gesetzliche Rahmenbedingungen unterstützt werden müssen, für die sie aber auch die notwendigen strukturellen und personellen Rahmenbedingungen schaffen müssen. Es gibt im Rahmen des Integrationskonzeptes aber auch konkrete Handlungsaufgaben, die Männer und Frauen jeder Herkunft gleichermaßen zu bewältigen haben und die von der gesamten

Bevölkerung als gemeinsames Zukunftsprojekt verstanden und unterstützt werden müssen.

Schlussbemerkung

Menschen, eine Kommune, politische Ziele und Rahmenbedingungen einer Gesellschaft verändern sich ständig. Ein Integrationskonzept ist niemals „ganz fertig", es kann jederzeit ergänzt, verbessert und ausgeweitet werden. Ein solches Konzept setzt einen Partizipationsprozess in Gang, der das Thema Integration und *Gender Mainstreaming* immer wieder und an allen Stellen auf die Tagesordnung setzt oder setzen sollte. Ein gleichberechtigtes und tolerantes Zusammenleben in einer Stadt muss stets von neuem gewünscht und bekräftigt werden.

Wichtig und notwendig wird in Zukunft – mehr noch als bisher – eine ressortübergreifende Stadtpolitik sein, die bei allen Planungen die jeweiligen Belange der Migrantengruppen mit einbezieht und die Auswirkungen einzelner Planungen aufeinander abstimmt und optimiert. Zentrale Elemente werden dabei eine gezielte Ressourcenbündelung sein sowie der Einsatz von nicht-investiven Maßnahmen zusammen mit investiven Maßnahmen, um Synergieeffekte zu erzielen und den Einsatz von Mitteln zu optimieren (vgl. Schulen-Hartje 2000, S. 5).

Schließlich müssen auch ökonomische Grenzen benannt werden. Nicht alles, was an Integrationsarbeit in der öffentlichen Verwaltung geleistet werden sollte, kann aus finanziellen Gründen in den nächsten Jahren umgesetzt werden. Zu groß ist die Diskrepanz zwischen den aktuellen Handlungsanforderungen und den jahrelangen Defiziten in vielen Bereichen. Vieles wird sich deshalb nur in Zusammenarbeit und mit Partizipation der deutschen und ausländischen Bevölkerung, ihrer Vereine und Selbstorganisationen erreichen lassen (vgl. Kulbach 2001, S. 104). Hier sind kreative Ideen gefordert, die das freiwillige Engagement aktivieren, unterstützen und fördern.

Des Weiteren gibt es Barrieren, die von außen gesetzt sind und die Handlungsspielraum der Kommunen eingrenzen. Städte haben in ihrer Planung und Gestaltung auf die Gesetzgebung und den Vollzug vieler gesetzlicher Regelungen keinen bis wenig Einfluss (Aufenthaltsgesetz, Asylgesetz, u. a.). Ähnliches gilt beispielsweise auch für die Curricula der Schulen und Hochschulen oder den lokalen und regionalen Arbeitsmarkt. Viele Probleme und Integrationshemmnisse für Migrantinnen und Migranten resultieren gerade aus solchen übergeordneten Bereichen von Politik und Ökonomie, und die Kommunen haben insgesamt damit zu kämpfen, dass gesamtgesellschaftliche Probleme „kommunalisiert" werden (Lenninger 2002, S. 25). Die Implementierung eines Integrationskonzeptes auf kommunaler Ebene kann solche generellen Rahmenbedingungen nicht außer Acht lassen. Handlungsspielräume und -ziele müssen entsprechend realistisch formuliert werden, damit Menschen nicht durch zu große Erwartungen enttäuscht werden. Integration kann jedoch durch ein Integrationskonzept nur angestoßen, gefördert und begleitet werden. Die eigentliche Integrationsleistung ist von der Gesellschaft, den Einwohnerinnen und Einwohnern einer Stadt zu erbringen.

Literatur

AG „Interkulturelle Soziale Arbeit" des Fachbereichstages Soziale Arbeit (2001): Sechs Thesen zur Interkulturellen Öffnung der Fachbereiche für Sozialwesen an den Fachhochschulen der Bundesrepublik Deutschland. In: IZA, Zeitschrift für Migration und Soziale Arbeit 3/4, 2001, S. 10-11

Barwig, Klaus/Hinz-Rommel, Wolfgang (Hg.) (1995): Interkulturelle Öffnung sozialer Dienste. Freiburg i. Brsg., S. 129-147

Bericht der unabhängigen Kommission „Zuwanderung" (2001): Zuwanderung gestalten – Integration fördern. Berlin, 4. Juli 2001

Bundesministerium für Familie, Senioren, Frauen und Jugend (Hg.) (2000): Familien ausländischer Herkunft in Deutschland. Sechster Familienbericht. Berlin

Çakir, Murat (2000): Paradigmenwechsel notwendig – Anforderungen und Erwartungen an kommunale Praxis. In: Stadt Göttingen (Hg.): Interkulturelle Kompetenz in Kommunalverwaltung und Gemeinwesenarbeit. Dokumentation. Göttingen, S. 91-94

Die Beauftragte der Bundesregierung für Ausländerfragen (Hg.) (2000): Bericht der Beauftragten der Bundesregierung für Ausländerfragen über die Lage der Ausländer in der Bundesrepublik Deutschland. Berlin, Bonn

Die Beauftragte der Bundesregierung für die Belange der Ausländer (Hg.) (1994): In der Diskussion: Empfehlungen zur interkulturellen Öffnung der sozialen Dienste. Mitteilungen der Beauftragten der Bundesregierung für die Belange der Ausländer, Nr. 5. Bonn

Döge, Peter (2002): Gender-Mainstreaming als Modernisierung von Organisationen. Ein Leitfaden für Frauen und Männer. JAIZ-Schriften, Band 2, 2. Auflage. Berlin

Filsinger, Dieter (2002): Die Entwicklung der kommunalen Integrationspolitik und Integrationspraxis der neunziger Jahre. In: IZA, Zeitschrift für Migration und Soziale Arbeit, 2/2002, S. 13-20

Geiger, Ingrid (1998): Altern in der Fremde – zukunftsweisende Herausforderungen für Forschung und Versorgung. In: David, Matthias/Borde, Theda/Kentenich, Heribert (Hg.): Migration und Gesundheit. Frankfurt a. M., S. 167-184

Griesbeck, Michael (2002): Das Bundesamt für Migration und Flüchtlinge und seine Aufgaben im Bereich der Integration. In: ZAR 9/2002, S. 303-306

Kaschuba, Gerrit/Huber, Helga (2002): Gender Mainstreaming. Chance oder Risiko für die Mädchenarbeit? In: ajs informationen, Heft 1/2002, S. 20-25
Kleine, Dieter (2000): Grußwort zur Eröffnung des Kommunalen Workshops. In: Stadt Göttingen (Hg.): Interkulturelle Kompetenz in Kommunalverwaltung und Gemeinwesenarbeit. Dokumentation. Göttingen, S. 21-24
Krummacher, Michael/Waltz, Viktoria (1999): Kommunale Migrations- und Integrationspolitik. In: Dietz, Berthold/Eißel, Dieter/Naumann, Dirk (Hg.): Handbuch der kommunalen Sozialpolitik. Opladen, S. 465-477
Kulbach, Roderich (2001): Nichtdeutsche Wohnbevölkerung und kommunale Verwaltungspraxis. In: IZA, Zeitschrift für Migration und Soziale Arbeit, Heft 3/4, 2001, S. 102-105
Landeshauptstadt München – Sozialreferat 2000 (Hg.) (2000): Interkulturelle Kompetenz und die Öffnung der sozialen Dienste. Eine Studie des Sozialreferates der Landeshauptstadt München von Dr. Philip Anderson. Beiträge zur Sozialplanung 153. München
Lenninger, Peter Franz (2002): Kommunale Migrantenarbeit in europäischen Großstädten am Beispiel der Städte Mannheim, Wien und Zürich. In: IZA, Zeitschrift für Migration und Soziale Arbeit 2/2002, S. 21-27
Schoch, Sabine (2001): „Das Leitbild steht symbolisch für eine Haltung". In: IZA, Zeitschrift für Migration und Soziale Arbeit 3/4, 2001, S. 63-65
Schulen-Hartje, Ulla-Kristina (2000): „Soziale Stadt" – Ein Beitrag zur Integration von Ausländern. In: Ausländer in Deutschland (AID) Heft 3/00, S. 4-5
Siebel, Walter (2001): Anmerkungen zur Segregation von Migranten. In: IZA, Zeitschrift für Migration und Soziale Arbeit 3/4, 2001, S. 31-33
Simon-Hohm, Hildegard (2000): Mädchen und junge Frauen aus Einwandererfamilien. In: Gropper, Elisabeth/Zimmermann, Hans Michael (Hg.): Zuwanderung: Zugehörigkeit und Chancengleichheit für Kinder und Jugendliche. Aktion Jugendschutz. Landesarbeitsstelle Baden Württemberg. Stuttgart, S. 446-466
Simon-Hohm, Hildegard (2002a): Interkulturelle Arbeit in der Einwanderungsgesellschaft: Aufgaben – Konzepte – Kompetenzen. In: Storz, Henning/Reißland, Carolin (Hg.): Staatsbürgerschaft im Einwanderungsland Deutschland. Handbuch für die interkulturelle Praxis in der Sozialen Arbeit, im Bildungsbereich, im Stadtteil. Opladen, S. 145-155
Simon-Hohm, Hildegard (2002b): „Interkulturelles Pforzheim" – Integrationskonzept für die Stadt Pforzheim. Unveröffentlichte Studie. Esslingen – Pforzheim
Simon-Hohm, Hildegard/Zavaglia, Guiseppe (2002c): Interkulturelles bürgerschaftliches Engagement – Das ‚Centro di Volontariato' in Esslingen. In: Möller, Kurt (Hg.): Auf dem Weg in die Bürgergesellschaft? Soziale Arbeit als Unterstützung bürgerschaftlichen Engagements. Opladen, S. 101-112
Stadt Essen – Der Oberstadtdirektor (Hg.) (1999): Konzept für die interkulturelle Arbeit in der Stadt Essen. Informationen und Berichte zur Stadtentwicklung Nr. 100. Essen
Stadt Essen – RAA/Büro für interkulturelle Arbeit (Hg.) (2001): Interkulturelle Orientierung in der Stadt Essen. Zweiter Umsetzungsbericht zum Handlungskonzept für die interkulturelle Arbeit. Entwurf. Essen

Stadt Göttingen (Hg.) (2000): Interkulturelle Kompetenz in Kommunalverwaltung und Gemeinwesenarbeit. Dokumentation. Redaktion: Lange, Matthias/Pagels, Nils. Göttingen

Stadt Karlsruhe – Dezernat 6 (Hg.) (2001): Interkulturelle Kompetenz. Dokumentation des Internationalen Begegnungszentrums über die Fachtagungen am 6. Juli und am 16. November 2000 in Karlsruhe. Karlsruhe

Stadt Pforzheim – Kommunale Statistikstelle (2000): Leben in Pforzheim. Bürgerinnen- und Bürgerumfrage 1999 – Ausländerspezifische Ergebnisse. Pforzheim

Stiegler, Barbara (2002): Gender Mainstreaming. Hessische Lehrer Zeitung (HLZ), Heft 1/2002, S. 6-9

Thompson, Neil (1993): Anti-Discriminatory Practice. Houndmills, Basingstoke, Hampshire, London

Zu den Autorinnen und Autoren

Wilma Aden-Grossmann, Prof. Dr., Hochschullehrerin i.R. am Fachbereich Sozialwesen der Universität Kassel

Sabine Andresen, Dr. phil., Oberassistentin am Pädagogischen Institut der Universität Zürich

Dagmar Beinzger, Diplompädagogin, Vertretungsprofessorin am Fachbereich Soziale Arbeit und Gesundheit der Fachhochschule Kiel

Claudia Bier-Fleiter, Dr. phil., Vertretungsprofessorin für das Fachgebiet Sozialpädagogik am Fachbereich Sozialwesen der Universität Kassel

Micha Brumlik, Prof. Dr., Hochschullehrer am Institut für Allgemeine Erziehungswissenschaft des Fachbereichs Erziehungswissenschaften der Johann Wolfgang Goethe-Universität Frankfurt am Main

Helga Deppe-Wolfinger, Prof. Dr., Hochschullehrerin am Institut für Sonder- und Heilpädagogik des Fachbereichs Erziehungswissenschaften der Johann Wolfgang Goethe-Universität Frankfurt am Main

Isabell Diehm, PD Dr. phil., Hochschullehrerin am Institut für Pädagogik der Elementar- und Primarstufe des Fachbereichs Erziehungswissenschaften der Johann Wolfgang Goethe-Universität Frankfurt am Main

Reinhard Hörster, Prof. Dr., Hochschullehrer für das Lehrgebiet Sozialpädagogik am Fachbereich Erziehungswissenschaften der Martin-Luther-Universität Halle-Wittenberg

Gerd Iben, Emeritus am Institut für Sonder- und Heilpädagogik des Fachbereichs Erziehungswissenschaften der Johann Wolfgang Goethe-Universität Frankfurt am Main

Gaby Lenz, Prof. Dr., Hochschullehrerin für Sozialwissenschaften in der Sozialen Arbeit an der Katholischen Stiftungsfachhochschule München, Abt. Benediktbeuern

Ludwig Liegle, Prof. Dr., Hochschullehrer am Institut für Erziehungswissenschaft der Eberhard Karls Universität Tübingen

Richard Meier, Prof., Hochschullehrer i. R. am Institut für Pädagogik der Elementar- und Primarstufe des Fachbereichs Erziehungswissenschaften der Johann Wolfgang Goethe-Universität Frankfurt am Main

Barbara Rendtorff, PD Dr. phil., Vertretungsprofessorin am Fachbereich Erziehungswissenschaften der Martin-Luther-Universität Halle-Wittenberg

Brita Ristau-Grzebelko, Diplompädagogin, wissenschaftliche Mitarbeiterin an der Universität Rostock

Horst Rumpf, Emeritus am Institut für Schulpädagogik der Sekundarstufe des Fachbereichs Erziehungswissenschaften der Johann Wolfgang Goethe-Universität Frankfurt am Main

Hildegard Simon-Hohm, Prof. Dr., Hochschullehrerin an der Fachhochschule Esslingen

Ingrid Wölfel, Dr. habil., Psychologin und Supervisorin, Greifswald

Frankfurter Beiträge zur Erziehungswissenschaft
Fachbereich Erziehungswissenschaften der
Johann Wolfgang Goethe-Universität

Reihe Kolloquien:

Frank-Olaf Radtke (Hg.)
Die Organisation von Homogenität – Jahrgangsklassen in der Grundschule
Kolloquium anläßlich der 60. Geburtstage von Gertrud Beck und Richard Meier, Frankfurt am Main 1998

Frank-Olaf Radtke (Hg.)
Lehrerbildung an der Universität – Zur Wissensbasis pädagogischer Professionalität
Dokumentation des Tages der Lehrerbildung an der Johann Wolfgang Goethe-Universität, Frankfurt am Main 1999

Heiner Barz (Hg.)
Pädagogische Dramatisierungsgewinne – Jugendgewalt Analphabetismus. Sektengefahr
Frankfurt am Main 2000

Gertrud Beck, Marcus Rauterberg, Gerold Scholz, Kristin Westphal (Hg.)
Sachen des Sachunterrichts
Dokumentation einer Tagungsreihe 1997 – 2000
Frankfurt am Main 2001
Korrigierte Neuauflage 2002

Brita Rang und Anja May (Hg.)
Das Geschlecht der Jugend – Dokumentation der Vorlesungsreihe Adoleszenz: weiblich/männlich? im Wintersemester 1999 / 2000
Frankfurt am Main 2001

Dagmar Beinzger und Isabell Diehm (Hg.)
Frühe Kindheit und Geschlechterverhältnisse. Konjunkturen in der Sozialpädagogik
Frankfurt am Main 2003

Vera Moser (Hg.)
Behinderung – Selektionsmechanismen und Integrationsaspirationen
Frankfurt am Main 2003

Reihe Forschungsberichte:

Thomas Höhne/Thomas Kunz/Frank-Olaf Radtke
Bilder von Fremden – Formen der Migrantendarstellung als der „anderen Kultur" in deutschen Schulbüchern von 1981-1997
Frankfurt am Main 1999

Uwe E. Kemmesies
Umgang mit illegalen Drogen im ‚bürgerlichen' Milieu (UMID). Bericht zur Pilotphase
Frankfurt am Main 2000

Oliver Hollstein/Wolfgang Meseth/Christine Müller-Mahnkopp/Matthias Proske/Frank-Olaf Radtke
Nationalsozialismus im Geschichtsunterricht. Beobachtungen unterrichtlicher Kommunikation
Bericht zu einer Pilotstudie
Frankfurt am Main 2002

Reihe Monographien:

Matthias Proske
Pädagogik und Dritte Welt – Eine Fallstudie zur Pädagogisierung sozialer Probleme
Frankfurt am Main 2001

Thomas Höhne
Schulbuchwissen – Umrisse einer Wissens- und Medientheorie des Schulbuchs
Frankfurt am Main 2003

Thomas Höhne/Thomas Kunz/Frank-Olaf Radtke
Bilder von Fremden – Formen der Migrantendarstellung als der anderen Kultur in deutschen Schulbüchern von 1981-1997
Frankfurt am Main 2003 (Im Erscheinen)

www.ingramcontent.com/pod-product-compliance
Lightning Source LLC
Chambersburg PA
CBHW071838230426
43671CB00012B/1997